西郷隆盛肖像

西郷隆盛は写真を残していないが，この肖像は鹿児島二中の美術教師だった大牟礼南塘が，没後50年祭を記念して西郷家や東郷平八郎の協力を得て描いた．語らずとも人の心を捉えた彼の風貌をよく伝えているという．

田原坂の戦い（永濯画）

まだ肥後平野で戦闘が続く３月に刷られた錦絵．田原坂では指揮をとらなかった桐野利秋や谷干城が陣頭に描かれるなど誤りもあるが，政府軍の装備は正確に表現されている．壮絶な戦いは当時の人々の関心をひいた．

私学校跡石垣に残る弾痕

白兵戦の戦技に勝る薩軍に対抗するため，政府軍は猛烈な火力戦を展開した．熊本で始まった戦いは西郷たちの故郷である鹿児島にもおよぶ．おびただしい弾痕が戦争の激しさを今日に伝えている．

西南戦争凱旋図（静斎画）

赤坂の仮皇居に参内する征討総督有栖川熾仁親王らが描かれている．命がけで戦った下士・兵卒への褒賞は薄く，翌年に近衛兵らが蜂起した竹橋事件の原因となる．

南洲墓地

城山で戦死した西郷隆盛らは丁重に葬られた．その後，各地の戦死者や処刑された大山綱良県令らの遺骨も移され，西郷および幹部たちを守るように，2023 人の墓標が桜島や錦江湾を望みつつ並んでいる．

敗者の日本史

18

西南戦争と西郷隆盛

落合弘樹

吉川弘文館

企画編集委員

関　幸彦

山本博文

目次

図版目次

〔口絵〕

〔挿図〕

顕彰された「敗者」西郷隆盛　プロローグ

現在の田原坂

明治十五年（一八八二）八月、日本における社会学の泰斗で東京大学の最初の教授である外山正一《とやままさかず》（旧幕臣）は、編纂に加わった『新体詩抄《しんたいししょう》』において、田原坂《たばるざか》の戦いで活躍した警視隊を描いた「抜刀隊」と題する詩を発表した。

我は官軍我敵は　天地容《い》れざる朝敵ぞ
敵の大将たる者は　古今無双の英雄で
之に従う兵《つわもの》は　共に慓悍《ひょうかん》決死の士
鬼神に恥ぬ勇あるも　天の許さぬ反逆を
起こせし者は昔より　栄えし例《ためし》あらざるぞ
敵の亡ぶる夫迄《それまで》は　進めや進め諸共に
玉散る剣《つるぎ》抜き連れて　死ぬる覚悟で進むべし

三年後、フランス軍事顧問団の一員として来日して陸軍軍楽隊を指導していたシャルル・ルルーが

1―西郷隆盛銅像（上野）

曲をつけ、鹿鳴館の演奏会で発表されたのち、陸軍は分列行進曲「扶桑歌」としてこれを採用し、海軍の行進曲「軍艦」とともに代表的な行進曲として位置づけられる。欧米文学を意識した新しい詩型が試みられるとともに、日本刀への思い入れや大和魂が強調されるナショナリズム的傾向が示され、なおかつビゼーを思わせる転調を多用した異国情緒あふれる曲調と、きわめて不思議な楽曲となっているが、「天地容れざる朝敵」ながら「古今無双の英雄」である人物とは、いうまでもなく西郷隆盛を指している。

それから四年後の明治二十二年二月十日、憲法発布とともに国事犯の大赦が実施され、福島事件で禁獄となった河野《こうの》広中《ひろなか》ら五四〇名が釈放された。それとともに「勤王憂国の士」で事蹟顕著な者への贈位が行われ、藤田《ふじた》東湖《とうこ》・佐久間《さくま》象山《しょうざん》・吉田松陰《よしだしょういん》が正四位を贈られた。さらに故西郷隆盛も正三位の復位追贈がなされる。維新勲功という国家的評価が再確認されたのである。

天皇が「国憲を蔑如し治安を妨害するの挙動 弥《いよいよ》 叛跡顕然に付、深く御震怒被為在《あらせられ》、邦典を挙行し逆徒征討被仰出《おおせいださる》」と西郷の討伐を命じ、官位が褫奪《ちだつ》されたのは、わずか一二年前の二月二十五日であった。しかし「隆盛は維新の元勲にして、大政復古の偉業に与かりて其の功績甚だ顕著なり」（『明治天皇紀　第七』）と、「逆徒」となる以前の功績が重視される。

復権の背後に明治天皇の西郷に対する追憶や、藩閥の影響力を想起することはきわめて簡単だろう。しかし、明治政府は憲法発布と翌年に予定された帝国議会開設をふまえ、公論の制度化という新たな政治的段階への移行を自覚しつつ、古くは戊辰戦争、近くは自由民権運動による国事犯の復権によって、維新以来のさまざまな確執や対立をリセットすることを図っていた。いうなれば「敗者」との和解・融合である。とはいえ、同じく元参議で「兇徒首魁」として処刑された江藤新平《えとうしんぺい》や前原一誠《まえはらいっせい》への復位追贈は大正五年（一九一六）と遅いのを見ても、西郷への配慮は群を抜いている。

「敗者」との和解と過去の戦乱に対する鎮魂を象徴するのが、明治三十一年（一八九八）に建立された上野公園の西郷隆盛像であろう。この像は武家の袴姿でも武官の軍服姿でもなく、きわめて「平民的」な浴衣着姿でつくられている。和解にふさわしい非武装の西郷といえなくもないが、銅像が立つ山王台周辺は、かつて西郷が率いる新政府軍と旧幕臣の意地を守った彰義隊《しょうぎたい》との間で激戦が演じられた戦場跡である。西郷像が公開された際の糸子夫人の、「そげなお人じゃごわはんじゃした」という慨嘆も理解できよう。ただし、彰義隊をなおも慕う江戸っ子の心情と、先輩である西郷を討伐した樺山資紀《かばやますけのり》らの追悼観念を融合した西郷の偶像は、ライバルというべき大村益次郎《おおむらますじろう》像が社頭を護る靖国神社に、けっして祀られることのない「敗者」への鎮魂を象徴していると

2──大村益次郎像

いえよう。

維新三傑と称される西郷隆盛・大久保利通・木戸孝允のなかで、一番の人気を保っているのが西郷であろう。文久二年（一八六二）に頭角をあらわして以来、一度として左遷・免職の経験がなく政局をコーディネートしてきた大久保。遠大な政治構想を描き、現実とのギャップで「逃げる」ことはあっても理想に邁進し続けた木戸と異なり、西郷は多くの場面で決断・挫折・不本意を集積しつつ「古今無双の英雄」となったが、その背後は時代の波に先んじ、あるいは抗いながら散って行った前途有望な青年たちの死屍に満ちていた。西郷は禁門の変、薩長盟約、王政復古、江戸開城、廃藩置県という幕末維新の政治史における最重要な場面において、余人をもって代えがたい存在感と決断力を発揮した。一方で、井伊政権に対する政治工作の失敗、事実上の亡命である「奄美謫居《たつきょ》」、島津《しまづ》久光《ひさみつ》の勘気による沖永良部《おきのえらぶ》遠島、征韓論政変による参議辞職、そして西南戦争における城山陣没と、重要な場面における「敗者」という実像も兼ねている。上野に佇立する「敗者」西郷の姿の実相を追いつつ、維新という革命の「英雄」であり「敗者」である西郷について、西南戦争を中心に見据えるというのが本書の意図である。

なお、引用資料については筆者の責任により原文を書きかえた部分があることを、あらかじめお断りしたい。

I

苦節の英雄西郷隆盛

3——沖永良部島の西郷牢

西郷隆盛は「国父」として藩政を担っていた島津久光の申し付けを破ったため，沖永良部島へ配流（文久2年〈1863〉閏8月14日～元治元年〈1864〉1月25日）となる．龍郷謫居を含め，2度目の「敗者」の経験である．

1　斉彬の寵臣として

お由羅騒動と西郷

西郷隆盛は、文政《ぶんせい》十年（一八二七）十二月七日に、鹿児島城下の下加治屋町《かじやまち》で、小姓与《こしようぐみ》勘定小頭西郷吉兵衛の長男として生まれた。西郷が藩士となった当時の西郷家は、祖父母、父母、四男三女の兄弟、さらに使用人を合わせると家内の人数は一六人だった。持高は四七石余りと平士としてはまずまずだったが、父の吉兵衛が給地高改正の際に大きな負債を負い、生活ぶりは苦しかった。

西郷隆盛は二才頭《にせがしら》として下加治屋町の郷中《ごじゅう》教育を取り仕切っていた。郷中教育は薩摩藩独特の制度で、居住地域の方限《ほうぎり》を単位とし、先輩が後輩を指導する青少年間の自主教育と、年齢層別の集団指導が大きな特徴である。二才頭はそのリーダーで、強い影響力と人望が求められる。郷中においては「うそを言うな」・「負けるな」・「弱い者をいじめるな」の三項目が重視され、さらに年長者を敬うよう徹底された。「議を言《ゆ》な」は薩摩人の直情径行を表す文句として知られているが、長上の者への論駁を抑えるとともに、討論が度を越すことを避ける目的もある。教育内容は、学問とともに詮議と呼ばれる徹底したディベート式の討論、「山坂達者」をめざす足腰の鍛錬、さらに剣術が含まれていた。

年中行事として曽我兄弟敵討ちを称える五月二十八日の「曽我どんの傘焼」、島津義弘《しまづよしひろ》主従の関ヶ原敵中突破をしのぶ九月十五日の「妙円寺詣り」、赤穂義士の忠義に学ぶ十二月十四日の「赤穂義士伝輪読会」を三大行事とし、これらは今日も鹿児島県内で受け継がれている。下加治屋町には弟の吉二《きちじ》郎《ろう》・従道《つぐみち》・小兵衛《こへえ》のほか、従弟の大山巌《おおやまいわお》、さらに黒木為楨《くろきためもと》、小倉壮九郎《おぐらそうくろう》、東郷平八郎《とうごうへいはちろう》の兄弟などの生家があった。また、高麗町《こうらいまち》から転入してきた三歳年下の大久保利通や、隣接の高見馬場《たかみばば》で生まれ養子に入った村田新八《むらたしんぱち》なども下加治屋町で育っている。山本権兵衛《やまもとごんべえ》も方限が異なるものの西郷家と至近の地で生まれた。彼らは西郷の薫陶を受けて成長するが、西南戦争の際は敵味方に分かれて戦うこととなる。

西郷は弘化《こうか》元年（一八四四）に郡方書役助として藩に出仕し、そののち約一〇年間を農政部門で過ごすこととなる。薩摩藩では、一名の名頭《みょうとう》と二～五戸の名子からなる門《かど》を単位に農民が編成され、経営規模を均質化するために検地ごとに耕地を割り替える門割制度がとられた。門地に課せられる年貢率は、籾高一石（現米五斗）に対し米三斗九升八合で、八公二民と類を見ない高い税率だった。西郷は、郡奉行迫田太次右衛門のもとで農村を巡回して作柄の調査や年貢徴収の監督にあたった。迫田はこうした過酷な農民支配を憂えていたが、凶作の年に作柄の実情を調査しようとしたところ、藩庁から年貢に手加減を加えてはならないとの指示がくだり、それでは検分の意味がないと憤慨して職を辞した。

虫よ虫よ　五ふし草の根を絶つな
　　絶たばおのれも共に枯れなん

これは迫田が役職を去るに際して宿舎の壁に書きつけた歌である。西郷は、最初の上司である迫田の姿勢に強烈な印象を受け、後々までも迫田の残した歌を口ずさむことがあったという。西郷もまた、迫田に劣らず藩の農政に批判的であった。こうした西郷に衝撃を与えたのがお由羅《ゆら》騒動である。

当時の藩主島津斉興《なりおき》は文化《ぶんか》六年（一八〇九）に藩主に就き、文政十一年（一八二八）に調所広郷《ずしょひろさと》を側用人に抜擢した。祖父重豪《しげひで》は娘の茂姫（広大院）を一一代将軍家斉に輿入れさせるなど派手な婚姻政策を展開し、さらに「蘭癖」と呼ばれるほど蘭学に凝って諸事業に手を出し、江戸風の暮らしを好み、膨大な借財を残していたが、斉興は調所に累積債務の整理を命じた。調所は二五〇年賦償還を商人に申し渡し、いわば永久国債を発行することで債務負担を一気に軽減させる。さらに琉球を介した清国との密貿易、奄美での黒糖専売制強化、薩摩焼など国産品の増産と品質改良、全国的な物流展開といった増収策を推進した。この結果、弘化元年（一八四四）には重豪が斉興に求めた五〇万両備蓄を見事に達成する。嘉永《かえい》・安政《あんせい》期以降における薩摩藩の殖産興業政策や軍事改革、積極的な政治活動は、天保《てんぽう》期に調所が蓄えた潤沢な財源の上に成り立ったのである。その反面、奄美の人々は「黒糖地獄」と称される収奪に苦しみ、藩士たちも給地高改正に不満をいだく。

なお、斉興が藩政の実権を完全に掌握したのは、祖父の重豪が天保四年（一八三三）に八九歳という長寿を全うしたのちである。藩主就任と同年に、正室の弥姫（鳥取藩主池田治道の娘）との間に嫡男斉彬《なりあきら》が生まれていたが、斉興は斉彬が四〇歳を過ぎても家督を譲ろうとしなかった。斉彬は四歳のときに世子として幕府に届けられたが、曽祖父の重豪はとくに目をかけ、その感化をうけて育った。このため重豪と同様に蘭学に強い関心を持ち、重豪の派手な婚姻政策が実を結んで、世子としての江戸での交際範囲も広かった。斉彬の英明ぶりは諸大名から高い評価をうけていたが、ようやく財政再建にこぎつけたばかりの斉興や調所は、重豪に酷似した中央志向を持つ斉彬の襲封に不安を覚え、側室由羅の子で性格が斉彬より地味で国漢学を好む久光《ひさみつ》への期待を強め、軍事調練や江戸参勤の際に名代とし、さらに家老座につけて政務にも参与させた。こうしたおり、外国人が上陸した琉球への派遣兵を経費節減のため途中で引きあげさせたものの幕府に虚偽の届出をしたことが露見し、藩が幕府から譴責されるという不始末が生じた。責任を負った調所は嘉永元年（一八四八）十二月十九日に江戸で自決した。しかし、調所を失ったのちも斉興は実権を堅持し、一方で斉彬は男子があいついで夭折する。斉彬は由羅一派の調伏を疑っていた（芳即正『島津斉彬』）。

斉彬の早期襲封を強く期待した近藤隆左衛門と高崎五郎右衛門《たかさきごろうえもん》らは、嘉永二年に久光擁立に動いていると思われる筆頭家老島津久徳や吉利仲らの殺害を謀った。しかし密告により藩庁に発覚し、呼び出しを受けた近藤らは切腹したが、その遺骸は磔のうえ鋸引にされた。摘発範囲は拡大して、江戸家老島津久武や物頭赤山靱負《ゆきえ》など切腹一三名、遠島一七名、そのほか合わせて五〇名あまりが処罰された。

西郷の父吉兵衛は赤山靱負の家政にかかわっており、切腹にも立ち会った。靱負は五歳年下の西郷に目をかけており、切腹の際に着用していた血染めの衣は西郷に託された。西郷は終夜それを抱きながら泣いたという。大久保利通の父で琉球館蔵役だった利世も喜界島に流され、利通も記録所書役助を罷免される。利世は西郷が師として敬意を払っていた人物で、利通も年下ながら親密な存在だった。お由羅騒動は西郷が最初に目の当たりにした政治的事件であるが、そのおりの公憤は大義名分を重んじる彼の思考に大きく影響を与える。一方、大久保は西郷と異なって自らも処罰の対象となり、もともと裕福でない家は困窮の淵に立たされた。難局に際して慎重かつ合理的方策で対応する大久保の政治姿勢は、最初の挫折から学んだともいえよう。

西郷はお由羅騒動ののちは、大久保利通や長沼嘉平《ながぬまかへえ》、有村俊斎《ありむらしゅんさい》（海江田信義《かいえだのぶよし》）、伊地知正治《いじちまさはる》、吉井友実《よしいともざね》などとともに『近思録』の読書会に励んだ。藩政刷新を求め処断された樺山主税や秩父太郎ら「近思録崩れ」の面々に思いをはせ、将来に期するところがあったと思われる。老中阿部正弘らの介入で斉彬が藩主となった翌年の嘉永五年（一八五二）、西郷は祖父と父母を相次いで亡くし、半年間に三回の葬式を出したのち、藩に家督相続願いを届け出た。

西郷が家督を相続した嘉永六年（一八五三）は、「癸丑以来」と呼ばれるように、ペリーの浦賀来航によって時代の転換点を迎えることとなる。そしてその翌年にあたる安政元年（一八五四）、西郷に大きな転機が訪れた。

庭方役への抜擢

安政元年（一八五四）一月二十一日、島津斉彬は藩主就任後二度目の参勤交代のため鹿児島を出発した。それに先立ち、西郷は郡方書役助から中御小姓・定御供・江戸詰を命じられ一行に加えられた。江戸に行くことは諸学を勉強する機会であり、当然ながら西郷は発奮する。斉彬が西郷を選んだのは、『斉彬公史料　二』によれば西郷の友人で御納戸職であった福崎七之丞という人物の推挙によるとし、斉彬も粗暴で同僚との人付き合いが良くなく一癖ある男との評判に、かえって興味を示したとされる。城下を離れた行列は水上坂《みつかんさか》の御茶屋で休息し旅装に改めたが、このおりに斉彬は周囲の者に尋ねて西郷の姿を初めて確認した。

4―島津斉彬（黒田清輝筆）

三月六日に江戸に到着すると、翌月に庭方《にわかた》役を拝命する。西郷は斉彬の信頼のもとで日常的に接することとなった。後年に松平慶永《まつだいらよしなが》が『逸事史補』で回顧したところでは、斉彬は慶永に「私家来多数あれども、誰も間に合ふものなし。西郷一人は、薩国貴重の大宝也。乍併《しかしながら》彼は独立の気象あるが故に、彼を使ふ者私ならではあるまじく」と語ったというが、もし斉彬の抜擢がなかったら、西郷は平凡な下級の城下士として半生を過ごしたであろう。

江戸に入った西郷は、海防参与となった前藩主徳川斉昭《とくがわなりあき》が最も信を置く家臣の藤田東湖と戸《と》田忠敞《だただあきら》に面会するなど、他藩の有識者を訪ね歩くことで見識を磨き、さらに人脈を築くことに励んだ。西郷を見込んだ斉彬の期待に応えたといえよう。十二月二十七日に水戸藩士原田八兵衛宅で福井藩主松平慶永の側近橋本左内《はしもとさない》に初めて会う。左内は東湖とならんで西郷が生涯敬意を払うことになる人物である。ただ、左内の西郷に対する第一印象は「燕趙悲歌之士なり」というもので、水戸の風に染まった慷慨家とのみ映った。西郷はあるとき、斉彬に「殿は西洋かぶれではないか」と率直に言上したところ、斉彬は「中国も日本にとっては西洋と同じく異国であるが、古来よりさまざまな文物を摂取してきた。今後は西洋を含めた全世界から長じるところを学んで短を補い日本の国威を輝かすべきで、とくに医学や砲術、蒸気船の導入が急務だ。水戸人の評判は気にしなくても良いが薩摩の者にはこの趣旨を示すように」と懇切に諭した。斉彬の見識に西郷は大いに感服し、友人たちにこのことを語ったという（『斉彬公史料二』）。

江戸での勤務が二年目をすぎた安政三年（一八五六）四月十二日、西郷は斉彬から初めて御前召出を受け、以後は密命を帯びて単独で他藩に出向く機会が増えていく。とくに激しい内訌に揺れている水戸藩の現状を斉彬は憂慮し、斉昭に対する諫言を西郷に伝えさせることもあった。

将軍継嗣問題の浮上

嘉永六年（一八五三）六月二十二日、ペリー艦隊退去直後で世情がいまだ騒然とするさなか、将軍家慶《いえよし》が急死し、世子家定《いえさだ》が将軍職に就く。しかしながら、家定は身体虚弱で三〇歳を過ぎても子に恵まれなかった。内憂外患という時局のなか、将軍継嗣は大きな関心事となっていく。老中阿部正弘《あべまさひろ》が示した大名との協調路線を支持する島津斉彬や松平慶永（春嶽《しゅんがく》）、山内豊信《やまうちとよしげ》（容堂《ようどう》）、伊達宗城《だてむねなり》ら有志大名（政局に積極的に参与しようとする政治家的藩主）は、斉昭の子で徳川一門随一の秀才とされた一橋慶喜《ひとつばしよしのぶ》に期待した。

しかし、それに先だって家定の生母本寿院《ほんじゅいん》は、公家から迎えた家定の正室が将軍就任前にあいついで亡くなったのと、義父である家斉が島津重豪の娘を正室に迎え、多くの子宝に恵まれたことにあやかり、島津家から正室を求める。斉彬も琉球問題の処理を有利に進めるためには将軍家との関係強化が必要だと考え、要請に応じた（芳即正『島津斉彬』）。ただ適齢期の息女がいなかったため、叔父で今和泉《いまいずみ》島津家を継いでいた島津忠剛の娘一子《かつこ》を篤姫《あつひめ》と改めて養女とし、安政三年（一八五六）に近衛《このえ》忠煕《ただひろ》の養女に入れたうえで輿入れが実現した。この時に西郷は支度品の調達を任され、奔走している。

将軍の岳父となった斉彬は、ようやく将軍継嗣問題に関わるようになっていく。安政四年（一八五七）四月三日、斉彬は帰国の途についたが、出発直前に慶永に宛てた書翰で、家定夫妻は仲睦まじく、大奥にはお世継ぎを期待する雰囲気もあり、結婚後間もないのに継嗣問題を持ち出すのはいかにも憚られるが、篤姫には家定の考えをそれとなく探るように言い含めておいたと述べた。西郷も斉彬に随従し、三年四ヵ月ぶりに帰国したが、その途次も熊本で細川家重臣の津田山三郎を訪ね、さらに家老で実学党の有力者である長岡監物《ながおかけんもつ》を訪問している。長岡の息子である米田虎雄《こめだとらお》（のち侍従長）はこの当時の西郷の風貌について、「背のスラリとした髪の毛のバサバサした武士で、眼ばかりはギロギロと光っていた。島に流されて非常に肥満って帰り、その後も人が心配するほど肥満ってきたが、天下のために奔走している頃は、痩せたスラリとした人であった」と回顧している（佐々木克監修『大久保利通』）。

安政三年（一八五六）十月、健康を崩した阿部は佐倉藩主堀田《ほった》正睦《まさよし》に老中首座を譲ったが、翌年六月十七日に三九歳で病死する。斉彬と肝胆あい照らす仲だった阿部の死を、西郷も「何とも力なき次第天下国家のため悲涙此の事に御座候」と嘆いた。斉彬と入れ違いに出府した松平慶永は、一橋慶喜を将軍世子とすることで対外的危機に挙国一致で対処すべきだとの将軍継嗣運動を積極的に展開していく。

一方、本寿院など大奥の女性たちは、奢侈を理由に奥向きにまで口出しする斉昭を疎んじており、その子である慶喜をも恐れていた。また、紀州藩付家老で新宮城主の水野《みずの》忠央《ただなか》は、家定に血筋が最も近い主家の徳川慶福《よしとみ》を擁立しようと、大奥に勤務する妹を通じて各種の働きかけを行っていた。暗愚だと評判された家定も慶喜を敬遠しており、彦根藩主井伊《いい》直弼《なおすけ》を中心とする溜間詰大名は将軍の意向を尊重する立場を取った。とくに苦節を重ねて譜代筆頭の彦根藩主になった井伊直弼は、攘夷に固執して幕府に批判的な情報を京都に流している斉昭への警戒心が強く、早い段階から継嗣問題に関心を抱いていた。

慶喜擁立が不利な情勢と判断した松平慶永は、安政四年（一八五七）八月に懐刀の橋本左内を国許から呼び寄せるとともに、堀田正睦・久世広周《くぜひろちか》・松平忠固《ただかた》など老中を歴訪し、この難局に際して家定を補佐しうる人物は慶喜をおいて他にないと将軍継嗣の決定を迫った。こうしたおり、斉彬は在国中で動けなかったため、十月一日に西郷に江戸詰を命じた。以後、西郷と左内は無二の同志として頻々と往復している。

大奥では近衛家から篤姫に付けられた幾嶋が斉彬の意向を受け、金銀を使って大奥内での影響力を急速に増していた。しかし、安政五年（一八五八）一月十九日に西郷は左内に、「何分女相手の事故《ことゆえ》急速運び兼ね、残心此の事に御座候」と、大奥に入って日が浅い篤姫に家定を説得させるのは困難と報告している。こうした状況をみて、西郷と左内は篤姫から養父にあたる近衛忠熙に書を通じ、朝廷に内勅降下を働きかけるという、別の手立てを考えていた。

運命の戊午の年

将軍継嗣問題をめぐる駆け引きが水面下で繰り広げられるなか、外交問題も重要な局面を迎えていた。安政四年（一八五七）十月二十一日に江戸城で将軍に謁見したアメリカのタウンゼント・ハリス公使は、通商条約の早期締結を強く求めた。堀田老中はハリスの要求を大名たちに示して意見を求め、十二月二十九日に在府の大名に条約案の骨子を示した。ほとんどの大名は、条約締結はやむをえないとする見解だったが、尾張の徳川慶勝《よしかつ》や蜂須賀《はちすか》斉裕《なりひろ》（将軍家斉の子）、鳥取藩主池田《いけだ》慶徳《よしのり》（斉昭の子）のように勅許を求める声も強かった。そこで堀田老中は「人心おり合い」を万全なものとするために自ら上洛し、勅許を得ることとする。こうして、西郷にとっても運命的な戊午の年となる安政五年（一八五八）を迎えた。

松平慶永は、慶喜擁立を順調に進めるためには政局に波風が立たないようにする必要があると判断し、堀田を支援するため一月二十七日に橋本左内を京都に送った。一方、国元にいた斉彬は、開国を支持する見解を幕府に示したが、そのうえで人心を統一するためには慶喜を次期将軍職にするべきだと明確に唱え、さらに左大臣近衛忠熙と内大臣三条実万《さんじょうさねつむ》に内勅降下を依頼した。西郷は大奥工作が行き過ぎだとの非難を周辺から受け、藩外からは斉彬が篤姫の懐妊をひそかに待望しているのではとささやかれて悩んでいたが、斉彬が同じ考えに立っていることに感涙し、「服を改め西を遥拝」した。

堀田老中は二月五日に入洛し、多額の賄賂を費やして公家の説得を試みた。また斉彬や慶永、山内豊信、さらには攘夷家とみられた水戸の斉昭からも条約はやむをえないとの意見が摂家に届けられていた。しかし、孝明《こうめい》天皇は条約案の勅許を認めず、幕府に対して御三家ほか諸大名に再び意見聴取をしたうえで再度報告するように求めた。事実上の拒絶である。堀田は万策尽きて四月五日に京都を離れる。斉彬や慶永は、通商条約調印は不可避という前提にたち、朝廷・幕府・大名の全体的な協調を求め、そのかなめに慶喜の将軍継嗣を据えていた。橋本左内は三月二十四日に江戸の中根《なかね》雪江《せっこう》に送った書で、「此類《たぐい》は南北朝以来、官家の癖、事の善悪にかかわらず、動《やや》もすればか様の事致し候」と、政治的素人の公家が政局を混乱させた建武の新政当時とそっくりだと嘆息している。

西郷たちが突破口とした内勅降下も難航する。斉彬からは近衛家に、山内豊信からは三条家に働きかけがなされ、左内も天皇の信任が厚い青蓮院宮（のちの朝彦親王）を動かした。西郷も内勅降下を促すため京都に入り、近衛家の老女村岡や清水寺成就院前住職の月照《げっしょう》と協議を行っている。一方、井伊直弼の側近だった長野《ながの》義言《よしとき》は関白九条尚忠《ひさただ》に面会し、英明に基準に置く外国流は正統を重視する皇国の風儀に反しており、継嗣は血筋の近さによるべきだとの直弼の意向を伝え、さらに継嗣の決定は将軍の意思に属すべきところ、大名が勝手に朝廷に内願するのは国乱のもとになると説得に努めた。

左内と長野の水面下での激しいつばぜり合いのすえ、三月二十三日に将軍継嗣を早急に定めよとの勅諚が堀田老中に下った。当初は斉彬らの意向をうけ、明確に慶喜を示す英傑・人望・年長の三条件が付けられるはずだった。しかし、土壇場になって九条関白の独断で削除される。能力より血統を重視するという考え方は、格式で成り立つ公家社会には相応の説得力があり、そもそも国家の安危に関わる条約勅許と異なり、継嗣問題はもっぱら徳川家内部の問題との認識も強かった。条約勅許を求めた堀田老中も、将軍継嗣の内勅を願った斉彬ら有志大名も、ともに朝廷の政治利用に失敗し、阿部老中が示した協調路線は手痛い打撃を受ける。西郷にとっても最初の挫折だった。

そのころ江戸では老中松平忠固らが堀田の不首尾に憤り、井伊直弼の大老就任を画策していた。そして、堀田が江戸に帰着した三日後の四月二十三日、直弼は大老の座に就く。井伊大老は、ハリスに対しては七月二十七日まで調印期限を延期させて時間を確保し、諸大名に対しては四月二十五日に勅答を示して意見を求めた。一方、将軍継嗣に関しては方針の公表を差し控えていた。しかし、井伊大老の登場で慶喜擁立が困難になったのは明らかだったため、西郷は一時帰国して斉彬に状況報告するとともに事後の方策を協議することにした。六月七日に鹿児島に着いた西郷は、ただちに斉彬を訪ねて情勢を報告し、新たな指示を受けて十八日に鹿児島を出立する。これが最後の対面となろうとは思いもよらなかったであろう。

この間、江戸では大きな動きが起きていた。まず、六月二日に将軍継嗣決定の白紙委任を求める宿継奉書が京都に送られた。井伊は勅旨が江戸に届く日数を計算して十八日に慶福の継嗣を公表するつもりだった。一方、松平慶永は、山内豊信・伊達宗城と協議し、豊信から三条実万を通じて内勅降下を再度依頼することに最後の望みを託した（吉田常吉『安政の大獄』）。そうしたおり、アロー戦争が一段落し、英仏が天津条約の締結を終えて撤兵したとの情報を得たハリスは、これを効果的に利用してアメリカとの通商条約調印を幕府に迫ることとし、六月十八日に下田奉行井上清直《いのうえきよなお》と目付岩瀬忠震《いわせただなり》が神奈川沖に進んだポーハタン号で会見に応じた。翌日、幕府は諸役人を招集して協議したが、即時調印を求める声が高かった。井伊は将軍継嗣の公表まで極力引き延ばしに努めるよう命じたが、神奈川に戻った井上・岩瀬は即座に調印する。この措置は幕府の独断による「違勅調印」として受け止められ、その後の政局に重大な影響をおよぼすこととなった。

斉彬は六月十八日に西郷が京都・江戸に向かうにあたり、八月に琉球使節が参府する際に兵を引率して上洛し、勅命を受けたうえで有志諸侯と結束して幕府の大改革を断行し、公武一和を図るので、その準備工作を行うようにと密命を下したとされる。しかし、西郷が鹿児島を出発したのは継嗣の正式決定以前で、条約調印は西郷が鹿児島を離れた翌日のことだった。斉彬は井伊政権との武力対決をこの時点で覚悟したとは思われない（芳即正『島津斉彬』）。芳即正氏は、率兵上京説は七月以降の志士たちの動きや、文久《ぶんきゅう》二年（一八六二）における島津久光の率兵上京などから逆に類推されたと思われ、当時の斉彬は公武一和を考えており、そのための根回しを西郷に命じたとしている（「安政五年西郷への斉彬密命を追う」『敬天愛人』一一）。ただし、幕府がこのうえ朝廷を無視する挙を重ねた場合、内勅があれば京都に兵力を送り、皇室を守護するつもりだという含みを西郷に伝えたと思われる。

西郷は七月七日に大坂に到着したが、関東の情勢が一変したことを知らされる。六月十九日に日米修好通商条約に調印した幕府は、二十一日に老中連署の奉書を事後報告のかたちで京都に送った。そして、二十四日に松平慶永は井伊大老を面詰し、継嗣公表の延期を要求したが物別れとなる。斉昭と水戸藩主徳川慶篤《よしあつ》、尾張藩主徳川慶勝、さらに松平慶永はそろって不時登城を決行し、井伊の排斥を図った。井伊は京都に無届の調印に恐縮しつつも、清国と同じ轍を踏むことはかえって国体を守るという朝旨に反すると応酬し、継嗣問題についても将軍の意向をたてに態度を変えなかった。本来、条約問題は有志大名と井伊政権との対立点にはなっていなかったが、攘夷という「叡慮」を突破口に将軍継嗣を慶喜に逆転させようとする慶永らの目論見は失敗に終わる。むしろ尊王と攘夷を直結させる効果をもたらした。翌二十五日、返す刀で井伊政権は慶福を将軍継嗣にすると正式発表した。内外の懸案を一気に解決させた井伊大老は、不時登城を行った三家に急度慎《きっとつつしみ》の処分を下すこととし、七月五日に慶篤・慶勝・慶永は隠居、慶喜は登城停止となった。しかし、将軍家定は衝心脚気の病状が悪化しており、六日に没する。一方、六月二十七日に条約調印の報告が朝廷に達し、さらに不時登城事件による慶永らの処分情報も届き、孝明天皇は激怒した。

朝幕関係の切迫をうけ、在京の諸士の動きもあわただしくなる。七月十四日に入京した西郷は、梁《やな》川星巌《がわせいがん》・春日潜菴《かすがせんあん》・頼三樹三郎《らいみきさぶろう》・月照・長州藩士大楽源太郎《だいらくげんたろう》など諸士と情勢を探っていた。一方、江戸では堀仲左衛門（伊地知貞馨《さだか》）や有村俊斎（海江田信義）が、橋本左内や中根雪江、一橋家用人平岡《ひらおか》円四郎《えんしろう》らと連携していたが、このうえは勅諚によって是が非でも慶喜を継嗣とし、不可能ならせめて井伊大老を更迭させる勅命を獲得しようと決心し、薩摩藩士日下部伊三次《くさかべいそうじ》を京都に送った。日下部は十九日に京都に入ると鵜飼吉左衛門《うかいきちざえもん》・幸吉《こうきち》父子と打ち合わせを行い、翌日には三条実万に勅諚降下を運動した。

斉彬の死と大獄

西郷もまた将軍継嗣決定後の対応に奔走していたが、七月二十七日になって驚くべき一報を耳にする。忠誠を尽くしてきた斉彬が急死したというのだ。斉彬は七月二日に継嗣が慶福に正式決定したとの急報に接し、もはや国内平穏を願うほかないと弟の久光に述べている。そして、八日に猛暑のなかで軍事調練を視察したが、翌日から発熱・下痢の症状があらわれた。病状は急激に悪化して十五日夜に死期を悟り、久光の子である忠義《ただよし》を婿養子に指名し、久光には朝廷尊崇を心がけよと遺言し、翌朝に息絶えた。死因は赤痢と思われるが、毒殺を推測するむきも当時から少なくなかった。西郷は絶望のあまり一時は殉死しようとしたが、月照の説得に応じ、任務をはたすことで斉彬の遺志を継ぐことを決意する。

西郷は月照を通じて左大臣近衛忠熙から水戸・尾張両藩に宛てた密書を授かり、八月二日に京都を発って七日に江戸に着いたが、いずれの大名屋敷とも幕吏によって厳重に監視され、身動きが取れなかった。しかしながら、京都では日下部らの工作が効果をあげていた。天皇は幕府の対応に激怒して一時は譲位を表明していたが、八月四日に九条関白と議奏・伝奏を召して幕府への詰問と譲位の勅旨を江戸に伝えるように望んだ。これをうけ、日下部は内大臣三条実万に、ひそかに水戸藩に勅諚を下して大老を退陣に追い込み、将軍宣下も継嗣となった家茂《いえもち》（慶福）ではなく慶喜に行うべきだと説いている。

左大臣近衛忠熙と三条内大臣は水戸への勅諚については承諾し、ちょうど西郷が江戸に着いた八月七日に戊午の密勅が下された。密勅の内容は、条約の違勅調印を遺憾とし、尾張・水戸・越前の三家処罰も罪状が不明で、実に容易ならざる時節となっているが、外患に加えて内憂があっては国家の一大事なので、大老や老中・御三家・御三卿その他大名一同が群議評定し、国内の治平と「公武御合体」が長久を遂げられるように徳川家を扶助せよというものだった。勅諚は水戸藩京都留守居の鵜飼吉左衛門に授けられ、息子の幸吉がその日のうちに東海道から江戸に向かった。一方、日下部も三条から写しをもらって中仙道から江戸に向かう。朝廷が武家の棟梁である幕府を差し置いて大名に勅諚を下すのは前代未聞のことで、公儀権力としての幕府の存在を無視したに等しい措置だった。当然、井伊大老たちは狼狽し、犯人探しに狂奔する。

日下部らの工作を察知できず面目を失った長野義言は、近衛家や水戸藩の「悪謀」を誇張して井伊大老に伝え、志士の探索に努めた。一方、幕府は水戸藩に勅諚を返上するように圧力をかける。九月二日に幕府に近かった九条関白が罷免されると、幕府はさらに態度を硬化させた。

当時、長崎上陸のアメリカ艦乗組員から広がったコレラが猛威をふるい、八月からは不吉な彗星が現れていたので、九月三日に朝廷は伊勢神宮や東大寺など七社七寺に祈禱を命じたが、翌四日に所司代酒井《さかい》忠義《ただあき》（小浜藩主）が入京すると、直ちに勅諚降下を工作した人物たちの摘発がはじまる。五日に捕縛された近藤茂右衛門から志士と堂上《とうしょう》家士のつながりが確認され、七日に梅田《うめだ》雲浜《うんぴん》が逮捕。さらに直前にコレラで死亡した梁川星巌の自宅から証拠書類が多数押収された。十七日には条約調印の弁明を表向きの目的に老中間部《まなべ》詮勝《あきかつ》（鯖江藩主）が上洛した。間部は病気を理由に参内を引き延ばす一方、摘発の総指揮を務め、「青鬼」と恐れられる。

西郷は八月二十五日に橋本左内に暇乞いを告げて江戸を発ち、三十日に京都に着いた。左内とはこれが今生の別れとなる。九月十七日に西郷は、江戸の日下部と堀に報告を送った。その内容は、間部老中が暴挙におよべば大坂で義兵を挙げる。大坂城代の土浦藩兵や尾張藩兵も呼応し、間部老中や所司代の弱兵を粉砕して彦根城も落とせるだろうから、これに呼応して関東でも挙兵してほしいというものだった。また、鵜飼吉左衛門が安島帯刀《あじまたてわき》と日下部に送った密書によれば、西郷は薩長土三藩で間部老中を討ち取り、彦根城も「赤鬼」（井伊直弼）が多人数を江戸に送っていて手薄なはずだから簡単に落とせるはずだと話したという。しかし、鵜飼父子は密勅を水戸に送った張本人として十八日に逮捕され、密書も押収された（『井伊家史料　一〇』）。二十七日には日下部も江戸で逮捕され、十二月十七日に獄死する。

京都では雲浜の捕縛後、月照の身辺が危うくなり、西郷は近衛家から保護を依頼されて大坂で潜伏させた。その後、西郷にも摘発の危険が迫ったため、彼は月照を薩摩藩領内でかくまうこととする。しかし、斉彬没後の藩情は大きく変わっていた。新藩主忠義の祖父である斉興は、藩政後見人として再び実権を掌握する。斉興は斉彬と異なって中央政局に関与しない姿勢を示した。家老新納《にいろ》久仰《ひさのり》ら藩首脳は、近衛家と島津家の長年にわたる関係から月照を粗略に扱えず、とはいえ新藩主忠義は家督相続を願い出るため江戸に向かっている最中で、幕府の譴責は何としても避けたかった。処理に窮したすえ、十五日になって西郷に今夜のうちに船で鹿児島を離れ、月照を日向に追放するように命じる。薩摩藩では旧来、「日向送り」の者は藩境で斬り捨てられることになっていた。月照一人を死なせるわけにはいかないと覚悟を固めた西郷は、ともに龍ヶ水大崎鼻沖の錦江湾《きんこうわん》に船から身を投じた。ただちに救助されたが、月照は絶命し西郷だけが蘇生する。

安政期の西郷は政局の真っただなかにあったが、結局は「敗者」となった。ただし、錦江湾で西郷が水死したとしても、斉彬の寵臣で大獄の犠牲者の一人として歴史に名を残しただろう。

奄美大島での謫居

薩摩藩庁は幕府の追及をかわすため、西郷と月照はともに水死したと報告し、一方で西郷には奄美大島での潜伏を命じた。

京都では大獄の嵐が勢いを増し、十月二十三日には橋本左内が親類預《あずけ》となり、十一月三十日には頼三樹三郎が捕縛された。十二月五日には鵜飼吉左衛門・幸吉らが江戸檻送となり、以後も江戸への檻送があいつぐ。容赦ない幕府の強硬路線に世情は戦々恐々とし、十二月二十四日に孝明天皇は、いずれ鎖国に引き戻すとの前提に立ちつつも、条約調印の事情については理解したと宸翰を下し、三十日には「叡慮氷解」の勅諚が間部老中に渡される。

西郷は十二月十九日に長岡監物に書翰を送り、「私事土中の死骨にて、忍ぶべからざる儀を忍び罷《まか》り在り候次第」と死に損なった心境を述べ、生き恥をさらす屈辱に耐えつつ、天命にしたがって将来に期す決意を吐露している。

この当時、大獄に憤った堀仲左衛門や有馬新七《ありましんしち》は江戸で水戸藩士と連携し、井伊大老襲撃を計画していたが、鹿児島でも大久保利通や有村俊斎らが藩当局の西郷と月照に対する非情な措置に憤慨し、脱藩・挙兵を画策していた。

西郷は十二月末に先祖の菊池氏にちなんで菊池源吾と変名のうえ鹿児島を出帆し、風待ちのため山川港（指宿市）で待機した。一月二日、伊地知正治が山川港に現れ、今後の行動の指針を求める大久保利通の書翰を西郷に示した（『大久保利通文書　一』）。大久保の質問は次のようなものだった。

①堀から熊本藩が動くとの一報が届けば突出を決行すべきか。

②福岡、鳥取、長州が決起すればいうまでもなく突出するが、同意するか。

③突出の際の藩への捨文は、連名と個人別といずれが良いだろうか。

④堀に万一のことがあれば盟中の憤激は一方ではないだろうが、自重すべきか。

⑤尾・水・越三藩に井伊がさらに圧迫を加えるなら、前後を顧みず突出すべきか。

⑥江戸に檻送された人々が処刑され、堂上方にも危害が及ぶならば、突出すべきか。

⑦熊本の長岡監物と近衛家への紹介状をお願いしたい。

⑧諸藩の有志の人名を書き出してほしい。

西郷の回答は次の通りだった。①については、堀から熊本藩の決心が伝わっても越前藩との連携がなければ突出すべきでない。②のように福岡・鳥取・長州から連絡があっても同様で、十分に機会が整うのを待つべきだ。他家に遅れを取るのは忠義の士ではないが、むやみに死にさえすれば忠臣というような心がけは良くないので自重してほしい。④の堀が幕府の手にかかれば云々については、一時の興奮で「無謀の大難」を引き起こすのは有志の人のなすことではなく、大小をわきまえ、天朝のためという堀の志を引き継いでこそ同盟の根本が成り立つのであり、楠木正成が桜井宿であえて正行を帰した覚悟を想起してほしい。⑤の三藩に暴命が下った際の措置については、その際は必ず応援要請があるだろうから共に行動すべきである。また⑥のように堂上方に危害がおよぶなら、勤王の諸藩は傍観しないだろう。だから粗忽に動いてかえって迷惑を重ねるようなことがあってはならない。⑦の近衛家への添状は、同志のなかから異議が生じてはならず、③の突出に際しての捨文の件ともども伊地知に話しておいたので問い合わせてほしい。⑧の諸藩有志は、自分の見当では次のような人々である。水戸では武田耕雲斎《たけだこううんさい》・安島帯刀、越前は橋本左内・中根雪江、肥後は長岡監物、長州は益田弾正、土浦は大久保要《かなめ》、尾張は田宮如雲《たみやじょうん》である。ちなみに、ここで名前があがった六藩八名の人物のうち、王政復古まで生存したのは中根と田宮だけで、武田・安島・左内・益田はいずれも処刑された。

西郷は、突出は諸藩の有志と連携したうえで、全体の動向を踏まえて行うべきだと唱えている。これは斉彬の遺志を正確に反映したものともいえよう。勤王諸藩が十分に連携すれば幕府に対抗できるというのが西郷の一貫した考え方で、斉彬の遺志でもあった。

西郷を乗せた福徳丸は山川港を出航し、一月十一日に名瀬に寄航した後、翌日に龍郷村阿丹崎《たつごうむらあざんざき》に入港した。上陸後、西郷は龍郷の美玉新行が所持する空き家に住んだ。大島には源為朝や平家の落人伝説が存在するが、薩摩藩は流刑地にしていたため、かつての近思録崩れやお由羅騒動の際には多くの遠島人が流されてきた。西郷の大島送りは流刑ではなく潜伏だったが、家族や盟友から隔離され、遠島人のような心境だっただろう。しかし、悶々としていても、農政に属したことのある立場として大島における搾取の実態はただちに把握し、大久保らに送った書翰で「松前の蝦夷人捌《さば》きよりはまだ甚《はなはだしく》敷御座候次第」と、苛斂誅求《かれんちゅうきゅう》で知られるアイヌに対する場所請負制よりも過酷と指摘している。

奄美大島では貢納は黒糖だけで行われ、サトウキビ以外の栽培を厳しく禁じていた。さらに、調所広郷が着手した砂糖取り締まり強化策により、奄美では日用品の販売まで藩が管理し、貨幣を廃止して砂糖とのみ引き換え可能とした。西郷は役人が五倍の高値を設定して不正な利益を得ていると批判している。

西郷は最初のうちは美玉新行の提供した空き家にいたが、しばらくして佐民為行の管理する郷士格龍家の離れに移る。謹厳で「ハブ藤長」と村人に恐れられた横目役（監察官）の得藤長《とくとうちょう》や佐民などが親切に遇し、しだいに村人たちの好奇や警戒の目も和らぎ、西郷も落ち着きを見せるようになった。佐民と得藤長は西郷に不自由をさせないため、島の女性に身の回りの世話をさせようと図り、選ばれたのが龍一族の於戸間金《おとまがね》だった。彼女は愛加那と名を改め、十一月八日に佐民夫妻の媒酌で西郷と結婚する。西郷は愛加那を不幸にする恐れもあるとためらったが、佐民や得藤長らが積極的に話を進めた。大島に詰めた役人が、アンゴと呼ばれる島妻を持つことは公認されており、アンゴの生んだ子供は武士の身分を与えられて鹿児島で教育を受け、成長して島の役人になることも多く、アンゴ自身にもさまざまな恩典が与えられた。ただ、夫婦円満であってもアンゴを鹿児島に連れて帰ることは許されなかった。なお、アンゴの多くは未亡人で、愛加那のような初婚の女性は稀だったという（『龍郷

町誌　歴史編』、一九八八年)。

誠忠組の成立

この当時、西郷の手が届かないところで社会は大きく変動していた。幕府は戊午の密勅に関与した人物たちを厳重に吟味し、評定所の断罪は水戸藩関係者から開始された。八月二十八日に水戸藩家老安島帯刀が切腹、鵜飼吉左衛門が斬首、密勅を運んだ鵜飼幸吉にいたっては獄門となった。十月七日には橋本左内・頼三樹三郎が死罪、十月二十七日には吉田松陰も死罪となる。梅田雲浜・日下部伊佐次・月照の弟信海・小林良典《こばやしよしすけ》・大久保要は獄死した。また、斉昭は国許での永蟄居、一橋慶喜と山内豊信は隠居を命じられた。公家についても鷹司政通《たかつかさまさみち》・近衛忠煕・鷹司輔煕《すけひろ》・三条実万が落飾に追い込まれる。井伊大老らは朝廷の政治利用の再発防止には厳しい対応が必要と認識していた。しかし、それは挙国一致や公武一和という時流に逆行する。江戸では堀仲左衛門や樺山三円《さんえん》ら西郷の在府時代の仲間が水戸藩激派と井伊大老要撃を協議していた。大久保など在国の有志たちも京都に「突出」する機会が訪れたと判断する。こうした脱藩「突出」の動きを察知した藩主の忠義は、十一月五日に「誠忠士之面々」に対して花押付の直書を示し、万が一事変が到来したおりは、自分も養父斉彬の遺志を継いで藩を挙げての勤王を考えているので機会を待つようにと懇切に諭した。異例の諭書で自分たちへの理解が示されたことに大久保たちは感銘し、連名血判の請《うけ》書を提出している。誠忠組の成立である。主だった人物は次の通りである。

西郷隆盛　岩下方平　有村俊斎(海江田信義)　有村次左衛門　吉井友実

伊地知正治　税所篤　中原猶助　本田親雄　森山新蔵　江夏仲左衛門
堀仲左衛門（伊地知貞馨）　大久保利通　有馬新七　奈良原喜左衛門　奈良原繁
樺山三円　村田新八　森山新五左衛門　田中直之進　野津鎮雄　野津道貫
道島五郎兵衛　大山綱良　西郷従道

「聖院様御深意」を受け継いで朝廷尊崇をもっぱらとし、事変到来のおりには藩主が率兵上京するという方針は以後の藩是となる。また、日置《ひおき》家の島津久徴《ひさなる》を首席家老にするなど人事の刷新も進められた。西郷は終生にわたり久光とは相容れなかったが、この時ばかりは久光の果断を絶賛している。また、藩主の諭書については「夢々斯《かく》の如き時宜に及び申す間敷と考え居り候処、何とも有り難き御事、只々此の死骨さえ落涙仕候」と感嘆し、請書に自分の名前を大久保らが書き入れたことに対し、「過分至極痛み入り候」と深謝した。

この間、水戸藩では幕府から強要された密勅の返上をめぐって藩内が分裂する。返上反対の激派は薩摩の有村雄助《ゆうすけ》・次左衛門《じざえもん》兄弟と密議し、登城中の大老を襲撃して首級を奪うとともに、薩摩藩は兵力を送って京都を固めるという申し合わせを行った。計画は安政七年（一八六〇）二月二十一日に鹿児島にもたらされ、大久保は今こそ兵力を京都に派遣するよう藩に求めたが、久光は争乱が起きる前に兵を送るのは「無名の師」となり、内勅でもあれば別だが現段階では認められないと黙殺した。一方、江戸では水戸の激派と有村兄弟の間で、水薩両藩の意思統一を待っていては機会を失うという結論に達し、節句の際に行われる在府大名の総登城を狙って大老を襲うこととした。そして、三月三日に桜田門外で襲撃が決行され、有村次左衛門が井伊大老の首級をあげる。この桜田門外の変により、幕府の公儀権力としての権威は大きく失墜し、政治史は新たな段階を迎えるが、西郷の身辺はあいかわらずの状況だった。

結婚から一年二ヵ月たった文久元年（一八六一）一月二日に、西郷は最初の子供に恵まれ、遠祖とされる肥後の菊池氏にちなんで菊次郎と名づけられた。西郷は妻子のために田畑を購入し、新居を普請する。落成したのは十一月二十日で、さっそく親子三人で移り住み、佐民ら龍郷の人々と盛大に祝った。そして、その夜も明けきらないうちに薩摩からの飛脚船が阿丹崎に着く。西郷にもたらされたのは、姓を改め速やかに鹿児島に上がれという忠義直筆の召喚状だった。西郷は見聞役木場伝内と相談し、奄美大島に三年いたということで、名を「大島三右衛門」と改める。西郷が龍郷に上陸してまる三年目の文久二年（一八六二）一月十二日、迎え船が阿丹崎に到着する。風待ちに時間を費やし、ようやく枕崎に到着したのは二月十一日だった。

久光との衝突

桜田門外の変ののち、欧米五ヵ国と通商条約調印を断行し横浜を開港した江戸幕府と、攘夷を叡慮とする京都の朝廷というねじれが政局をさらに混迷させた。朝幕融和策として、井伊大老の没後に幕政を主導した老中安藤信正《あんどうのぶまさ》と久世広周により、皇妹和宮《かずのみや》と将軍家茂との婚儀が進められたが、孝明天皇は侍従岩倉具視《いわくらともみ》の献策で、一〇年以内の攘夷決行を幕府に公約さ

5── 島津久光

せて降嫁を認めた。このことは、攘夷の主体となることを押しつけられた幕府をすぐに拘束し、朝幕のねじれはほとんど解消されなかった。

一方、文久元年（一八六一）三月に長州藩直目付《じきめつけ》の長井雅楽《ながいうた》が「航海遠略策」を藩主毛利《もうり》敬親《たかちか》に建言した。その内容は、内政外交の膠着した状態を打開するには、公武一和による国論の統一が急務だとし、朝廷はわずか二〇〇年に過ぎない鎖国に固執せず、むしろ積極的に海外に進出するよう幕府に命じ、幕府はこれを奉じて艦船建造など富強の策を推進し、大いに国威を輝かすように努めれば良いというものだった。藩主毛利《もうり》敬親《たかちか》や重臣の周布政之助《すうまさのすけ》らは、安政期に中央政局を傍観していた長州藩が頭角をあらわす好機会ととらえて藩論とし、長井を京都に送った。攘夷の困難を悟っていた朝廷は六月に賛意を伝え、長井はさらに江戸に入って安藤・久世の両老中を同意させた。重臣とはいえ一介の藩士による公武周旋は前代未聞で、朝廷─幕府─大名の関係の大きな変動を世に示した。しかし高《たか》杉晋作《すぎしんさく》や久坂玄瑞《くさかげんずい》など松下村塾の塾生は、長井の方策は幕府の失政を是認して彼らの立場を有利にするだけだと憤慨し、長井の建言の瑣末な字句を不敬となじって激しく排撃した。また、安藤老中は翌年一月十五日に坂下門外で水戸浪士に襲撃され、政治力を失う。

薩摩藩では島津久光が実権を握っていたが、藩主の実父という以外は無位無官であり、文久元年（一八六一）四月に、久光の藩政補佐を公式化するために藩は彼を「国父」として遇することとした。久光は、側役に吉利《よしとし》領主の小松帯刀《こまつたてわき》、小納戸に小姓の中山中左衛門、さらに誠忠組から大久保利通・堀仲左衛門を抜擢してブレーンを固めた。そして、朝幕のねじれを打開し、斉彬の遺志だった「徳川家扶助」と「公武合体」を継承するため、率兵東上して幕政の刷新に臨むこととする。具体的方策は、勅命によって久光に京都守護の役割を与えるよう仕向け、さらに関東に勅使を派遣して蟄居中の一橋慶喜に将軍の後見を命じ、松平慶永を大老に任じ、一方で幕府寄りの九条関白を更迭して薩摩と親しい近衛忠熙に代えるという、朝幕にわたる政治の大改革だった。

この挙に出るに先立ち、藩主島津忠義の参勤交代猶予と、久光東上の名目を確保するため、江戸に入った久光側近の堀仲左衛門は十二月七日に芝の藩邸を自焼し失火と届け出た。幕府は薩摩藩の策にひっかかり、忠義の参勤猶予をのんだが、一方で薩摩藩主に参勤を命じて江戸に留め置くという政治的効果も重視していたので、造営費二万両を貸与して再建を急がせた。久光らはこれを逆用し、造営費貸与の御礼と工事督励を名目に出府の許可を得る。藩内に東上が公表されたのは文久二年一月十六日で、出発は二月二十五日の予定だった。

藩内では、斉彬に近かった首席家老島津久徴《ひさなる》ら日置派が東上に反対して更迭される。一方、諸藩有志と横断的に結合していた有馬新七ら誠忠組内の急進派は、京都・江戸で斬奸を行って幕府の外交を開港から攘夷に転換させる計画を立てていた。西郷に召還状が送られたのはこうした状況下である。藩を挙げて中央に向けて行動する際は、誠忠組が団結の核となり、大獄の生き残りで斉彬の寵臣として藩外でも広く知られていた西郷を、幕府の「お尋ね者」とはいえ召還するというのが、大久保と久光とのかねてからの申し合わせだった。

一方、西郷は枕崎到着二日後の二月十三日に小松帯刀宅へ招かれた。大久保利通・中山中左衛門も同席し、率兵東上の計画が打ち明けられたが、彼らの予想に反して西郷は即座に不賛成の意思を示した。五ヵ月後に西郷は、木場伝内に送った書翰で事情をくわしく説明しているが、西郷は勅命獲得には「手づる」が必要で、公家との綿密な事前交渉が不可欠となるが、久光や大久保らは京都に何のコネクションもない。また京都の守護はそれを家役としている彦根藩の駆逐はもちろん所司代も排除しなければならない。くわえて幕府が外国人と結んで大坂湾を封鎖する可能性もあると指摘し、そうした配慮なしに「都《すべ》て仕くさらかして」から指揮を任せると言われても困ると断言し、さらに久光への拝謁を願いでた。

十五日に久光に呼ばれた西郷は、無位無官で諸侯との交際がない久光では登城すら難しく、まず大藩諸侯を同志にして合従連衡の手立てを図るべきで、勅諚を得ると同時に同盟の諸侯が総登城して幕政転換を迫るしかない。このまま上洛して京都に滞留しても変事が生じるだけなので、病気を理由に参府を控え、割拠の態勢をとるべきだと進言した。久光が四半世紀を経た明治十九年(一八八六)に側近の市来四郎《いちきしろう》に語ったところによれば、西郷は久光に次のように直言したという（『玉里島津家史料一〇』）。

御前には乍恐《おそれながら》地ゴロなれば、充分諸事に御注意の上御踏出にあらざれば、事状に御暗く、且つ外方えの御気合も有之《これあり》、公武の間御趣意を御貫きの事可難出来《できがたかるべし》。

「地ゴロ」は薩摩弁で田舎者を意味する言葉である。四〇歳過ぎまで江戸で過ごし、大名たちと幅広く交友してきた斉彬と、鹿児島を離れたことのない久光を対比しているが、さすがに失言である。長く西郷に付きまとう久光の憎悪の発端になったといえよう。久光や大久保が計画した率兵東上は、桜田門外の変以後における国内政情の激変を前提とし、一方で誠忠組激派の暴発を抑止しつつ練り上げた、革命的手段による中央政局進出の秘策だった。とはいえ斉彬無二の寵臣と自他ともに認める西郷からすれば、あらゆる配慮と調和を心がけた斉彬と異なって、田舎侍というべき久光が先公の深謀遠慮や尊王崇幕の精神を理解せず、うわべで「順聖院の御遺志」を語るのが許せなかったのだろう。また、仲の良かった日置派の更迭も帰国早々不愉快な情報だった。しかし、三年にわたり政治から隔離されていた西郷もまた、斉彬が尊重していた幕府中心の大名統制の枠組から発想が抜け切れず、時代の変化を読み切れていなかった。

久光は内心では憤慨しただろうが、誠忠組を制御するためには西郷の存在が不可欠なので、一応は彼の主張にも耳を傾け、二月二十五日の発駕を三月十六日まで延期した。そして、西郷には村田新八とともに筑肥の情勢を探索するという役割を与え、下関で自分たち一行が到着するまで待機し、勝手に京坂に赴かないように命じた。

西郷と村田は三月二十二日の朝に下関に到着し、白石正一郎《しらいししょういちろう》宅に入ったが、小河一敏《おごうかずとし》や平野国臣《ひらのくにおみ》ら二十余名の志士が屯集し、まさに決起のため大坂に向けて出発しようとしていた。西郷は久光との約束を破ってでも尊攘激派が沸騰している京坂に直行し、彼らを統制する必要があると感じ、直ちに大坂に向かう。久光一行は六日後の三月二十八日に下関に到着したが、西郷の先発を知った久光は激怒した。久光は鹿児島を発つにあたって下した諭書で、「慷慨激烈之説を以て四方に交を結び、不容易《よういならざる》企をいたし候」と尊攘激派への強い嫌悪感を示して彼らとの接触を禁じ、これを守らぬ者は遠慮なく処断すると公言していた。したがって西郷が平野など「浪人軽卒之所業に同意」し大坂に先発したのは、二重の命令違反だと解釈された。

西郷たちは久光が下関に着く前日の三月二十七日に大坂へ到着したが、久光東上がもたらした沸騰ぶりは、彼でも手が付けられない程だった。翌々日に伏見に入るが、そこにも有志や若手の藩士が詰め掛けていた。伏見には江戸から上京してきた堀次郎（伊地知貞馨）もいたが、西郷は堀が江戸から「天下之奸物」長井雅楽と同行してきたことを責め、長州の者には長井を刺せと言っておいたが、航海遠略策に賛同するなら堀も刺さなければならない。そのときはお前たちが討ち取れと周囲の「二才《にせ》」たちをけしかけた。西郷に同道していた村田新八は興奮して火鉢を堀に投げつけたという。ただし、その後は激派との接触を避けるために西郷は宇治に身を潜める。

一方、大久保は久光に懇願して西郷の後を追うことを許され、四月六日に伏見で西郷に面会した。西郷が大坂藩邸の激派と別行動だったことに安心した大久保は、報告のため久光のもとに引き返すが、事態は思わぬ方向に進んでいた。四月六日に姫路に入った久光は、堀から西郷が伏見で過激な発言をしたと聞かされ、さらに海江田信義からも西郷が下関で平野国臣らと「共に戦死する」などと発奮していたとの情報が入ってきた。久光の怒りは頂点に達し、厳罰に処するため西郷を捕縛して鹿児島に送還するよう命じた。伏見から戻った大久保は、堀から西郷の捕縛命令が出ていることを聞かされ、海江田や奈良原繁《ならはらしげる》とともに小松帯刀と協議する。翌九日、久光一行は兵庫（神戸市）に入るが、そこに「風《ふ》と」西郷が現れた。大久保は西郷を須磨海岸に連れ出し、刺し違える覚悟のもとで、甘んじて罪に服するよう説得した（佐々木克『大久保利通と明治維新』）。大久保の日記によれば、西郷は「従容として許諾」したという。その後、大久保は久光に面会し、奈良原や海江田とともに西郷と村田新八・森山新蔵《もりやましんぞう》を船で直ちに大坂へ護送するように命じられた。もはや二度と会えないだろうからせめて見送ってやれという久光の「温情」である。

四月十日に西郷らは大坂に移され、翌十一日に大久保らに見送られつつ鹿児島に送られる。枕崎に到着してまだ二ヵ月しかたっていなかった。嫌悪していた西郷を放逐した久光は、尊攘激派に遠慮することなく目的に邁進する。十三日に伏見に到着した久光は非公式に朝廷と折衝し、浪士の鎮撫を命じる勅諚を得た。これにより、無位無官の久光は幕府の意向や立場にまったく顧慮することなく、手勢とともに堂々と京都錦小路の薩摩屋敷に入った。そして、四月二十三日夜に薩摩藩が船宿にしていた伏見の寺田屋に集結している尊攘激派の藩士に対し、野太刀自顕流の使い手である奈良原繁や大山《おおやま》綱良《つなよし》ら九名を鎮撫使として派遣し、説得に応じなかった有馬新七ら六名が上意討ちにされた。いわゆる寺田屋事件である。激派の沸騰に困りはてていた朝廷は、実力行使に出た久光に絶大な信頼感をいだき、久光の政治的立場は確固たるものとなった。一方、西郷は誠忠組激派ともども久光の権力行使に完敗した。西郷が「敗者」となるのは安政期の政治工作に続き二度目である。

沖永良部島流罪

西郷、さらに彼と行動を共にしていて罪に問われた村田新八と森山新蔵は、処分が決まるまで山川港で待機させられた。久光は死罪も考えたが「一生不返之流罪」とし、西郷は徳之島、村田は喜界島へ送られることとなった。森山は処分未定だったが、寺田屋で負傷した息子新五左衛門の切腹を知ると悲嘆して自決した。同志の統制に失敗し、有馬や森山らを失ったことは、西郷にとって痛恨の出来事だった。

西郷を乗せた船は六月十一日に山川を出帆し、屋久島を経て三十日に奄美大島西端の西古見《にしこみ》（瀬戸内町）に寄港した。龍郷から連れてきた宮都喜はずっと付き添っていたが、得藤長や愛加那の叔父為堅と兄の富堅に宛てた書を託して下船させる。得藤長への書翰で西郷は、「私にも又々しくじい徳之島へ遠島相成り不幸の身の上、我ながらあきれ居り候事に御座候」と述べ、愛加那を連れて来ないよ

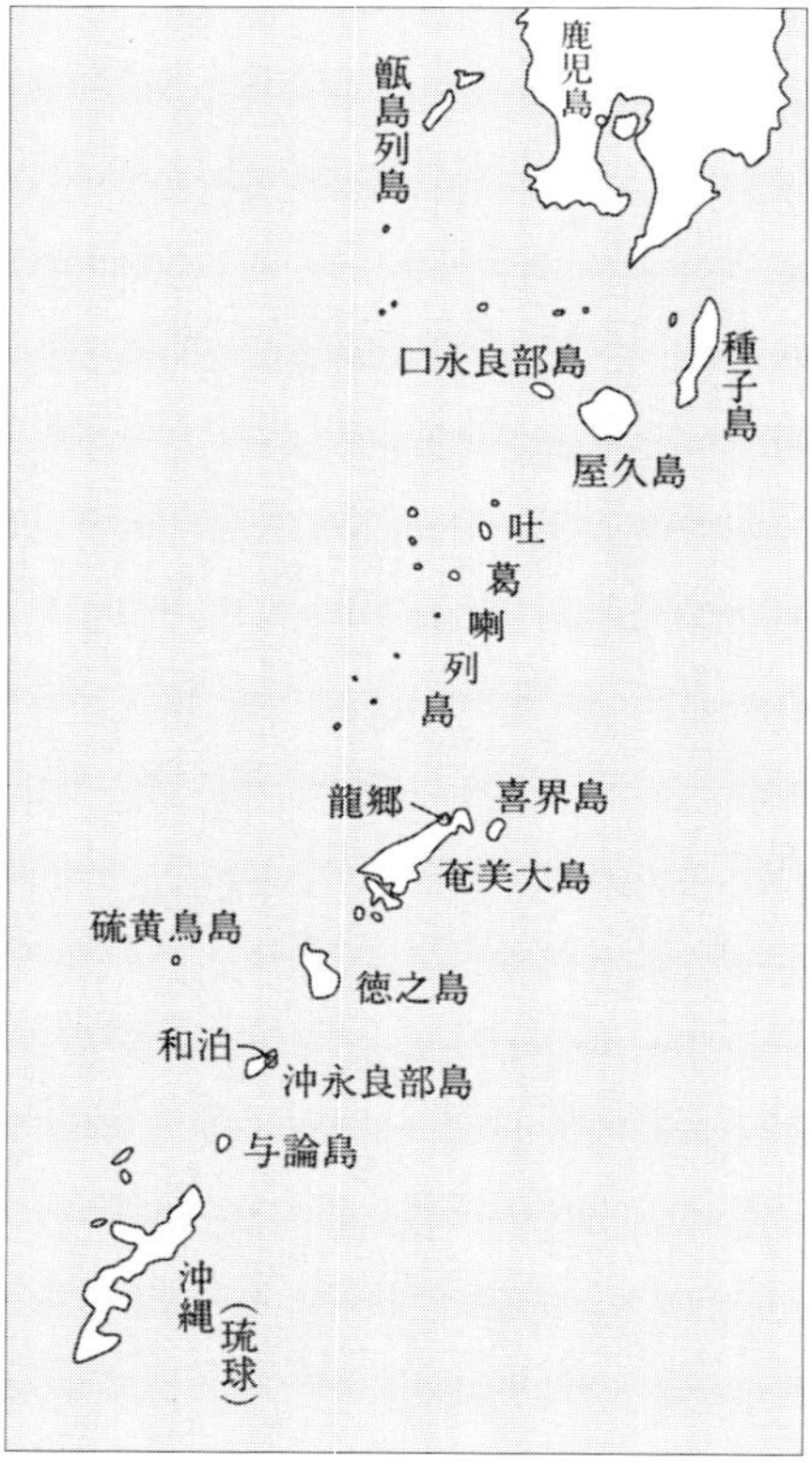

6―西郷の配流地関係地図

うに懇願した。その後、西郷は徳之島の湾仁屋（天城町）に着いた。藩は西郷を鹿児島に一歩も入れず、さらに妻子のいる大島ではなく徳之島に留め置いて裁決を待たせた。

八月二十六日に、愛加那は幼児の菊次郎と生まれたばかりの女児を連れて徳之島に駆けつけてきた。西郷は女児に菊草と命名する。妻子と八ヵ月ぶりに再会した喜びも束の間、その夜に沖永良部《おきのえらぶ》遠島のうえ牢に入れて昼夜番人に監視させるという藩の決定が届いた。徳之島では制裁として物足りないという久光の意向にもとづいている。なお、鹿児島では弟の吉次郎と小兵衛は遠慮、寺田屋に屯集した従道（信吾）は謹慎となったうえ、知行高と家財は没収された。西郷は愛加那らと一晩だけ過ごし、翌日から直ちに船牢に収容される。

閏八月十四日、沖永良部島の伊延《いのべ》に到着した。代官黒葛原《つづらばら》源助、付属役福山清蔵、島役人の間切横日土持政照《つちもちまさてる》らが出迎えたが、獄舎が出来るまで西郷は船牢に閉じ込められる。獄舎が設けられた和泊までは馬が用意されたが、西郷は生きて再び土を踏むことはあるまいと、自ら希望して徒歩で向かった。獄舎は戸・障子がなく風雨に吹きさらしで、海岸から近かったため悪天候のおりには潮水が入り込むという苛酷な環境だった。西郷は端坐や読書を続けたが、しだいに痩せ衰えていった。見張りにあたった土持政照は、従容とした態度に敬意を感じたが、南島とはいえ、風の強い沖永良部島の冬は必ずしも温和とはいえず、十月に代官の黒葛原に対し、藩の指令に「囲《かこい》に召込」とあるのは座敷牢ではないかと拡大解釈を示し、与人屋敷に座敷牢を設けて西郷を収容することにした。そして西郷を自宅に引き取り、なるべく普請を遅らせ、母親の鶴と娘のツルに西郷を介抱させた。なお、政照の妻マツは、大久保利通の父利世が天保年間に代官附役として赴任した際に島の女性との間で生まれた、利通とは母親違いの妹だった。

敬天愛人

土持の配慮で健康を回復した西郷は、彼と義兄弟の約束を結ぶ。西郷は昼夜を問わず読書や座禅に励み、彼のもとには同じく流人の川口雪篷《かわぐちせっぽう》や、操坦栽《みさおたんさい》・栄寿鳳・蘇廷良など地元の知識人が往来するようになった。雪篷は島の反対側の西原に住み、地元の子弟を熱心に教育していたが、詩作や書の達人で、西郷の書風は雪篷の影響を強く受けているといわれる。雪篷は鹿児島に戻った後、西郷に子供たちの教育を任され、西郷の没後も家政を支えた。

操坦栽は政照の隣人で間切横目だったが、父の操坦晋《みさおたんしん》は唐通事を勤めた夏鼎用に学び、文政二年

（一八一九）に琉球に渡り、福建からの華僑が外交文書作成や各種学芸の伝播にあたっていた久米村《くにんだ》（那覇市）で漢語を修めた。さらに鹿児島の造士館《ぞうしかん》で山城担道に医術を教わり、帰島後は医師を勤めながら与人として行政に関わり、教育活動も熱心に行っている。天保九年（一八三八）には清国の冊封使を迎えるため兄と首里に赴き、豊見城按司《あじ》や盛元親雲上《ぺーちん》、さらに清国人たちと交歓した。また鹿児島に赴いた際には、大久保利通の外祖父にあたる皆吉鳳徳に医術を学び、のちに宮内省歌道御用掛となる八田《はった》知紀《とものり》に師事して和歌を修める。坦晋は西郷が配流される前年に没していたが、彼の豊富な蔵書を西郷はたびたび借用している。栄寿鳳も琉球で清国人から漢学を学び、教育者として多くの人を育てた。蘇廷良は政照の娘ツルの舅で、やはり和漢に通じていた。

こうした有識の人々との交流を通じ、西郷は漢学の素養を大いに深め、好んで詩を作るようになる。政局の中枢に身を置くことはもちろん、藩士に復帰する機会も二度とないものと思われた。心境を西郷は「獄中感有り」と題する次の詩に託している。

朝《あした》に恩遇を蒙《こうむ》り　夕に焚坑《ふんこう》
人世の浮沈　晦明《かいめい》に似たり
縦《たと》い光を回《めぐ》らさざるも　葵《き》は日に向かい
若し運を開く無きも　意は誠《まこと》を推《お》す
洛陽の知己　皆な鬼と為り

7―「敬天愛人」の書

南嶼《なんしょ》の俘囚　独り生を窃《ぬす》む

生死何ぞ疑わん　天の附与せるを

願わくは魂魄《こんぱく》を留て皇城を護らん

翌年の文久三年（一八六三）になると、下加治屋町出身の木藤源左衛門が代官附役となって赴任し、西郷の待遇はさらに改善された。そして、川口雪篷や栄寿鳳と同様に島の子弟の教育に励み、操坦栽の子である操坦勁《みさおたんけい》はじめ二〇名近い青少年たちに熱心に道を説いた。彼らの多くは明治になって島の指導的地位に就き、特に坦勁は土持政照とともに戸長や村長として島の発展に大きく貢献する。

西郷は、島の将来を担うべき土持政照に、心得として「与《よ》人《ひと》役大躰」、「間切横目役大躰」を渡した。与人は島役人の最高職で、間切横目は監察・警察にあたる役職である。間切横目の政照は近いうちに与人役に昇進するはずだった。「与人役大躰」において西郷は次のように述べる。役目というものは、天が万民を扱うことができないので天子を立て、天子も一人では行き届かないので諸侯にまかせ、諸侯もまた諸役人を設けたのであり、すべて万民のためである。したがって、「役人においては万民の疾苦は自分の疾苦にいたし、万民の歓楽は自分の歓楽といたし、日々天意を欺かず、其の本に報い奉る処のあるをば良役人と申す」。天意に背けば天罰は免れない。また、百姓が年貢を滞りなく納めるように力を労して天意に報いるのと同様、役人は百姓の実情に心を傾け、凶作に備えるなど心を労しないといけない。「万民の心が天の心」であり、民心を一つにそろえることは天意にしたがうということになる。役儀は代官ではなく君公から与えられたもので、代官の意にへつらって不忠を招いてはならない。君公から与えられた役職を大切に思わないのは不埒者で、上役とはいえ代官に道理にもとづいて逆らうのであれば、不敬の罪とはいえない。

また、「間切横目役大躰」においては、監察は役人だけでなく万事の目付役で、罪人を捕らえることや訊問が得意などというのは枝葉のことで、犯罪者が現れないようにするのが本分であり、「深く心を尽して咎に陥らぬよう仕向け候が第一の事」だとする。また、不正を働く役人は万民を苦しめており、盗人一人よりはるかに重罪である。微罪を重く罰し、重罪を軽めに処するのは法を私するもので、人々が法を何とも思わなくなるので、「万人おそれつつしむ処あるが第一」とした。西郷はさらに「社倉趣意書」を残し、凶荒に備えて米穀を積み立てる方策を示した。明治に入ってから政照は社倉制度を構築し、のちに町の基本財産としている。

ここでは天意が強調されるが、「敬天愛人」は西郷の座右の銘で、彼の人格をも象徴している。後年、西郷の薫陶を受けた旧鶴岡藩士族たちがまとめた『西郷南洲遺訓』には、天と人が次のように語られている。

道は天地自然の物にして、人は之を行ふものなれば、天を敬するを目的とす。天は人も我も同一に愛し給ふゆゑ、我を愛する心を以て人を愛する也。人を相手にせず、天を相手にせよ。天を相手にして、己を尽て人を咎めず、我が誠の足らざるを尋ぬべし。

2 幕末政局と西郷

西郷流罪中の中央政局

西郷の遠島中の政局は、奄美大島での謫居中よりもさらに大きく動いていた。文久二年（一八六二）四月二十三日に寺田屋事件で久光が実力行使に出た結果、尊攘激派は藩力の前に後退を迫られる。また、長井雅楽の航海遠略策も久光の突出を前に現実性を失った。上洛を果たした島津久光は、勅使大原重徳《おおはらしげとみ》を擁して五月二十二日に京都を発ち、六月七日に江戸に入る。幕府に対する要求は、岩倉具視と協議のうえで、①将軍と諸侯の上洛により国政を討議する、②雄藩により五大老を置く、③一橋慶喜を将軍の後見とし、松平慶永を大老職に就任させるという「三事策」にまとめ、勅旨とした。一方、幕府側も先手を打って自主的対応を図り、四月二十五日に一橋慶喜・松平慶永・徳川慶勝の処分を解き、さらに五月七日に慶永を政務参与に任じた。江戸に到着した大原勅使と久光は幕府の最高人事に介入し、七月一日に慶永と慶喜はそれぞれ政事総裁職と将軍後見職に就く。目的を達成した久光は八月二十一日に江戸を出発した。その後、参勤交代の緩和と大名妻子の帰国許可、京都守護職の設置、進献物全廃や服制の略式化など儀礼の簡素化、さらに人材登用や公論尊重、言路洞開の表明など、いわゆる文久の幕政改革が断行される。

久光や側近である大久保利通らの将来構想は、横井小楠《よこいしょうなん》の献策を受けた松平慶永とほぼ一致しており、勅命によって京都に将軍と諸大名を集めて国是を議論し、開港を是認する方向で朝幕の融和と国内一致を図るというものだった。ただし、国論一致のためには幕府が朝廷に尊王の姿勢を示して失政を詫び、一歩引くかたちで大名との協調体制を実現し、これによって開鎖のねじれを解消すべきとした。しかし、参勤交代の骨抜きなど、大名統制を前提とした幕藩体制を根本的に改編したことは、幕府の影響力を大幅に低下させることとなる。また、藩邸を自焼させて藩主の参勤を阻止し、幕令を無視して京都に入り、大原勅使を将軍の上座に据えるなど、従来の慣例を踏み破り続けた久光のふるまいを徳川一門である慶永や慶喜は不快に感じ、薩摩藩に協力的姿勢を示さなくなる。友好的な諸侯との事前調整を求めた西郷の危惧が適中したといえよう。

幕府の政治的比重低下は、寺田屋で鎮圧された尊攘激派を再び活気づかせる。これをみた長州藩は、七月六日に航海遠略策から破約攘夷に藩論を旋回させ、率先して叡慮を遵奉する姿勢を示し、尊攘激派の絶大な支持を集めた。また、京都では「天誅」の横行が始まり、七月二十日に井伊政権の手先となっていた九条家家士の島田左近《しまださこん》が斬殺されて首を四条河原にさらされ、岩倉具視も和宮降嫁を推進したと糾弾されて八月二十日に辞官落飾となる。そして、江戸を発った久光一行は生麦（横浜市神奈川区）で行列を横切ったイギリス商人を殺傷し、図らずも外国人を日本から放逐するという即今攘夷の機運をさらに盛り上げることとなった。閏八月二十三日に京都に入った久光一行は町民から英雄扱いされたが、浪士鎮撫どころではなくなり、わずか数日の滞京で鹿児島に帰国した。一藩突出はかえって久光が嫌う尊攘激派を政局の中枢へと浮揚させ、長州藩は叡慮を押し立てて独り勝ちのかたちで主導権を掌握した。久光の完敗である。

その後、長州藩主導のもとで三条実美《さねとみ》・姉小路公知《あねがこうじきんとも》を擁する別勅使が江戸に派遣され、幕府は将軍上洛と攘夷断行を迫られた。文久三年（一八六三）三月四日、将軍家茂は二条城に入る。政治総裁職松平慶永は前日に大津で家茂に面会し、攘夷実行の主体となれないうえは将軍職の辞職を願い出るべきだと、事実上の大政奉還を勧告し、九日に総裁職を辞任する。将軍後見職一橋慶喜は五日に参内し、庶政委任の勅諚を幕府に発するよう求めた。これに対し、天皇は将軍への委任事項はこれまで通りとしつつも攘夷への出精を求め、鷹司関白からは事柄によっては「直《じか》に諸藩へ御沙汰被為有《あらせらる》」との回答が追加された。すなわち、今後は幕府を通り越して朝廷が直接諸藩に指令を下すこともあるという宣告である。七日の将軍参内に際し、朝廷は公家官位の序列を厳格にあてはめ、武家官位では内大臣である家茂の席を大臣の末座に据えた。十一日の賀茂社行幸に際しては、家茂は騎馬で鳳輦《ほうれん》に随従して臣下としての姿を衆目にさらす。攘夷期限を迫られた幕府は苦し紛れに五月十日と返答した。そして長州藩はこれにもとづき、五月十一日に関門海峡で外国船を砲撃し、攘夷行動を開始する。一方、京都では五月二十日の夜に朔平門《さくへいもん》外の猿が辻で国事参政の姉小路公知が暗殺された。現場に薩摩刀が残されていたことから薩摩藩士田中新兵衛に嫌疑がかかり、田中は自決したものの薩摩藩は乾門《いぬいもん》の警備を免ぜられ、御所九門内への藩士の立ち入りも禁じられた。

この当時、長州藩の真木《まき》和泉《いずみ》らにより春日大社と神武天皇陵を参拝した天皇が自ら軍議を開くという、大和行幸が計画されていた。全国の軍事指揮権を幕府から奪い、天皇を禁裏から切り離して自由に操ろうとする倒幕策である。さらに、攘夷に非協力的だと長州藩に告発された小倉藩の処分が朝廷内で検討され、一部の激徒の意向による朝議で存亡が左右されかねない状況に諸侯は困惑する。

こうしたなかで、久光は事態打開のためにクーデターを起こすことを決心した。八月十三日に大和行幸が布告されると、在京の薩摩藩士高崎正風《たかさきまさかぜ》や奈良原繁らは会津藩士秋月悌次郎《あきづきていじろう》・広沢安任《ひろさわやすとう》らと協議し、政変に向けた動きを開始する。松平容保《まつだいらかたもり》は即断し、十八日未明に中川宮朝彦親王《なかがわのみやあさひこしんのう》、右大臣二条《にじょう》斉敬《なりゆき》、近衛忠熙・忠房《ただふさ》父子、それに守護職松平容保、所司代稲葉《いなば》正邦《まさくに》が参内した。会津・薩摩・淀の藩兵が御所を固めるなか、大和行幸の延期、尊攘激派の拠点となっていた国事参政・国事寄人の廃止、三条実美らの参内停止、長州藩兵の堺町御門警備解除と退京命令が決定された。いわゆる八月一八日の政変である。政治的敗北を悟った長州藩士や尊攘激派は、翌日に三条ら七卿を伴って長州に下る。

「天誅」の恐怖のもとで朝議を支配した尊攘激派だったが、久光と容保の決断、在京有力大名の協力、さらには天皇の意思表示を前にあっけなく放逐された。

中央政局においては影響力を盛り返した薩摩藩だったが、国元では直前に薩英戦争に遭遇していた。前年八月二十一日の生麦事件に対し、イギリスは犯人逮捕と賠償金を要求してきた。幕府は文久三年五月に一〇万ポンドの賠償金支払いに応じたが、薩摩側はイギリスの要求を拒否する。このためキューパー提督指揮下の軍艦七隻が鹿児島に接近し、七月二日に戦端が開かれた。イギリス艦隊は祇園洲など各砲台を破壊し、集成館《しゅうせいかん》や蒸気船三隻、鹿児島の市街を炎上させたが、旗艦ユーリアラス号に砲弾が命中して艦長と副長が戦死するなど損害をうけ、錦江湾から退去していった。この戦争を通じ、薩摩側は西洋列強の軍事力を再認識して単純な攘夷の無謀を痛感する一方、イギリス側も薩摩藩の力量と交渉力に注目し、留学生派遣や兵器の輸入など密接な関係の素地ができあがる。

西郷の復帰

八月一八日政変により長州藩と尊攘激派が政局の中枢から排除されたのをみて、久光は朝彦親王や近衛忠熙らの要請に応じるかたちで、約一五〇〇名の兵を引き連れて九月に京都に入った。今回は前年のような一藩突出ではなく、松平慶永など有志大名との連携のみならず幕府の意向もくみ取ったうえでの上洛である。慶永や伊達宗城も続いて上洛し、横浜鎖港談判にあたっていた一橋慶喜も十一月二十六日に上洛する。天皇の宸翰を得た久光は奉答書を近衛家に提出し、急速な攘夷も鎖港も非現実的で、武備充実以外に方策はないとし、大政は将軍に委任するとの考えは至当としつつも、失政があれば問罪すべきだと述べている。十二月三十日、一橋慶喜・松平慶永・松平容保・山内豊信・伊達宗城に朝議への参与が命じられた。久光は大名ではないため、翌年一月十三日に従四位左近衛権少将の官位が与えられた上で任命されている。朝議参与の諸侯は、将軍後見職の慶喜や守護職の容保も交え、「公武合体」のもとで国是を評議することとなった。とくに重要な問題は、朝幕関係の正常化、破約攘夷の処理、長州処分だった。

一月十五日、将軍家茂が二度目の上洛をした。その際に渡された宸翰は「無謀の征夷は実に朕が好む所に非ず」と述べ、諸侯と協力して衰運挽回を図るように求めた。二十七日にも在京諸侯の前で宸翰が下され、「長門宰相の暴臣」など「狂暴の輩」を罰すべきだとし、「列藩の力を以て各其要港に備へ、出では数艘の軍艦を整へ」、将軍と諸侯が結束して武備を充実せよと求めた。慶喜や幕閣たちは破約攘夷の叡慮がいつから開港論に変わったのかと不審に思ったが、実は宸翰の草案は久光が起草しており、薩摩藩の関与を察知した慶喜は不快に感じる（佐々木克『幕末政治と薩摩藩』）。慶喜や幕閣らは、破約攘夷の国是を愚直に断行する方策として横浜鎖港を計画し、すでに池田長発《ながおき》らの遣欧使節を出国させていたが、久光は到底不可能なことと天皇や堂上に説いていた。両者の対立は二月十五日の朝議で表面化する。翌日、酩酊した慶喜が久光たちを愚者、奸者と罵倒する事件が起き、さらに十九日に幕府は鎖港を実現するとの奉答書を朝廷に提出した。慶喜は現実的対応を天皇に求める久光の先を越し、破約攘夷断行の姿勢をあえて示すことでより強い信頼を確保し、抜け駆け同然の策で独り勝ちした。

三月六日、久光は朝彦親王に朝議参与の辞退と官位返上を申し出る。九日に他の参与諸侯もそろって辞職した。一方、慶喜は二十五日に禁裏守衛総督・摂海防御指揮に任じられる。朝幕双方の因循に見切りをつけた久光は、四月十八日に京都を後にした。久光の去った二本松の薩摩屋敷（現在の同志社大学今出川キャンパス）には、あとを任された家老小松帯刀・軍奉行伊地知正治・小納戸頭取吉井友実に加え、三月十四日に京都に入った西郷隆盛の姿があった。

寺田屋事件で処分を受けた西郷従道や大山巌など誠忠組の藩士たちは、薩英戦争での活躍により復権した。これを機に、藩内の有志たちから西郷の復帰を望む声が強まる。しかし、久光は自身で西郷の赦免を決裁する気になれず、藩主忠義の意向を伺わせたが、忠義は赦免に同意した。元治元年（一八六四）一月二十五日に久光は忠義宛書翰で、「何分免許難相成者《あいなりがたく》候得共、沸騰込《こま》り入候次第」と、西郷を許したわけではないが藩士たちの強い意見を封じることはできないと複雑な胸中を述べている。藩士の統制のみならず有志大名との連携には、斉彬の遺臣である西郷の存在が不可欠だった。

沖永良部島への使者は二月二十日午後に和泊《わどまり》に到着した。西郷は翌未明に島を離れる。途中、二年ぶりに龍郷に寄った。土持政照への礼状で「四日の滞在にて御座候処、愚妾の悦び情義において是又御憐察下さるべく候」と述べている。佐民や得藤長らと無事を祝いあい、一年半ぶりに愛加那や菊次郎・菊草と再会をした。龍郷で「蘇生」した西郷は二十六日に出帆する。阿丹崎で妻子や友人たちとの別れを惜しんだが、西郷が龍郷を再び訪れることはなく、愛加那を見るのはこれが最後となった。

西郷は菊次郎と菊草を藩士の子供として扱った。菊次郎は明治二年（一八六九）に鹿児島に引き取られ、アメリカ留学後に西南戦争に従軍して片足を失う。その後、外務省職員となりアメリカ公使館に勤務した。日清戦争後に台湾の宣蘭庁長となり、治水事業などに多くの功績を残す。さらに第二代京都市長として「三大事業」（第二琵琶湖疏水・水道事業・市電開通と幹線道路拡幅）を推進し、京都の近代化にも大きく貢献した。菊草は明治九年（一八七六）に西郷の手元に引き取られ、菊子と名を改めたうえ大山巌の弟誠之助と明治十三年（一八八〇）に結婚している。

子供たちが鹿児島に引き取られた後、愛加那は孤独な半生を過ごす。明治十六年（一八八三）十月に沖縄視察を終えた元老院議官尾崎三良《おざきさぶろう》は龍郷を訪れ、愛加那に面会した。彼の自叙伝には「英雄西郷の愛せし婦人なれば定めて美形ならんと憶想せしが、案に相違し只見る一蛮婦五十位の醜面」で驚愕したと記録されており（『尾崎三良自叙略伝』）、愛加那の悲惨な境遇を示すエピソードとして諸書に引用されるが、桐野作人氏はイギリス特命全権大使となる上野景範《うえのかげのり》の島妻と愛加那を尾崎が混同したとしている（『さつま人国誌　幕末・明治編』）。愛加那は明治三十五年（一九〇二）に畑で倒れ、そのまま還らぬ人となった。享年、六六だった。

禁門の変

復権を許された西郷は船を喜界島に回し、まだ赦免状の届いていない村田新八を乗せて元治元年（一八六四）二月二十八日に鹿児島に着く。そして、二年ぶりの郷里を懐かしむ暇もなく三月四日に鹿児島を発ち、十八日に久光に京都で面謁した。周囲の人々は緊張しつつ久光が「治乱之界」とする西郷の出方を見守ったが、二年前と異なり西郷は冷静沈着に振舞った。久光はさっそく軍賦役兼諸藩応接係に任命し、在京兵力の指揮を任せる。四月十八日に久光は京都を発つが、「禁裏御守衛を一筋」に行動するよう命じ、西郷もまたその方針を忠実に守った。

西郷は、天皇の勘気に触れた長州藩はもちろん一橋慶喜や松平容保ら在京幕府勢力と距離を置きつつ、禁裏守衛一筋の立場に徹し、藩士たちをまとめた。二月二十四日の朝議で、大坂に長州藩の家老と支族の岩国藩主吉川経幹《きっかわつねまさ》を出頭させることが決まったが、七卿の引渡しと伏罪を求める薩摩藩の意向は貫徹されなかった。西郷は大坂の長州屋敷に乗り込んで「説破」しようとする。長州藩が自分を殺害すればかえって人心を失うとし、「是非長に入て殺されたい」と久光に願い出たところ、「殊勝の事ながら此の度は先ず見合わせ候様」と言われて断念したが、朝幕とも因循で「いずれ変乱相待つ外御座なく候」というのが西郷の予測だった（四月十日頃、宛先不明書翰）。

長州藩内では八月一八日政変直後から京都進発論が台頭しており、真木和泉ら尊攘激派の志士たちが結集して忠勇隊を編成した。また、久坂玄瑞は伏見に入った家老井原主計《いはらかずえ》に随行し、公家や在京諸侯への工作を試みていたが、久光・慶永らの帰国、さらには水戸天狗党の筑波山挙兵をみて好機ととらえ、世子の毛利元徳（当時は定広）に上洛を乞い、五月二十七日に山口に戻って進発を説いた。このころ、入京した志士たちにより守護職松平容保の排除を図る密議が繰り返されたが、それを察知した会津藩指揮下の新撰組は六月五日に池田屋を襲撃し、吉田稔麿《よしだとしまろ》や宮部鼎蔵《みやべていぞう》らを殺害する。この情報に長州藩士たちは激昂して会津藩との決戦の覚悟を固め、来島又兵衛《きじまたべえ》の遊撃隊が先鋒となり、以後も続々と藩兵が京都をめざす。

六月二十四日、長州兵の先発隊は家老福原越後《ふくはらえちご》に率いられて伏見に進出し、桂小五郎《かつらこごろう》らは鳥取藩などに連携を呼びかけた。狼狽した所司代松平定敬《さだあき》は薩摩藩に出動を要請したが、西郷は拒絶する。西郷は翌日に大久保に宛てた書翰で、今回の事態は会津の「暴令」が発端で、外夷の危機にも直面している長州藩の窮状につけこむのは無名の出兵で、後々まで汚名を蒙ることになると断然拒否したと伝えている。しかし、長州勢は二十七日までに嵯峨の天龍寺・山崎離宮八幡宮・石清水八幡宮に拠点を構え、京都の喉元を抑えたうえで藩主復権と入京の許可を請願した。西郷は二十七日に大久保に対し、長州藩は有栖川宮父子（幟仁《おりひと》・熾仁《たるひと》）や正親町三条実愛《おおぎまちさんじょうさねなる》ら同調する宮・堂上と語らって、八月一八日政変以前の状態に朝廷を戻そうとしているとの判断を示し、征討の勅命が下れば交戦は避けられないだろうとした。もはや事態は長州と会津の私戦という段階を越えており、西郷らは禁裏守衛の先頭に立つ覚悟を固めた。同日、小松帯刀は国許に増援兵の急派を要請している。

しかし公家の動揺は激しく、七月三日に正親町三条が福原の入京を許可して事態を鎮静化させるべきだと主張し、賛同する者があいついだ。これに対して一橋慶喜は、武力を背景に朝廷に強請する長州藩の姿勢は許容できず、嘆願の諾否は彼らが兵を引いた後に議論すべきだとした。そして、長州勢の入京を認めるなら守護職の容保、所司代の定敬ともども辞職のほかなく、あとは長州の者に任せ、御勝手になさるがよいと内大臣近衛忠房に迫る。苦慮した近衛に呼び出された西郷は、「一橋より言上の趣、如何にももっとも」とはっきり答え、長州が暴発すれば断然と勅命を下して追討の名義を整え、朝威を振起すべきだとした。西郷は慶喜を「暴権」を握ろうとしている人物と警戒しているが、叡慮を無視した長州荷担の公家に対する強い姿勢には賛同した。

この間も長州勢の増強は続き、七月九日に家老国司《くにし》信濃《しなの》の兵が山崎に展開、十四日には益田弾正の兵が石清水八幡宮に到着した。十三日には世子の毛利元徳も兵を率いて山口を出立、二十日ごろには大坂に到着するものと思われた。一方、薩摩から急派された四五〇名の精兵は十五日に大坂に到着、翌日には京都に入っている。兵力を増強した薩摩藩は土佐藩・福井藩・久留米藩などと申し合わせを行い、朝彦親王などに朝議を促した。こうした動きを見て、強硬論の会津藩を冷ややかに見つつ態度が曖昧だった慶喜も十七日に決意を固める。十八日には長州藩京都留守居の乃見織江に撤兵の朝旨が伝達され、さらに有栖川宮父子らの容保排除要求を天皇が拒絶する。薩摩藩は久光の名代である島津久治《ひさはる》（久光の次男）が日之御門を固めて総指揮に当たり、島津珍彦《うずひこ》（同三男）は近衛家の正門に床机を据えて乾御門を守備した。

長州藩側は十七日に石清水八幡宮で最終的な軍議を開いている。元徳の到着を待つまで嘆願を継続し、拙速に兵端を開くべきではないとの久坂玄瑞の説に対し、来島又兵衛や真木和泉は即時進撃を主張して譲らず、遂に容保の誅伐を称えて京都に突入することに一決した。十八日午後八時頃、真木和泉・久坂玄瑞らは堺町御門を目指して山崎から前進する。伏見からは福原越後の率いる藩兵が午後十時頃より北上を開始し、十九日午前二時ごろには天龍寺から国司信濃・来島又兵衛らが蛤御門《はまぐりごもん》と中立《なかだち》売《うり》門を目指して出発した。最初に交戦したのは伏見からの福原越後隊だったが、午前四時頃に藤森《ふじのもり》で小《お》原《はら》鉄心《てつしん》の指揮する大垣藩の砲兵に猛射され撤退、伏見に戻って竹田街道に転じたが、さらに丹波橋で彦根・会津兵に撃退され潰走する。

国司信濃隊は北野から一条戻り橋に至り、来島らが蛤御門を、国司は中立売門を目指した。来島らは宿敵の会津藩兵を撃破して蛤御門を突破、国司らも室町通りで一橋兵を駆逐し、さらに中立売門の福岡藩兵を排除して来島隊との合流に成功し、会津兵と激闘しながら清涼殿に最も近い公家門（宜秋門）に迫った。これを見て、乾御門守備に徹して戦況をながめていた薩摩藩兵が横合いから激しく銃撃をかけ、さらに天龍寺に向かっていた島津珍彦の兵も引き返して国司隊の後衛を襲った。西郷は烏丸中立売で奮戦し、足に被弾したが軽傷だった。乱戦のなかで来島は狙撃され戦死。国司は甲冑や旌旗を遺棄して逃亡した。遺留品から毛利父子の黒印を付した軍令状も発見され、長州追討の重要な根拠となる。

真木・久坂らは柳馬場《やなぎばんば》通から堺町御門を目指したが、福井藩兵の防御が堅く、鷹司邸に入り裏門から攻撃した。しかし彦根藩兵が加勢し、さらに蛤御門から薩摩・会津兵が転戦してきたため形勢不利となり、ついに鷹司邸に火がかけられた。真木らは再起を期して脱出し、久坂や寺島忠三郎・入江九一ら松下村塾出身者は自決する。天王山には益田弾正の率いる後軍が陣を構えていたが、味方の惨敗に士気沮喪し、敗軍を収容せずに撤収したので、行き場を失った真木ら浪士たちはここで自決した。毛利元徳らの本隊は四国の多度津《たどつ》で敗報に接し、ただちに引き返した。西郷は大久保に宛てた七月二十日付の書翰で「薩兵あらずんば危き次第にて御座候」と誇らしげに述べている。はじめて西郷は「勝者」になった。

勝海舟との邂逅と征長軍解兵

鷹司邸や長州屋敷（現在、京都ホテルオークラ）などから発生した兵火は、京都で今も「どんどん焼け」と語られるように三日にわたり燃え広がり、御所より南側の洛中は大半が焼失した。禁門の変は御所への発砲も同然で、七月二十三日には孝明天皇より追討令が出された。西郷は九月七日に大久保に宛てて、降伏すればわずかな領地を認めて東国に転封させるぐらいの措置を取らないと将来に禍根を残すと述べている。しかし、征討による内戦を危惧する意見も根強く、幕府側の足並みも揃わず、また長州藩も「俗論派」の主導のもとで恭順の姿勢を示しつつあった。そうしたなかで強硬論を主張してきた西郷だったが、九月十五日に勝海舟と会見してから認識を大きく改めることとなる。勝海舟は、将軍上洛への尽力を求める西郷に対し、現在の幕府は組織がすっかり硬直化し、責任の所在が曖昧で、正論を唱えれば排斥され、外国人も幕吏相手の交渉は埒が明かないと軽侮しきっていると内情を打ち明け、むしろ賢侯が会同し、確固たる軍備を整えて横浜・長崎を開き、兵庫開港は筋を立てて談判すれば、皇国の恥にはならず、異人もかえって感服し、政局の安定と国是の決定にも至るだろうとの遠大な将来構想を示した。翌日、西郷は勝という人物に強く心を動かされたと大久保に伝えている。

勝氏へ初めて面会仕り候処、実に驚き入り候人物にて最初は打叩く賦《つもり》にて差し越し候処、頓と頭を下げ申し候。どれ丈ヶか智略のあるやら知れぬ塩梅《あんばい》に見受け申し候。先ず英雄肌合の人にて、佐久間〔象山〕より事の出来候儀は一層も越え候わん。学問と見識においては佐久間抜群の事に御座候得共、現時に臨み候ては、此の勝先生とひどくほれ申し候。

西郷は、幕府は条約勅許や兵庫開港といった難題を乗り切ると諸藩の離間策を取るだろうと予想し、有力諸侯を主体とする体制を恒久化する必要があると考えた。もし実現が難しいようなら、薩摩藩が「断然と割拠」の姿勢を示し、富強の策を講じるべきだとした。しかし、当面のところは勅命に応じて征長を第一とする方針を優先する。

薩摩藩は、毛利家支族の吉川経幹《きつかわつねまさ》に周旋を依頼させるため高崎五六を岩国に送り、禁門の変は長州藩内の一部の暴挙と理解しており、寛典にむけて薩摩藩は尽力する方針だと伝えた。吉川家を通じて長州藩を恭順させるという方策だが、とりあえず岩国藩や徳山藩を懐柔して本藩と分離させ、長州藩が周旋を拒絶して徹底抗戦の構えを取る場合は総攻撃を加えるつもりだった。西郷は、十月八日に大久保に宛てた書翰で「是非、長人を以て長人を処置致し候様、致させたきものに御座候」と述べ、「社稷《しやしよく》は相絶えざれ共、ひどいめには逢わせず候わでは相済む間敷」としている。追討は勅命であり、妥協的姿勢を最初から示すわけにはいかなかった。

十月二十二日に征長総督徳川慶勝は大坂城に諸藩の重臣を集めて軍議を開き、十一月十八日をもって総攻撃を行うこととした。西郷は参謀となっていたが、二十四日に慶勝から諮問を受ける。諸藩は口実を設けては楽な攻め口への配置を望み、慶勝は困惑していた。西郷は、長州藩が内訌を繰り広げているのは「誠に天の賜」で、一挙に撲滅するのではなく内部分裂を誘うのが上策であり、謝罪を願い出ている者を賊人と扱うのではなく帰順に導くのが「御征伐の本旨」だと答えた。さらに、吉川家に周旋を促すため早急に自ら岩国に赴くつもりだと表明したところ、慶勝は「一向《ひたすら》尽力いたし呉れ候様」と述べ、脇差を授けて処置を一任した（二十五日、小松帯刀宛書翰）。西郷は吉井・税所篤《さいしょあつし》ととも に二十六日に大坂を出帆、十一月三日に吉川に面会し、総攻撃が迫っていると伝えたうえで、京都に進発した三家老の首級を差し出して謝罪恭順の態度を示すよう通告した。その一方で禁門の変のおりの捕虜を引き渡している。すでに長州藩では「俗論党」の主導により、三家老の処分は征長総督に委ね、参謀は自発的に処刑し、三条実美ら五卿（七卿のうち錦小路頼徳《にしきこうじよりのり》は病死、沢宣嘉《さわのぶよし》は脱走）は藩外に移すとの恭順方針が決定されており、十一日に三家老の切腹と四参謀の斬首が執行された。十四日に広島の国泰寺《こくたいじ》で征長総督による首実検がなされ、総攻撃は延期される。十九日に首級は征長軍から吉川のもとに送られ、同時に解兵の条件として山口城破却、毛利敬親・元徳父子の自筆謝罪状提出、五卿の引渡しが求められた。

しかし、長州藩内では山口から萩に藩庁を戻した「俗論派」政府に対抗して諸隊が決起し、五卿の移動にも強く抵抗した。西郷は十一月二十五日に大久保に宛てた書翰で、自分が「浮浪の輩」のもとに踏み込んで利害得失を論じようとしたが、福岡藩が周旋に乗り出したので成り行きを見守っているとし、出兵諸藩も疲弊しているので長い時間はかけられず、とはいえ一戦も交えずに解兵するわけにもいかないので、決裂の場合は諸隊を打ち砕くつもりだと述べた。

小倉に移った西郷は、福岡藩士早川勇《はやかわいさむ》や月形洗蔵《つきがたせんぞう》、さらに十二月四日に五卿に付き添っていた土佐脱藩士中岡慎太郎《なかおかしんたろう》らと協議した。西郷は中岡らに五卿を移転して解兵を急ぐことが肝要だと説き、中岡は諸隊の説得を引き受ける。しかし、隊長たちは五卿を尊王のよりどころとし、仇敵薩摩は信用できないと承服しなかった。そこで西郷は十一日に敵地というべき下関に渡り、五卿付きの中岡や土方《ひじかた》久元《ひさもと》らの立会いのもとで隊長たちと直談判した。西郷は禁門の変以前にも「是非長に入て殺されたい」と久光に願い出ていたが、死地に赴き事態の劇的解決を図るという手法をはじめて実践した。西郷は藩庁の「俗吏」を三人ばかり更迭して「激党」が望む者と入れ替えるとの方針を示し、隊長たちの信頼を獲得する。そして、征長軍解兵後は五卿を一〇日以内に福岡藩に引き渡すことで合意に達した。征長総督府から送られた巡検使は、山口城の破却と毛利父子の謝罪を確認して十二月二十七日に広島へ帰着し、即座に撤兵が諸藩に伝えられる。五卿は翌慶応《けいおう》元年（一八六五）一月十四日に長府の功山寺《こうざんじ》を去り、大宰府の延寿王院に移った。

手腕を発揮して内戦を見事に回避させた西郷は、一月十五日に鹿児島に帰着したが、二月六日には五卿の待遇改善のために福岡にむけて出張し、大宰府で亡命生活を過ごすこととなった五卿と謁見したのち、さらに京都に向かう。文字通り東奔西走の日々だったが、一月二十八日に小番家老座書役岩山直温の次女糸子と結婚している。糸子はつつましく家を守り、寅太郎《とらたろう》・午次郎《うまじろう》・酉三《とりぞう》と三人の子を産んだ。さらに愛加那の子たちに加え、のちに戦死した義弟の吉二郎や小兵衛らの遺児も育てている。寅太郎は明治十七年（一八八四）に明治天皇の勅旨でドイツに一〇年間留学し、帰朝後の明治三十年（一八九七）に侯爵に列せられた。糸子は寅太郎、酉三に先立たれたのち、日本郵船社員となった午次郎のもとで静かな余生を送り、大正十一年（一九二二）に八〇歳で没した。

「非義の勅命」と薩長の接近

征長総督徳川慶勝や西郷が下した長州処分案は、毛利敬親父子の隠居と一〇万石減封だった。しかし、朝命による制裁としては軽すぎるという不満が幕府内に生じ、毛利父子や三条実美らの江戸送還すら求める動きも出てきた。しかし慶勝は拒絶する。朝廷もまた長州処分は国家の大事なので、将軍が上洛したうえ衆議によって決めるべきだとした。一方、長州藩内では十二月十六日に高杉晋作が下関の会所《かいしょ》を襲撃して挙兵し、「俗論党」の藩政府軍を撃破し、三月十七日に武備恭順を藩是として割拠の方針を明確に示す。こうした状況を見て幕府は四月十九日に長州再征と将軍の進発を布告し、閏五月二十二日に将軍家茂が上洛、二十五日には大坂城に入り本営を構えた。しかし、将軍の威光を示しても割拠の姿勢を固めた長州藩は伏罪使を送ることはなく、進発は空振りに終わる。

幕権回復をもっぱらとする再征の動きを薩摩藩は冷ややかにながめた。四月二十五日に西郷は月形洗蔵に宛てた書翰で「私戦に差し向くべき道理これなく候間、断然と断る賦《つもり》に決定」との方針を伝えている。また、閏五月五日には将軍家茂の江戸進発を聞いて、「徳川氏の衰運此の時と存じ奉り候」と述べ、人心が幕府から離れることを予見した。薩摩藩が幕府と明確に距離を置き始めたのをみて、土佐脱藩士の中岡慎太郎や土方久元らは薩摩と長州をつなぐ役割を果たしていく。中岡らは二月五日に下関の白石正一郎宅で長府藩士井上少輔、報国隊長原田順次、長州藩士三好周亮・赤禰武人、薩摩の吉井友実と薩長和解を謀っている（土方久元『回天実記』）。

長州藩では禁門の変以来消息を断っていた桂小五郎が四月末に帰国し、木戸《きど》孝允《たかよし》と名を改めて主導権を確保する。木戸は中岡から薩長提携を説かれ、五卿周辺の人物を介して薩摩藩の動向に探りを入れた。さらに松陰の義弟である小田村素太郎（楫取素彦）を大宰府の三条のもとに送っている。

一方、西郷は勝の失脚による海軍操練所廃止で行き場を失った坂本龍馬をともなって四月二十五日に大坂を出帆し、五月一日に帰国した。そして大番頭一身家老組に任じられ、藩の重職となる。西郷もまた長州に探りを入れるため、龍馬に「同所之事実探索」を依頼した。龍馬は十六日に鹿児島を発ち、熊本で横井小楠のもとを訪ね、さらに大宰府で五卿警衛の薩摩藩士渋谷彦介を通じて三条や小田村と対面したのち下関に向かう。一方、京都の薩摩屋敷に入っていた中岡と土方は将軍進発をうけ、薩長提携を早急に具体化するため五月二十四日に薩摩藩士岩下方平《いわしたみちひら》と京都を離れた。中岡は閏五月六日に鹿児島に着き、西郷に将軍進発への対処のため上京する途中、下関に寄って木戸と会見するよう説く。一方、中岡・岩下と別れた土方は閏五月一日に下関の白石家に着き、居合わせた龍馬に中岡の薩摩行きの目的を伝えた。龍馬は六日に五卿従士時田庄輔の案内で木戸と会談し、土方とともに西郷との会見を説得して同意を取り付ける。こうして西郷・木戸という薩長第一人者の直接会見が設定されたが、西郷は十八日に豊後の佐賀関で至急上京を促す大久保からの連絡に接し、木戸との会見よりも朝議を動かすことを優先して京都に直行した。

二十一日に中岡から会見中止の顚末を聞かされた龍馬は落胆し、木戸は憤慨した。とはいえ薩長提携の流れに変化はなかった。その後は知られる通り、六月に上京した龍馬の斡旋で木戸が求めた薩摩藩名義による小銃の買い付けを西郷らが認め、家老の小松帯刀が長崎を訪れた伊藤博文・井上馨に長州支援を確約した。井上は小松に連れられて鹿児島に入り、久光に謁見して薩摩の意向を確認する。グラバーから購入したゲベール銃とミニエ銃、さらに蒸気船ユニオン号を得た長州藩の戦力は格段に強化された。ユニオン号は薩摩藩名義の桜島丸を名乗り、龍馬の主宰する亀山社中《かめやましやちゆう》が運用を担当して長崎から下関までの物資輸送に当たる。さらに九月八日には毛利敬親父子から久光・忠義に宛てて親書が発せられた。内容は、自分たちの不行き届きや家来の心得違いを遺憾とし、鹿児島に赴いた井上馨から薩摩藩の好意について知らされ、「万端氷解」したが、薩摩藩が勤王の正義を確守しているのは見上げたもので、皇国のためこのうえなきことと欣喜雀躍している。当方の心事を御憐察いただきたいが、委曲は亀山社中の上杉宗次郎からお聞き取りいただきたいというものだった（『忠義公史料三』）。

同時期、薩摩藩もまた強い意思表示を行っている。九月二十一日に徹夜の朝議により長州再征の勅許が発せられた。この日、二条関白と折衝していた大久保は、大坂で待機していた西郷に宛てた二十三日付けの書翰で、慶喜が強引に勝ち取った長州再征の勅許は名義が立たず、「非義勅命は勅命に有らす候故、不可奉《ほうずべからず》」と論じている（『大久保利通文書　二』）。西郷は国許に京都情勢を報告し、久光に率兵上京を促すため、二十六日に坂本龍馬を伴って兵庫を出港した。龍馬は上関で下船し、十月四日に三田尻《みたじり》で長州藩要人である広沢真臣《ひろさわさねおみ》に面会して、二十三日の西郷宛大久保書翰の写しを示す。広沢は吉川家の家臣にさらに写しを取らせて岩国に送らせた。龍馬も亀山社中の同志である池内蔵太《いけくらた》に、勅許を迫る一会桑の勢いに「唯薩独り論を立たり」とし、二条関白に大久保が「非義の勅下り候時は、薩は不奉と迄」論じ上げたと伝えている。正義とは認めがたい命令は勅命といえども突き放すとのメッセージは、長州藩にとってこれ以上ない激励だった。事実上、両藩の連合は成立したが、あとはそれをいかに具体化するかという作業が残っていた。

薩摩藩は、長州処分・条約勅許という重要問題は有力諸侯も交えた合議を経て国是として決定すべきだとしていた。幕府を牽制するために薩摩藩は久光が兵を率いて上京することとし、前述のように西郷が帰国する一方、大久保が福井藩へ、吉井が宇和島藩に協力を求めて走った。しかし、ちょうど西郷が鹿児島に着いた十月五日に、慶喜は将軍の辞表と外国艦隊の摂海進出を背景に公家を恫喝し、六年越しの難題となっていた条約勅許を自力で獲得する。久光の上洛は中止となり、藩兵のみ小松と西郷が引率して京都に向かった。薩摩藩の幕府に対する距離感は一層強まり、内戦の危機が高まるとともに長州藩との提携は重要度を増していく。

薩長盟約の成立

慶応元年（一八六五）十一月、幕府は大目付永井尚志《ながいなおむね》を広島に派遣し、山口城補修や武器買い入れの真偽を尋問したが要領を得ず、今後の幕府の出方は予断を許さないものとなった。一方、薩長は将来の方策を確定するため、有力者の直接会見にむけて動き出した。十月二十五日に京都に着いた小松・西郷は大久保と意見を調整し、十二月に黒田清隆を山口に送って代表者の入京を求める。曲折のすえ木戸が代表となり、御楯隊の太田市之進と品川弥二郎らが同伴するかたちで二十七日に三田尻を出港、翌慶応二年（一八六六）一月七日に京都の薩摩屋敷に入った。薩摩藩の代表は小松帯刀・桂久武《かつらひさたけ》の両家老だったが、木戸は家老ではないので、同格の西郷と折衝した。しかし両者の意向は平行線をたどる。西郷は長州藩がひとまず幕府の処罰に服する姿勢を示すことを求めた。西郷は、諸藩が出兵に消極的なため開戦に踏み切れない幕府が、伏罪を条件に寛大策に出る可能性は十分にあると見ており、一方で内戦は列強の介入など「率土瓦解」の危機をもたらすと考えていた。しかし、木戸は三家老の首級を差し出したことで伏罪は決着ずみで、このうえの謝

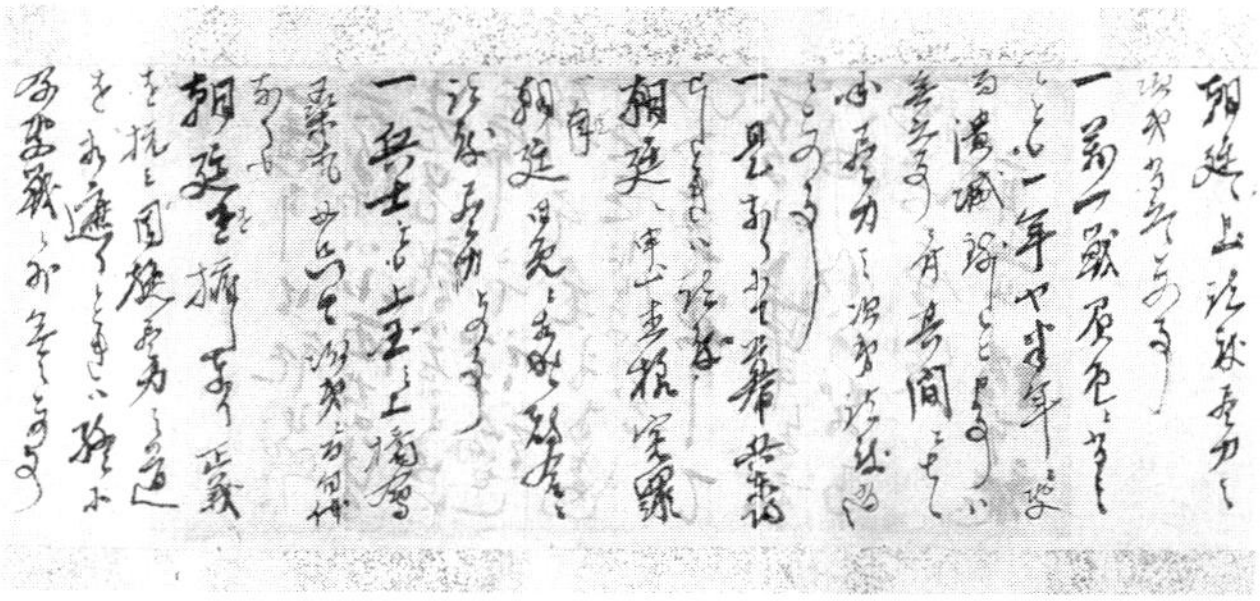

8―薩長連合の盟約文

罪など論外だとして譲らなかった。木戸の強硬論の背景には、お目付的に同行してきた諸隊代表の太田らの視線があった。池田屋および禁門の変における「逃げの小五郎」に対する藩内の猜疑心は厳しかった。西郷も今後の薩摩藩の出方をあえて木戸に示そうとせず、幕府の決定を見守っていた。

幕府は二十日に一〇万石減知、毛利父子の蟄居を内容とする処分案を朝廷に上奏する。とうてい長州藩がのめない内容である。この日、西郷の不明確な態度に業を煮やした木戸は帰国を表明したが、ようやく坂本龍馬が京都に到着する。一方、パークス英国公使の鹿児島訪問について協議するため帰国が求められていた大久保は、二十一日に京都を離れた。大筋の合意はこの日に出来上がったのだろう（佐々木克『幕末政治と薩摩藩』）。幕府の長州処分案は二十二日に勅許されたが、開戦の危機はさらに高まった。薩長間で詰めの協議が行われ、六ヵ条の盟約が成立する。

盟約の内容は、幕長開戦の際は、薩摩は二〇〇〇名の兵を上京させ、在京の兵一〇〇〇名と合わせて京坂を固める。戦況の有利・不利にかかわらず薩摩藩は長州藩の雪冤にむけ尽力する。開戦に至らなくても、雪冤にむけた尽力を一会桑が妨害する場合、薩摩は幕府と決戦のほかない。双方とも今日より誠心を尽くし皇威回復にむけて尽力する、というものだった。全体的には薩摩が長州に譲歩するかたちとなり、武力の発動もオプションに据えているが、戦争回避か短期終結へと誘導するのが薩摩藩本来の意向である。結果的には盟約は遵守され、五〇年以上続く薩長提携の起点となった。盟約の証人という重要な役割を果たした坂本龍馬は、伏見寺田屋で幕吏に襲われて負傷し、薩摩屋敷に収容される。西郷は龍馬とお龍夫妻を伴って三月四日に大坂を出港し、十一日に鹿児島に帰着した。龍馬たちは霧島方面に日本最初といわれる新婚旅行に出かけている。

幕府と長州の戦争は六月七日の周防大島攻撃で開始された。幕府軍は周防大島の他、芸州口・石州口・小倉口の四方面から進撃したが、全て撃退される。逆に小倉と浜田の二城が攻め落とされ、大森銀山も奪われた。根拠地の大坂では兵糧米調達による米価高騰が原因で打ちこわしが相次ぎ、さらに将軍家茂も七月二十日に脚気で病死した。八月に幕府は将軍の死を公表し、服喪を理由に解兵を宣言する。「徳川氏の衰運此の時と存じ奉り候」という西郷の予言は的中した。

薩土盟約

将軍家茂の病死を受け、一橋慶喜は慶応二年（一八六六）八月二十日に徳川宗家の相続を承諾したが、将軍職就任は固辞した。彼の野心を警戒する政治勢力は少なくはなく、慶喜は諸侯の要請というかたちで将軍職に就任することを図った。この結果、四ヵ月の空位を経て十二月五日に将軍職を継承する。一方、同月二十五日に孝明天皇が病死した。

慶応三年（一八六七）に入ると、孝明天皇の勘気を受けていた公家たちが赦免される。朝彦親王と二条斉敬《にじょうなりゆき》に主導されてきた朝政を刷新する好機とみた小松・大久保・西郷は、久光と松平慶永・山内豊信・伊達宗城に上京を促し、四侯主導のもとで兵庫開港と長州藩処分を解決することを図る。四月十二日、久光は西郷ほか兵七〇〇名を率いて三年ぶりに入京した。四侯は五月十七日に会同し、長州藩処分については毛利敬親・元徳父子の官位復旧、元徳の家督相続承認、削地は行わないという寛典を勅命で下す方針で合意した。また、兵庫開港も勅命によるとしている。長州処分の解除で幕府に反省の意を示させ、兵庫開港も勅許ではなく勅命とすることで、外交の最高権限が天皇にあることを内外に示し、幕府の開港場独占に突破口を築き、さらに諸侯の意向が朝政に反映される体制の構築を意図した。十九日に四侯は二条城で慶喜と会見したが、長州処分解除の優先決定を主張する四侯に対して、慶喜は列強と約束した六月七日の開港期限まで残り時間が少ないことを理由に譲らなかった。二十三日夜から二十四日まで断続的に行われた朝議は、強硬な態度を示した慶喜の思惑通りに進行し、兵庫開港の勅許が下る一方、長州藩処分に関しては先延ばしにされる。

薩摩藩は、もはや尋常の手段では慶喜を相手に局面の打開を図ることは不可能と決心し、武力行使へと傾く。久光は六月十六日に薩摩藩邸に潜伏させていた山県有朋と品川弥二郎を呼び、「一際尽力の覚悟」を伝えた。また小松帯刀は「長薩連合同心戮力致し、大義を天下に鳴らしたく」との方針を示し、西郷を長州に派遣するので今後の方策を協議してほしいと伝えた。

久光が山県・品川を引見した前日の六月十五日、土佐藩参政の後藤象二郎《ごとうしょうじろう》が坂本龍馬とともに長崎から入京する。後藤は慶喜に大政奉還の建言を行って政権を返上させ、王政復古を実現し、あわせて議事の制度を確立するという「大条理」を山内豊信に示そうとしたが、豊信はすでに帰国していた。後藤は小松帯刀に協力を要請し、二十二日に薩土両藩の在京有力者が三本木で会合を開いた。協議の結果、薩土両藩による盟約が結ばれる。薩土盟約はまず、「天下の大政を議定する全権は朝廷に在り」とし、制度・法令は議事院を通じて決定することと、慶喜に将軍職辞職を迫って諸侯の列に並べ、さらに将軍職を廃止して「政権を朝廷に帰す」こと、朝廷の制度については「弊風を一新改革」することを骨子としていた。薩摩藩は武力を発動し新政府を樹立するという「決策」断行の覚悟を固めていたが、その後の将来構想を持ち合わせていなかったため、これを新たな指針とした。

七月四日、後藤は西郷に藩論をまとめて藩兵とともに一〇日ほどで戻ると伝えて京都を離れた。

「朝敵」のままの長州藩兵の上洛が見込めないなか、土佐藩兵上洛への期待は強かった。七月七日に西郷は、帰国した山県と品川に書翰を送り、長薩土盟約は「実に渡りに船」だと説明している。慶喜が素直に建白に応じる可能性はなく、むしろ拒絶の場合は幕府との対決が容易になる。西郷たちは在京兵力で御所を確保すると同時に守護職屋敷を制圧し、さらに大坂城などを占拠して幕府側の増援を遮断するという奇襲計画を立てた。

しかし、山内豊信が大政奉還建白は天下のための良策だが軍事的威圧を後ろ盾に慶喜に強要するのは不条理との立場を示した結果、後藤は二ヵ月ぶりに手ぶらで上京し、さらに薩摩藩にとって最大の眼目である将軍職廃止要求も、豊信の意向に従って建白から外された。西郷は挙兵延期を求める後藤の要請を却下し、さらに盟約の解消を通告する。ただし、大政奉還建白を妨害することはないと約束した。小松・西郷・大久保ら在京薩摩藩首脳の狙いは、将軍職を廃止して慶喜から大名統制の権限を完全に剝奪することにあり、それを欠いた大政奉還などは論外だった（佐々木克『幕末政治と薩摩藩』）。

王政復古の成功

九月十七日に山口に入った大久保は、毛利父子と長州藩首脳に対し、薩土盟約返約の経緯と武力による政変を薩摩藩が決断したと説明し、協力を求めた。十九日に詰めの協議が行われ、出兵協定が成立する。一方、広島藩に対しては小松が在京の家老辻将曹《つじしょうそう》を説得し、挙兵に加わる方針を固めさせた。こうして二十日に三藩出兵盟約が成立する。出兵計画は、上洛する薩摩藩兵を乗せた船を三田尻に寄港させ、幕命で大坂に赴く家老毛利内匠の護衛を名目に長州・芸州の兵を加え、この兵力が大坂に到着するのと時を合わせて在京の薩摩・芸州兵が御所と天皇を確保（「一挙奪玉」）し、幕府の反撃を封じるために二条城と大坂城を制圧するという内容で、動員兵力は全体で三八〇〇名程度だった。また、関東からの増援を阻止するため、薩摩藩江戸藩邸から放たれた浪士隊が後方攪乱を行う予定だった。この奇襲作戦は九月中に実行する手筈だったが、薩摩藩兵の三田尻到着は十月六日にずれ込んでしまう。藩内では、島津久治が毛利家の二の舞になりかねないと強く出兵に反対し、財政的負担による慎重論も根強かった。一方、京都では十月二日に小松が土佐藩の大政奉還建白を容認し、翌三日に後藤は老中板倉勝静《いたくらかつきよ》に建白書を届ける。同日、長州藩は薩摩藩兵到着の遅延をみて「一挙奪玉」に見切りをつけ、「失機改図」に方針転換した。

京都に集結した小松・西郷・大久保は十月十一日に協議し、藩主忠義の引率による兵力で幕府に正面から挑むという方針への変更を決定し、これを長州藩の広沢に示した。さらに十三日に岩倉具視から広沢に長州藩主父子の官位復旧の宣旨が渡され、十四日に「討幕の密勅」が大久保と広沢に手交された。正式な朝議と二条摂政の決済を経ない偽勅で、現物そのものは昭和期まで封印されたが、薩長両藩内の出兵慎重論を抑え、島津忠義出馬を正当化するプロパガンダ効果はあった。この日、慶喜は大政奉還の上表を朝廷に提出し、翌日に受理されたが、西郷らにとっては想定内だった。小松・西郷・大久保と広沢は密勅を携え、十七日にそろって京都を離れる。

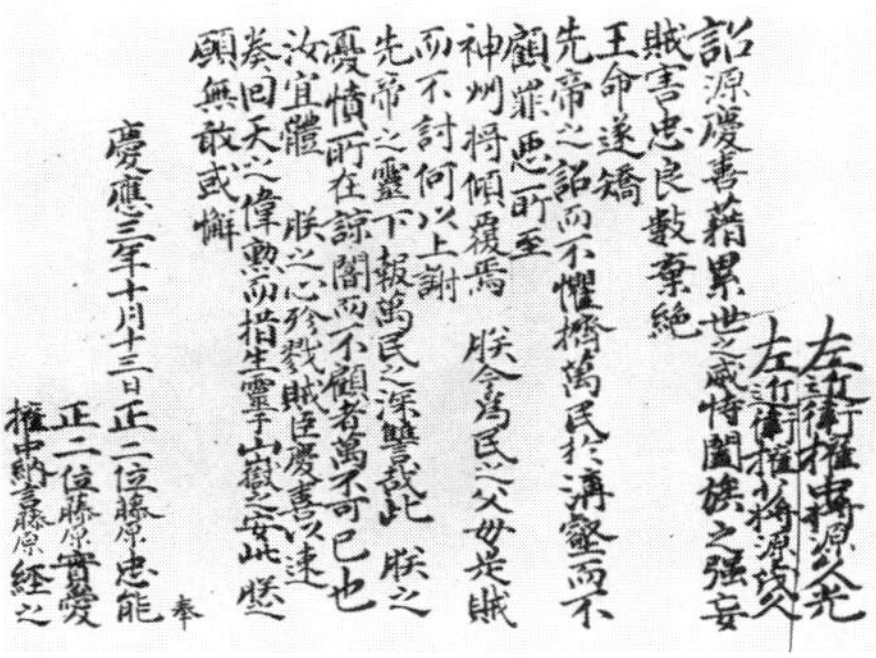
詔 源慶喜藉累世之威恃闔族之強妄
賊害忠良數棄絶
王命遂矯
先帝之詔而不懼擠萬民於溝壑而不
顧罪悪所至
神州将傾覆焉 朕今爲民之父母是賊
而不討何以上謝
先帝之靈下報萬民之深讐哉此 朕之
憂憤所在諒闇而不顧者萬不可已也
汝宜體 朕之心殄戮賊臣慶喜以速
奏回天之偉勲而措生靈于山嶽之安此 朕
願無敢或懈
慶應三年十月十三日 正二位藤原忠能
正二位藤原實愛
權中納言藤原經之
奉
左近衛權中將源久光
左近衛權少將源茂久

9―「討幕の密勅」

大政奉還に際し、慶喜は諸侯召集と長州藩・五卿赦免について後藤・小松と合意に達していた。しかし、政権担当能力のない公家ばかりの朝廷は、とりあえず奉還を受理しつつも有力諸侯上京までは幕府に「政務委任」するという沙汰を下す。慶喜は諸侯会議を主導できる自信があり、一方で土佐・越前・尾張各藩はようやく諸侯との協調へと歩み寄ってきた慶喜の姿勢を歓迎する。なお、会津・桑名は政局運営の足手まといになるとして慶喜から距離を置かれた。とはいえ将軍職廃止と朝廷改革断行という薩長の決心は不変だった。

大政奉還後の政局の焦点は、新たな政治体制をどの勢力がいかなる手段で掌握するかにあった。西郷・大久保は、朝廷が処理能力を欠き、慶喜が主導権を奪回する可能性が高いという状況のなかで、武力を背景に新政府を構築する準備に着手した。朝廷の大改革と幕府廃絶が断行されない限り、議事制度を立てても慶喜のひとり相撲が続きかねないという判断だった。

十一月十三日、忠義はおよそ一〇〇〇名の兵力と西郷らを伴い、汽船で鹿児島を出発した。途中三田尻に寄って長州藩と出兵の順序を確認し、二十三日に入京する。この間、大久保は政変に向けた工作を岩倉具視や正親町三条実愛らと行っている。政変の目的は朝廷の大改革と慶喜の政界からの排除であり、太政官設置と慶喜の領地返上を目標とした。十二月二日、西郷と大久保は後藤を訪ねて政変計画を示し、同意を取り付ける。後藤は松平慶永や尾張藩に根回しを行い、さらには徳川慶喜にも福井藩の中根雪江を通じて情報を送った。あえて間に入ることで、薩摩と慶喜が武力対決する事態を避けたいという意図だった。慶喜の側も朝廷改革には同意できるところもあり、政変に向けた情報を会津・桑名には秘密にし、推移を冷静に見守ることとした。

十二月九日、さまざまな思惑が交錯するなかで、王政復古政変は予定通り断行される。前夜から長く続いた朝議で長州藩主父子の官位復旧と入京許可、岩倉や三条の赦免が決定した。その後、ただちに薩摩・土佐・尾張・福井・広島の藩兵が御所の九門を封鎖し、会津・桑名の藩兵を蛤御門・公家門から退去させた。慶喜は容保と定敬を二条城に呼びつけて他出を禁じていたので、会桑両藩は抵抗できなかった。その上で「王政復古の大号令」が発せられ、摂政関白と将軍職の廃止によって公武双方の旧体制を廃絶するとともに、新政府の中枢として総裁・議定・参与の三職が設置された。薩摩藩では藩主忠義が議定、西郷・大久保・岩下が参与となる。

つづいて小御所で最初の三職会議が開かれた。大政奉還と幕府廃止をうけて慶喜に辞官納地が要求されるとともに、会津・桑名の京都警衛罷免と帰国命令が下される。山内豊信は辞官納地に先立って慶喜を招致すべきだと主張し、岩倉・大久保は旧幕府の失政は明瞭で領地返上は当然だと反論し、議事は紛糾する。結局、辞官納地は勅命で迫るのではなく親藩である尾越の内諭周旋で進めることで決着した。

慶喜は事態を静観し、積極的に反撃する姿勢を見せなかった。十二日には憤懣やるかたない幕兵や会津・桑名の兵を引き連れて大坂城に撤収する。大坂は京都の物流を支える喉もとで、儀礼的空間の要素が強い二条城とことなり、大坂城は西国随一の要塞だった。慶喜は戦略的・経済的拠点を確保して圧力をかけるとともに、十六日には外国公使を招集して条約履行を明言し、国際政治的には主権は「大君《たいくん》」にあると認知させる。また、兵力も京都から移った会津兵約三〇〇〇名、桑名兵約一五〇〇名のほか、幕兵も新式の歩兵組を加え五〇〇〇名の規模となっていた。こうした威圧が効力を発揮し、松平慶永や伊達宗城らは収拾に奔走し、二十三日に下された三職会議の沙汰書では、納地について「領地より」と、全面的返上を求めない内容に修正された。また、諸侯も新政府に応分の領地差出を行うこととなる。慶喜を政界から完全に排除するという西郷・大久保の思惑は破綻し、それどころか慶喜の議定就任まで確定した。慶喜は二十八日に下坂した慶永に請書を提出し、あとは上洛して議定の席に座るのみとなった。

しかし、意外な方向から事態は別の展開へと推移する。当時、江戸市中や近郊では薩摩藩邸を根拠地とした、伊牟田尚平《いむたしょうへい》・益満休之助らの指揮する浪士隊が後方攪乱を本格化させ、これに便乗した強盗や放火も江戸の市中で多発し、さらに江戸城二の丸が不審火で焼失するなど不穏な情勢が続いていた。そして、不審者を追跡した市中警備の鶴岡藩兵によって薩摩藩の関与が明確となり、十二月二十四日に薩摩藩邸焼討事件が起きる。榎本武揚《えのもとたけあき》率いる幕府海軍は、品川から逃亡した薩摩藩士や浪士らを乗せた船を紀淡海峡まで追跡し、二十八日に大坂に寄港して江戸の情勢を伝えた。隠忍自重していた幕臣や会津・桑名藩士は一気に沸騰し、慶喜も「討薩の表」を書き上げて薩長との対決を決心した。翌日には榎本艦隊が兵庫沖に停泊中の薩摩艦を駆逐し、幕府と薩摩は事実上交戦状態になる。海軍の勝報に意気を高めた旧幕府軍は上洛の途に就く。一万五〇〇〇名という兵力に頼み、薩長の全面抵抗は全く予想していなかった。

鳥羽・伏見の戦い

慶応四年一月三日夕刻、旧幕府軍主力は京都近郊の上鳥羽に迫った。赤池付近で薩摩兵の警戒線と接触し、通行をめぐって押し問答となる。交渉が決裂し、動きだした旧幕府軍に対し、すでに照準を据えていた薩長の藩兵は十字砲火を浴びせる。縦列の行軍隊形をとっていた旧幕府軍は大混乱となり潰走した。一方、伏見方面では伏見奉行所を拠点に旧幕府軍と会津藩兵・新撰組が展開していたが、上鳥羽の戦闘開始と同時に、御香宮と桃山丘陵に布陣した薩摩の砲兵が奉行所を射撃し、さらに市街戦を展開して幕府軍を伏見の街から駆逐した。この戦いで寺田屋など多くの建物が焼失するが、西郷にとって予想を上回る戦果だった。翌一月四日、仁和寺宮嘉彰親王《よしあきしんのう》が征討大将軍に任命され、錦旗が掲げられた。戦線は富ノ森、淀まで動き、土佐藩兵も参戦した。五日、新政府軍は攻勢をくわえ、淀城への入城を拒否された旧幕府軍は木津川の橋を焼いて八幡に撤退する。翌六日、橋本付近で西郷従道が重傷を負うなど激しい攻防が繰り広げられたが、対岸の山崎に布陣していた津藩兵が新政府軍に寝返って砲撃を開始し、これが駄目押しのかたちとなって旧幕府軍は大坂城めざして敗走した。深夜、慶喜は会津・桑名両藩主と老中板倉勝静を従え、密かに脱走した。慶喜に置き去りにされた旧幕府軍は崩壊し、城を捨てて紀州方面に逃れる。

七日には追討令が発せられ、慶喜と会津・桑名藩などは朝敵とされた。また、旧幕府軍の崩壊で西国諸侯は新政府軍に加わり、京坂の商業資本や貿易港長崎・兵庫は新政府の支配下となった。そして、政局の主導権は議定から参与の藩士クラスに移っていく。

一月十二日、江戸に帰還した慶喜は慶永や豊信、さらに静寛院宮（和宮）に朝廷との周旋を依頼した。しかし、西郷は容赦しない姿勢を示す。二月二日の大久保宛書翰では「是非切腹迄には参り申さずでは相済まず」と述べ、「断然追討在らせられたき事」と要望している。二月十二日、西郷は薩摩諸隊差引として京都を発ち、薩摩・長州・大村・佐土原の兵からなる先鋒軍にいち早く箱根を占拠させた。

江戸開城

三月六日に大総督府は総攻撃を三月十五日と決定したが、そうしたおりに九日に旧幕臣山岡鉄太郎《やまおかてつたろう》（鉄舟《てつしゅう》）が、薩摩藩邸焼討の際に捕虜となっていた益満休之助を案内に立てて駿府に入り、勝海舟の書を携えて西郷を訪ねてきた。山岡は、寛永寺で謹慎している慶喜の恭順姿勢を伝える。これに対して西郷は、徳川宗家の存続を認める条件として、①慶喜の身柄を岡山藩に預ける。②江戸城を明け渡す。③軍艦および武器の引き渡すことを求め、一方で玉石ともに砕くつもりはなく治安の維持を図るつもりだと伝えた。山岡は遠国に慶喜を送るのは臣下として承服できないとしたが、西郷は十分に配慮すると含みのある姿勢を示す。相手が恭順の姿勢を見せるまでは厳然たる姿勢を貫くが、和解の余地が見えてくれば極力交戦を避けて誠実に対応し、大規模な内戦を回避するという方策は、第一次征長の際にも西郷が示している。

三月十一日、西郷は池上本門寺《いけがみほんもんじ》に入った。近藤勇の甲陽鎮撫隊を撃破した東山道先鋒総督参謀板垣退助の部隊も八王子に到着し、翌日には同じく伊地知正治の率いる部隊が板橋に進む。総攻撃の態勢が整うなか、十三日に高輪の薩摩屋敷で西郷は勝と会見した。勝は不測の事態が生ずれば静寛院宮の安全を保証できないと述べる。翌十四日、二回目の会見が田町の橋本屋で行われた。勝は西郷が山岡に提示した条件をもとにした嘆願書を示し、慶喜を岡山でなく実家の水戸で隠居・謹慎させることや、軍艦と武器は取りまとめ、寛典が下れば相当数を徳川家に残すこと。暴挙を起こす者があれば官軍に鎮定を依頼することなどで両者は合意に達し、江戸城総攻撃は前日に中止された。

西郷は四月四日、勅使橋本実梁《はしもとさねやな》・柳原前光《やなぎわらさきみつ》、参謀海江田信義・木梨精一郎《きなしせいいちろう》・吉村長兵衛の六名だけで江戸城に乗り込み、朝旨を伝え十一日までに城を明け渡すように求めた。徳川家は城内を清掃し、財宝を持ち出すことなく整頓し、滞りなく新政府に引き継いだ。慶喜は最低限の供廻りだけを連れて水戸に退去する。しかし、軍艦や武器を一旦新政府に引き渡すという条件は履行されなかった。榎本武揚は開陽丸など主力艦を江戸湾に遊弋《ゆうよく》させ、大鳥圭介らの旧幕府陸軍は武器を保有したまま市川に結集したのち北上し、四月十九日に宇都宮城を落とすなど抗戦を続けた。また、寛永寺には慶喜の退去後も旧幕臣たちが屯集して彰義隊を組織し、市中で新政府軍の兵士と頻繁に衝突を起こした。

西郷は、情勢安定化のためには徳川家の領地を早く確定すべきだと考え、閏四月五日に上京したが、三条実美や木戸孝允は軍事的優位を確保した上で厳然と処分を下すべきだとした。西郷と入れ違いに江戸に入った軍防事務局判事大村益次郎は彰義隊制圧を計画する。大村の作戦は、戦場を寛永寺という狭い範囲に極限して短時間で決着をつけ、わざと逃げ口を与えて敗残兵の江戸市中潜伏を阻止し、近郊の要衝にも部隊を配置して旧幕脱走兵との合流を阻止し、完全に粉砕するというものだった。彰義隊討伐の上野戦争は五月十五日の朝七時に開始される。正面の黒門口は西郷が指揮を担当し、薩摩・鳥取・熊本の藩兵を率いて攻撃した。戦争は一日で決着したが、終日戦った西郷は京都の大久保・吉井に宛てた書翰で「誠に長い戦いにて大いに労《つか》れ申し候」と述べている。

江戸から旧幕勢力の軍事的抵抗が一掃された結果、新政府の立場は強化され、二十四日に田安亀之助《たやすかめのすけ》（徳川家達《いえさと》）に徳川家を相続させ、領地は駿府七〇万石とすることが内定した。諸侯に対する動員力を強めた政府軍は奥羽、北越方面の攻勢を強化していく。

越後出兵と鶴岡藩処分

慶応四年（一八六八）五月三日に奥羽列藩同盟が結成され、政府軍が白河城を落としたものの奥羽・北越方面は緊迫度を強めた。西郷は増援を求めるために六月五日に京都に入る。藩主島津忠義は五月二十日に東征軍への参加を命じられていたが、西郷は藩主の出征は薩摩が天下をうかがうと誤解されかねないとし、また江戸はすでに平定されたので、むしろ大兵を率いて再度上洛すべきだと説き、六月九日に忠義とともに京都を離れて帰国した。西郷は日当山《ひなたやま》温泉（霧島市）でしばらく療養したのち、八月六日に鹿児島を発ち、十日に柏崎に到着した。すでに七月二十九日に政府軍は長岡城と新潟港を占拠し、北越平定はほぼ終わっていた。しかし、八月二日に追撃戦を指揮していた弟の吉二郎が負傷し、十四日に死亡している。国事に奔走する自分の背後で長く家を守ってくれた弟の悲運に西郷は慨嘆し、剃髪した。その後、薩摩藩兵は会津・米沢・

鶴岡を目指して進撃する。西郷は越後の松ヶ崎（新潟市北区太夫浜）に滞陣して指揮をとったものの、新発田《しばた》の越後口総督本営には赴かなかった。八月二十三日に母成峠を突破した政府軍は一気に鶴ヶ城に進み、一ヵ月にわたる攻囲の末、九月二十二日に会津藩は降伏する。西郷は九月九日に松ヶ崎から離れ、米沢を経て二十七日に庄内に入った。鶴岡藩は薩摩藩邸焼討を敢行しており、新政府側に回った秋田藩などと最後まで戦ったので、藩主酒井忠篤《ただずみ》以下らは重い処分を覚悟したが、参謀黒田清隆の対応は丁重で、戦後の処置も他の東北諸藩に比べて寛大だった。背景に西郷の配慮があったと知った忠篤は深く感銘し、明治三年（一八七〇）十一月に菅実秀《すげさねひで》など家来を引き連れて鹿児島を訪問しているが、鶴岡と鹿児島の交流は長く続く。『西郷南洲遺訓』は、明治二十二年（一八八九）の明治憲法発布に際して西郷の名誉が回復されたのに合わせ、鶴岡の人々によって刊行されたものである。

鶴岡藩の降伏を見届けた西郷は東京（七月に江戸より改称）、京都を経て明治元年（一八六八）十一月初旬に鹿児島に帰着し、再び日当山温泉で保養する。翌年の箱館戦争に際しても、桐野利秋《きりのとしあき》とともに藩兵を引き連れて箱館に向かったものの、すでに戦闘は終結し、榎本武揚に対する黒田清隆の寛大な措置を見届けて直ちに引き返した。西郷は、強敵に臨む時は断固たる姿勢を示すが、大義を外れた私戦は望んでいない。本来は奥羽の処置も会津一藩のみの討伐とし、周辺の諸藩に征討を委ねつつも交渉の余地を残し、好んで流血を求める戦いを避けようとしていた。西郷は王政復古と戊辰戦争の最大功労者に位置づけられたが、本人としては決して本意ではない戦争だったといえよう。

Ⅱ 征韓論政変と私学校成立

10――征韓議論図

西郷遣韓大使派遣をめぐり，明治政府内におこった論争．国力充実を第一とした岩倉や大久保は，出兵の可能性がある使節派遣を退けた．結果，西郷や板垣など遣使派参議が下野し，西郷は三度目の「敗者」となった．

1　明治国家の柱石

藩政の掌握

戊辰戦争が進められる間、中央においては大久保利通や木戸孝允ら維新官僚の主導の下で着々と新政府の基盤が構築される。西郷が勝と会見した慶応四年（一八六八）三月十四日には、京都で五箇条の御誓文が公布され、閏四月二十七日には政体書が発せられて政府の統治機構が整備されるとともに、地方は府・藩・県に分けられた。九月八日には明治と改元され、十月十三日に明治天皇は東京に行幸し、奠都を断行する。江戸の首都機能は無血開城で保存され、政府はここを国の中心とした。二十八日には藩治職制が制定され、直轄地である府県と諸侯の支配地である藩の三治一致が求められ、諸藩の重職は執政・参政・公議人に統一されるとともに、慣例や家格にこだわらず人材登用を行うことや、議事制度の設定が求められた。

王政復古により摂政・関白や幕府といった旧体制は廃絶されたが、二五〇年以上の伝統を持つ藩体制にも改革の手は及び、明治二年（一八六九）一月二十日には薩長土肥の四藩主から版籍奉還の上表が出された。薩摩藩内ではこのころ、藩治職制にもとづく改革指令に乗じるかたちで、川村純義《かわむらすみよし》や野津《のづ》鎮雄《しずお》ら凱旋将兵たちが、要職を独占しながら王政復古や戊辰戦争に寸分の貢献すらしていない門閥の排除を久光に訴えていた。城下のみならず、加治木《かじき》でも役人組廃止運動が起きていたが、久光は裏で西郷が操っていると警戒し、京都から小松・大久保・吉井を呼び戻した。大久保は版籍奉還を前に多忙だったが、久光に上京を促す勅使柳原前光《やなぎわらさきみつ》に随行して二月十三日に帰国する。しかし、大久保といえども川村らを説得することはできず、十七日には隊長たちが藩主島津忠義の面前で実弟の島津久治を討幕出兵に反対したと糾弾し、家老職辞職に追い込んでいる。また、伊地知貞馨《いじちさだか》や奈良原繁《ならはらしげる》など久光の側近も左遷される。

二月二十日には鹿児島でも藩治職制が適用され、藩の政務を司る知政所と島津家の家政を担当する内務局が設置された。藩政と家政の分離が断行されたため、藩主忠義は公私の別を貫くとして本丸を退き、「政庁へは通勤して朝政を奉行」すると布達している（『忠義公史料　六』）。家老座に代わって設置された知政所の首脳は、執政心得に門閥出身ながら隊長にも人望のある桂久武《かつらひさたけ》、参政に伊地知正治《しょうじ》・橋口彦二・大迫貞清《おおさこさだきよ》・伊集院兼寛・黒田清綱《くろだきよつな》、公議人に内田政風《うちだまさかぜ》が任命された。また、軍務局・会計局・糺明局・監察局が置かれ、諸局の総裁は島津広兼や大山綱良《おおやまつなよし》など隊長級の人物があてられる。家格による秩序を打破し、勲功と実績にもとづく人員配置が鹿児島でも行われたが、凱旋将兵の抑えとして、彼らから圧倒的な声望を得ている西郷の存在は藩政の安定に不可欠だった。

凱旋後、西郷は日当山温泉で骨を休めていた。「朝廷尊崇」という斉彬の遺志を果たし、あとは隠居を望んでいたが、悠々自適の日は長く続かなかった。二月二十三日、忠義は西郷の側近である村田《むらた》新八《しんぱち》を伴って自ら日当山温泉を訪ね、西郷に参政就任を促した。翌日、西郷は藩主に従って鹿児島に戻り、藩政改革に従事する。

六月二日には戊辰戦争で戦功があった藩に賞典禄が下付されたが、薩摩藩は島津久光、忠義父子には山口藩毛利家とならんで最高の永世賞典禄一〇万石が与えられる。これは、版籍奉還で領主制度を廃止するに先立つ措置だった。諸侯は堂上《とうしょう》公家とともに華族となり、公武の貴族は天皇から等距離に位置づけられるようになったが、制度的には地方官にすぎない知事の地位は世襲が保証されていなかった。なお、賞典禄は勲功が顕著な個人にも直接付与されたが、西郷は最高の永世賞典禄二〇〇〇石が与えられる。維新最大の功労者は英雄西郷隆盛というのが、当時の一致した見解だった。

版籍奉還直後の六月二十五日に政府は諸務変革の指令を出し、諸藩に総生産高や藩庁経費や職制、藩士の員数と禄高、支配地の人口と戸数などを報告させるとともに、知事家禄を藩全体の現石の一割とし、旧家臣団は一門から平士に至るまで士族の族称に統一し、さらに「給禄適宜改革」を断行するように求めた。この結果、諸藩はそれぞれの実情に応じて禄制改革を実施していく。

鹿児島藩では明治二年(一八六九)八月に禄制改革がなされた。維新前における士族禄高は四七万一七〇五石余を数えたが、版籍奉還に伴う私領主の廃止に伴い、一門は一五〇〇石、一所持は三〇〇石限りとするなど一七万九九三一石を削減している。一方、一般の城下士に対しては、禄高を二〇〇石限りとしつつも、二〇〇石以下に対しては全体で六万九五九八石を加増した。幕末期の率兵上京や戊辰戦争などで軍事力の中核となった中下層の城下士を優遇し強化している。微禄の小姓与クラスには実質的には無高に近い者も多かった。一方、郷士の家禄は一七万五五七二石で変動はなかったが、他郷での所有地の兼併を停止するため五〇石以上の所有は禁止し、超過分は郷内の常備兵で無高の者に一石あたり二〇〇貫文で売却するように命じている。これは、常備兵の強化策であることはもちろん、商品作物栽培などで城下士より実質的に富裕化した上級郷士への抑制策でもあった。また、陪臣を外城卒として藩士に加え、新たに総額で一五三五石の給与を行っているが、彼らの主人だった上級家臣の大幅な削禄に対応した措置である。廃藩置県までに全体で一〇万八七九六石の削禄が断行されたが、他藩にくらべて士族に与えた影響は小さい。なお、軍事については、明治三年一月の時点で、城下・諸郷あわせて常備小銃隊一三一小隊と三分隊が編成された。一小隊の人員は四八人で、総人数は一万二〇六七人を数えた。訓練は定期的に行われ、戦力の維持が図られている。

明治二年三月二日、久光は柳原勅使に従って上京し、翌日に毛利敬親とともに参内して従三位に叙せられた。さらに六月二日には賞典禄を授与されるとともに久光は従二位、忠義は従三位に叙せられたが、九月二十六日に西郷は主君の忠義よりも上級の正三位を授けられる。久光父子は辞位を申請し、あわせて斉彬に従一位の追贈を願い出る。薩長への突出した厚遇は羨望や誤解を招きかねず、西郷も再三にわたり官位返上を願い出た。中央官吏が藩庁を離れて朝臣化し、王政復古以来の勲功や政府での地位が官位に反映される一方、藩知事は地方官に位置づけられた結果、主従間で官位が逆転することもありえた。西郷は違和感を抱いたが、藩をとりまく全体の流れは大きく変わろうとしていた。

維新政権の苦境と三傑の結集

明治二年（一八六九）八月十一日における大蔵省と民部省の合併により、国内行政の機能は大幅に強化され、大隈重信ら開明官僚は近代化政策を積極的に推進していく。内乱は終わったものの贋造貨幣の氾濫や記録的な凶作で国内は疲弊していたが、財源確保のため貢租徴収は強化され、反発した農民による一揆が各地で多発する。このため、直轄府県の地方官から中央に対する批判が生じていた。また、横井小楠《よこいしょうなん》や大村益次郎《おおむらますじろう》など高官を狙ったテロも起きている。そうしたなかで、大久保や木戸は、島津久光と毛利敬親、さらに西郷を上京させ、彼らの協力を確保して政府の強化を図ろうとした。

十二月十九日に大久保と木戸は東京を発つ。山口で知事毛利元徳《もとのり》と対面後、大久保は一月十九日に鹿児島へ着いた。西郷は前日に参政を辞職して相談役となっている。この頃、木戸が帰省した山口では、奇兵隊など諸隊の兵士たちが処遇の改悪や幹部の不正行為に反発し、「脱隊騒動」に発展していた。大久保は早期鎮圧のため派兵協力すべきだとしたが、西郷は調査の上で判断するように求め、二月六日に大山巌《おおやまいわお》・桐野利秋《きりのとしあき》・村田新八を伴って出発した。そして脱隊兵が鎮圧された翌日の十二日に山口に入り、十七日に鹿児島に戻ったが、木戸は西郷が脱隊兵の側に立って調停することを強く警戒した。脱隊兵の処分は徹底的に行われ、諸隊を切り捨てた山口藩では凱旋兵の比重が凋落する。凱旋した城下士が藩政を主導している鹿児島藩とは全く対照的だった。

この間、大久保は久光と何度も会見して上京を要請したが、二月二十四日の会見は激しい応酬となる。久光は息子の久治《ひさはる》に対する凱旋兵たちの屈辱的仕打ちや知事の処遇への不満を爆発させた。愕然とした大久保は説得に努めるが、「不可言之御沙汰《いうべからざる》」を受けて引き下がる。もはや久光に諫言は通じないと観念した大久保は、「先夫形《それなり》召置候方却《かえつ》て可然《しかるべし》」と日記に書くしかなかった。久光と西郷の関係は最初から険悪だったが、ともに幕末政局の荒波をくぐってきた久光と大久保も、国家をめぐる認識の違いが表面化した。このような状態では西郷を東京に呼ぶわけにいかず、翌々日に大久保は鹿児島を離れる。

帰京した大久保は政府内の急進論者の抑制を図り、七月十日に民部省と大蔵省は再分離された。九月十日には藩制の布告がなされ、藩財政の使途に枠がはめられる一方、藩札や藩債の整理が求められ、藩庁と職員も規格化された。自主的な財政再建を命じて債務や家禄支出の圧縮を求め、府藩県の三治一致を制度化する狙いがあったが、膨大な財政赤字の整理や削禄の困難に直面した小藩や「朝敵」藩からは、藩政の返上願いが出されるようになる。

一方、薩摩藩は常備兵強化を軸とした改革を行いつつも、政府の示した集権化路線には消極的対応を取った。西郷が五月七日に大久保に送った書翰では、村田新八と篠原国幹《しのはらくにもと》を参政にしようとしたが固辞され、桂久武も引きこもりがちで、伊地知正治だけが励んでいるが、「正治一人にて無理なる事に御座候」と心配している。しかし、伊地知は集議院で藩制が審議された際、諸藩からの海軍費徴収に反対し、閉院を待たず帰国した。結局、西郷は七月三日に執務役となり、さらに八月十五日に大参事に任命され、藩庁の最高責任者となった。

急進開化政策の修正を迫られた木戸たちは、「皇」「勅」の文言付きの国書を理由に国交樹立交渉を拒絶した朝鮮への外征を企図することで突破口を築こうとしたが、七月二十七日に鹿児島藩士族横山《よこやま》安武《やすたけ》が政府の現状を痛烈に批判した時弊十ヶ条と、征韓の非を唱える別紙を集議院門前に掲げ、割腹するという事件が起きた。横山は森有恕の子で文部大臣となる森有礼《ありのり》の実兄にあたり、造士館《ぞうしかん》助教横山安容の養子になっていた。時弊十ヶ条は「輔相之大任を始め侈靡驕奢《しゃびきょうしゃ》、上朝廷を暗誘し、下飢餓を不察也」、あるいは「大小官員とも外には虚飾を張り、内には名利を事とする不少《すくなからず》」と官員の傲慢や私利私欲を痛憤し、民の疲弊をよそに職務倫理が欠如していることを糾弾した。征韓については、国内は「諸民は飢渇困窮に迫り政令は瑣細の枝葉而已《のみ》」で、維新の恩恵はいささかも見当たらず、土崩の兆しすらあるが、「若し我国勢充実盛大ならは、区々の朝鮮豈能非礼《あによく》を我に加んや」とする。また、日本は蝦夷地開拓もままならないが朝鮮は洋攘に成功していると指摘して、佐田白茅《さだはくぼう》らの朝鮮出兵論を暴論としりぞけ、「今日の急務は先づ綱紀を建て、政令を一にし、信を天下に示し、万民を安堵せしむるに在り」と結ぶ。

横山の政府批判は実態をよく突いており、人々に感銘を与えた。知事の忠義は深く「感賞」したとの親筆を添えて祭祀料一五〇両を遺族に下賜し、太政官も「憂国之衷情」を認めて一〇〇両の目録を送る。大久保も「忠志可感《かんずべし》」と日記に記した。西郷が横山の死諫をどのように捉えたかを直接示す史料はないが、統治の要は官吏の廉直にあるとし、公正な任免と汚吏の排除を幕末以前から訴えていたので、大いに共鳴したことだろう。

八月十六日に鶴岡から訪ねてきた犬塚盛巍《いぬづかもりたか》には「当今朝廷の御役人は何を致し居り候と思い候や、多分は月給を貪り、大名屋敷に住居致し、何一つ職事揚がり申さず、悪敷申せば泥棒なり」と語っている。東京の政府にとって、西郷が幕末さながらに「率兵上京」して改革を迫るという事態は最大の恐怖だっただろうが、西郷自身は、政府の変革は兵力で迫るのではなく、まず人事を尽すべきだとしている。

御親兵の編成と廃藩置県断行

明治三年（一八七〇）九月に鹿児島藩は交代の時期を迎えた在京藩兵を帰国させたが、補充の兵をあえて送らなかった。東京では、西郷が政府を刷新するため大兵を率いて上京するとの風聞が立ち、岩倉らが狼狽する一幕もあった。政府にとって、精兵を擁する薩摩藩が横山の死諫にみるように批判的姿勢を強めていることは深刻な脅威だった。一方、大久保は政府を強化するためには冗官淘汰や各省の統御など改革が必要だと認識していたが、そのためには西郷の協力が不可欠と考えていた。ちょうどヨーロッパで兵制を調査していた西郷従道《つぐみち》が日本に戻ってきたので、大久保は彼に兄の説得を依頼した。西郷は従道から大久保の苦衷と決心を聞いて思わず落涙し、「創業之道可為《たるべく》、尽至誠《しせいをつくし》相貫」との姿勢を政府が示すならば、あらゆる努力を払って政府の維持に努めたいと述べた。明治三年（一八七〇）十一月十三日に従道から連絡が入ると大久保は即座に帰国を申請し、岩倉具視は勅使を引き受けた。また、木戸も大久保に協力することを表明する。十一月二十九日に大久保と木戸は東京を出発して京都で岩倉と合流した。大久保は兵部少輔山県有朋、兵部大丞川村純義といった軍の幹部も同行させていたが、西郷の上京にあわせて薩長の兵力を確保し、政府直属の軍事力を強化する構想があったためである。

十二月十八日に鹿児島に入った岩倉勅使一行は、久光や西郷と折衝を重ね、二十四日に久光は西郷の上京を承諾するとともに、自分も来春には上京すると回答した。また、西郷は藩兵の主力を御親兵として東京に派遣し、政府の経費で維持することに合意した。岩倉・大久保は西郷を伴って二十八日に鹿児島を発つ。岩倉勅使一行は続いて山口に入り、西郷・大久保は木戸や大参事杉孫七郎《すぎまごしちろう》と協議のうえ、薩長が同心協力していくことで正式合意した。帰京を急ぐ岩倉と別れた西郷・大久保・木戸たちは高知に向かい、大参事板垣退助や権大参事福岡孝弟《ふくおかたかちか》と会談して三藩提携へと発展させる。明治四年（一八七一）一月二日、西郷・大久保・木戸・板垣という錚々たる顔ぶれは呉越同舟して東京に入った。

二月十日に薩長土三藩の兵力による御親兵編成が正式決定され、予算措置が協議される一方、西郷と木戸は出兵準備のため再度帰国することとなった。四月十六日、上京予定だった久光の名代として知事の忠義が鹿児島を発ち、西郷とともに二十九日に東京に入る。種田《たねだ》政明《まさあき》に率いられた先発隊を含め、鹿児島藩からの御親兵は常備隊四大隊、砲兵四隊の総勢三一七四人だった。御親兵は三藩あわせて約八〇〇〇人で、薩摩兵が多数を占めている。鳥羽伏見の戦いに参加した藩兵が、諸郷の兵を含めて約三〇〇〇人だったことを考えると、城下士の主力の大部分を動員したといえるだろう。隊長には桐野利秋・篠原国幹・川村純義・野津鎮雄・大山巌と鳥羽伏見以来の殊勲者が名を連ねたが、彼らは西南戦争では敵味方に分かれることとなる。

この当時、在野では旧尊攘派や脱籍浮浪と化した草莽たちが政府を恨んで不穏な動きを示し、一月九日には参議広沢真臣《ひろさわさねおみ》が何者かに暗殺された。さらに日田《ひた》地方で暴動が発生し、三月には旧尊攘派の根拠地となっていた久留米藩が摘発され、京都でも堂上の愛宕通旭《おたぎみちてる》・外山光輔《とやまみつすけ》らが捕縛されるなど取締りが強化された。こうしたなかで、御親兵は暴動に対する抑止力と位置づけられる。

一方、政治改革は政府内の軋轢により進展をみせなくなる。木戸は大恩ある毛利敬親が急死したため出京が遅れ、また旧尊攘派に対して寛典を要望する鹿児島藩の動きを警戒し、なかなか御親兵を送らなかった。このため、大久保が山口まで説得に赴き、五月十七日にようやく三田尻《みたじり》を発っている。木戸の上京後、大久保は参議を廃止して省卿が職務を代行し、行政を効率化させるという制度改革案を示したが、木戸は各省の割拠を抑えて大蔵省の主体性を確保する思惑から、立法の強化を唱えて反対した。また、木戸を単独の参議として改革の中心に据え、残余の実力者は省卿に回り補佐に努めるという大久保の構想に対しては、二階に上げて梯子を外すようなものだと猛反発する。参議については西郷が空転を避けるために自分も就くことを表明して決着した。しかし、その後も政府内は制度取調や人事をめぐる紛糾が継続していた。一方、高知や米沢・福井・彦根・熊本・徳島などの諸藩は、王政復古で薩長の後塵を拝した経験から、政府の構想を先取りして思い切った改革を断行していたが、さらに朝制一定を標榜して一層の改革を政府に求めることにより、政局への参入を図ろうとしていた。

こうした有力諸藩の動きをみた山口出身の野村靖《のむらやすし》と鳥尾小弥太《とりおこやた》は、兵権統一の立場から山県有朋に廃藩即行を説いて同意を取り付け、井上馨も財政の統一的把握という観点から彼らに賛同した。いったん流れができると動きは加速し、七月六日に山県は井上に木戸の説得を依頼する一方、西郷のもとに赴く。両参議の同意と薩長の結束は今後の政局運営に不可欠だったが、割拠的姿勢を示す鹿児島藩を背負っている西郷を説くのは難しいと山県は覚悟していた。しかし、西郷は「それはよろしい」と即答して山県を驚かせる。西郷は七月二十日に桂久武に宛てた書翰で、廃藩への流れは天下の趨勢で、私情にこだわって躊躇すれば版籍奉還の際に先頭に立ちながら遅れを取ることとなり、ひいては幕末以来の奔走も無に帰してしまうと決断の経緯を述べている。御親兵を維持するためにも財政の統一的把握は不可避となっていた。急進改革派筆頭の木戸は、もとより廃藩に賛成だったが、やはり西郷の意向を気にしていた。翌七日、井上から「西郷断然同意」との吉報を得た木戸は、日記に「大に為国家《こっかのため》に賀し、且前途の進歩も亦於于此《またこれにおいて》一層するを楽めり」と感激を記し、「改心の思ひ」をしている。大久保も西郷から長州側の動きを聞き、協議に加わった。こうして西郷・大久保・木戸の「維新三傑」は意向を一致させる。七月九日から詰めの協議に移り、十二日には最終的合意に達した。一方、高知藩に対しては三藩提携にも関わらず最後まで秘匿された。

明治四年七月十四日、廃藩置県が電撃的に断行される。版籍奉還で形式的には領主権を喪失したとはいえ、政令を独自に施行し、軍事力を備えた二六一の藩は一挙に廃止され、旧体制は完全に消滅した。最終段階で決意を促された三条・岩倉は先行きに不安感を示していたが、翌十五日に廃藩後の処置を政府首脳が討議した際も、藩側の抵抗を憂慮して議論が紛糾する。しかし、遅れて参加した西郷が「此の上、若《も》し各藩にて異論等起り候はば、兵を以て撃潰しますの外《ほか》ありません」と大音声を発すると、議論は瞬時に止んだ。

11— 廃藩置県

多くの藩士は、大勢は廃藩に動いていると覚悟はしていたが、あまりに急激な変化だったため衝撃を隠せなかった。たとえば佐倉藩大参事の依田学海《よだがっかい》は七月十六日の日記に「余はかねてかくあらんとは思ひし。されどかく速に行わるべしとは思ひかけさりしかど、うちおくべきに非ず」と、驚愕と納得の混濁を記している(『学海日録　第三巻』)。しかし混乱は一時的で、旧知事たちは家臣団に先祖代々の忠勤を感謝し、天皇への忠節を訓示して旧領を離れ、藩庁の官吏たちも粛々と事務を新県の官員に引き継いだ。

留守政府の首班

廃藩置県は予想外に順調に進展するが、例外がほかならぬ鹿児島藩だった。八月五日に東京からの一報を得た島津久光が激怒し、錦江湾《きんこうわん》に花火を打ち上げさせ、鬱憤を晴らした話は、彼の「頑迷固陋」ぶりを示すエピソードとしてよく使われる。しかし、翌六日に忠義に送った書翰で久光は、「自然如此可相成《かくのごとくあいなるべし》とは存候」と、かねてより廃藩が断行されるだろうと覚悟はしていたと述べている。しかし、「急速之次第、新参議例之過激と驚駭不過之《これにすぎず》」と、西郷が例によって過激な論を打ち出したと批判し、このままでは西洋人の術中にはまって彼らの言いなりになり、その結果、共和政治の議論でも起きれば皇室も危うくなると嘆いている。そして、士族の家禄が保障されなければ騒乱が起きるだろうと述べた（『玉里島津家史料補遺　南部弥八郎報告書二』）。

八月十七日に桂久武は鹿児島の様子を西郷に伝えているが、桂が久光の憤激以上に憂慮したのは藩兵の取り扱いだった。余剰人員が生じたからと解隊を強行すれば、大混乱に発展する恐れがあり、「兵隊之人気を相損し候ては、もふは致様は無之」としている。桂は廃藩の是非を論じていないが、西郷とは率直に語り合える関係だけに、「大政之役人は必僻土之事は余所に相成と歟《か》」と地方への配慮を求めている。のちにみるように、久光への対応と「兵隊」の鎮静は西郷をひどく悩ませることとなる。東京の御親兵も、従来のイギリス式からフランス式に操典が切り替わったことや、将兵の階級に応じて待遇に差があることに兵士が不満を唱えて帰国を始めており、その数は兵員五〇〇名、夫卒に至ってはわずか四名を残して一〇〇〇名におよんだ。鹿児島からは伊地知正治が上京し、士族に処置するため西郷・大久保のいずれかが帰国して収拾に当たるよう望んだ。しかし、両名とも政務に忙殺されていたので、西郷従道と吉井《よしい》友実《ともざね》が九月に帰国し、常備兵の鎮台への組み入れなど各種の調整を行い、なんとか鎮静化させている（『忠義公史料　七』）。

西郷は、内輪に大きな難物を抱えつつも、近代化による国力増強に尽力していた。廃藩断行によって近代国家構築の端緒を得た政府は、条約改正交渉の延期通告、欧米各国との友好親善、さらには近代的文物の視察を通じて国家建設の具体的方策を得るため、岩倉を大使とする米欧遣外使節団を編成し、十一月十二日に横浜港を出港した。一行には、西郷の腹心というべき村田新八の姿もあった。この留守を預かったのが、太政大臣三条実美《さんじょうさねとみ》、参議西郷隆盛・大隈重信・板垣退助を中心とする留守政府である。使節団との間では、重要案件については連絡を取り合い、新規の改革は抑制し、やむをえない場合は岩倉大使一行の了解を得るという約定が結ばれた。

12――岩倉遣欧使節団（旧薩摩藩士集合写真）
上段中央に村田新八（左），川路利良（右），大山巌（右から二人目）中段右端に川村純義，中央（左）に大久保利通などが見える．

留守政府の行った最大の改革が学制・地租改正・徴兵令だった。学制は明治五年（一八七二）八月三日に制定され、小学校費の民費負担は強い不満を生んだものの、近代的教育の基盤が成立する。徴兵令は明治六年（一八七三）一月十日に定められ、士族が軍事を常職とする状態を解消して国民全般から兵士を選抜していく。六年七月二十八日には地租改正法が公布され、農民の土地所有権を公認するとともに、現物納から金納に切り替えることで、政府は安定した歳入の確保が可能となった。このほか、地租改正および徴兵令と不可分の関係を持ち、財政上の負担となっていた華士族への家禄支給に対しても、禄券発行による整理が計画された。

開化を推進する諸省のなかで、大蔵省は突出して強い権限を持っていたが、事務を切り盛りしていたのは大蔵大輔井上馨だった。井上の急進性に批判的だった大蔵卿大久保利通は副使として岩倉使節団に加わって外遊中で、西郷が大蔵省事務監督を兼任している。蓄財に走る井上を西郷は「三井の番頭」と揶揄していたが、家禄処分を実施するため大蔵少輔吉田《よしだ》清成《きよなり》を欧米に派遣して外債募集が行われた際、西郷は在米の大久保に宛てた二月十五日付書翰で「此の機会失うべからず、両全の良法と存じ奉り候」と全面的に賛成している。「両全」とあるのは、旧藩の債務も外債によって同時に整理が見込めることを指している。西郷は、富国強兵を実現し旧藩士たちを自立させるため、秩禄処分は必要な措置と考えていた。

廃藩置県によって国内改革はさらに勢いを増した。八月二十三日に華士族と平民の通婚が許可され、さらに二十八日の「解放令」布告で穢多・非人の称が廃止されるなど、四民平等政策が推進されていたが、岩倉使節団の出国後は各省が争うように開化政策を推進し、社会制度の改良や社会資本の整備が急速に進む。

西郷は参議、大蔵省御用掛、さらに近衛都督・陸軍元帥として多くの改革に関与しているが、警察制度創設にも尽力している。首都東京の治安を守る警察制度は諸藩から提供された府兵に始まるが、福沢諭吉は欧米諸国の警察制度をまとめた『取締之法』を提出し、これにもとづいて政府は明治四年（一八七一）十月に東京府下取り締まりのため、邏卒《らそつ》三〇〇〇名を置いた。外来語が汎用された文明開化期は、邏卒といういかめしい呼称よりもポリスと呼ばれることの方が多かった。三〇〇〇名の邏卒のうち二〇〇〇名は鹿児島出身だったが、いずれも郷士で、その指導者に抜擢されたのが川路利良《かわじとしよし》だった。郷士は二〇万人を超える鹿児島県士族の大半を占めたが、二万人の城下士から長年にわたり差別的に扱われてきた。川路は明治五年五月に邏卒総長に任じられ、八月には大警視となり、さらにフランスを視察してジョセフ・フーシェ以来の行政警察の機能を体得して帰国する。

西郷がとくに尽力したのが宮廷改革だった。明治四年（一八七一）七月七日に朋友の吉井友実が宮内大丞に就任し、二十五日には米田虎雄《こめだとらお》や島義勇《しまよしたけ》、高島鞆之助《たかしまとものすけ》が侍従に就き、天皇の周辺は士族で固められるようになる。八月一日には天皇の身辺にいた女官たちが罷免された。吉井は「数百年来の女権、唯一日に打消し、愉快極まりなし」と記している。禁裏の伝統から明治天皇も女官に仕切られた空間で育ってきたが、西郷などにより近代国家建設の先頭に立つ新たな君主像が模索されていく。西郷は十二月十一日に叔父の椎原国幹《しいはらくにもと》に宛てた書翰で宮廷の変貌ぶりを報じ、「全く尊大の風習は更に散じ、君臣水魚の交りに立ち至り申すべき事と存じ奉り候」と伝え、天皇が武家の気風を受け入れ、学問と乗馬に励んで驚くほど壮健となり、最高統率者の立場を自覚して御親兵の調練にもあたっていると歓喜している。

西南戦争の際、薩軍は大元帥である明治天皇の征討を受け、御親兵に由来する近衛兵、警視庁巡査による警視隊、徴兵軍隊からなる鎮台兵と対峙し、電信や鉄道といった情報力と輸送力で差を付けられるが、それらの創設は大なり小なり西郷が関わっていたのである。

鹿児島の割拠

留守政府の時期に断行された諸改革は近代化に不可欠であり、果断な施策によって社会は急速に変貌していったが、「血税一揆」や学校反対一揆など農民の蜂起が各地で頻発する。さらに政府内でも、大蔵省の強い権限と財政出動の抑制に、諸省から反発が生じた。また、廃藩置県が順調に進んだとはいえ、中央から派遣されてきた県官と地元士族との軋轢が激しい「難治県」も少なからず存在し、西郷もまた久光の強硬な姿勢に苦しんでいた。明治五年（一八七二）二月十五日に西郷は在米の大久保に宛てた書翰で、鹿児島の様子について「副城公〔島津久光〕の肝癪《かんしやく》追々相起り、是のみ心配仕り申し候」と伝えている。不満を鬱屈させ、従二位への昇位を拒絶し、鹿児島から動こうとしない久光を放置できず、明治五年五月に中西国巡幸を実現させた。

五月二十三日、明治天皇は洋式の正服をはじめて着用して皇居を出発する。参議西郷隆盛・陸軍少輔西郷従道・海軍少輔川村純義・宮内卿徳大寺《とくだいじ》実則《さねつね》・侍従長河瀬《かわせ》真孝《まさたか》・宮内少輔吉井友実ら七〇人近くが随行し。近衛兵一小隊が供奉した。一行は鳥羽・伊勢神宮・大阪・京都・下関・長崎・熊本を経て六月二十二日に鹿児島に入る。天皇は、孝明天皇陵参拝の時には束帯姿だったが、その時を除いて洋式の正服を着用し続け、見物人が見守るなかを騎馬で移動することも多かった。鹿児島でも旧鶴丸城本丸の行在所に騎乗のまま到着している。久光は衣冠束帯を着用して拝謁したが、「玉座の形勢、異人館之やう有之《これあり》、歎息無限《かぎりなし》」と忠義に漏らしている。天皇の鹿児島滞在中は風雨の激しい日が多かったが、県庁や集成館《しゅうせいかん》・学校・陶器会社・大砲製造所などの視察、対抗演習の観閲、さらには御田植踊・桜島踊・加治木太鼓踊の見物が行われた。天皇に時弊を言上しようと待ち構えていた久光は、面会の機会が与えられず期待をはずされる。くわえて西郷たち随行の旧臣たちは、到着した日に家令役所にやって来ただけで全く挨拶がなかった。久光は忠義に宛てた書翰で「実以朝威地に落るの次第、長歎息の至に奉存候《ぞんじたてまつり》」と慨嘆している（『玉里島津家史料補遺　南部弥八郎報告書二』）。行幸により久光を慰撫するのが西郷の意図だったが、久光は天皇のありかたに失望し、政府への不信感をさらに増幅させる。とりわけ憎悪の対象となったのが西郷だった。おそらく西郷や吉井は、随行の立場にありながら旧主に伺候するのを遠慮したのだろうが、忘恩の者たちと久光をさらに憤らせることとなった。

憤激おさまらない久光は、風雨で天皇の出発が順延になっている間に一四ヵ条の建白書を書き上げ、二十八日に行在所に参向して徳大寺宮内卿に提出した。内容は、善政の実現や倫理・規律の拡充を求めたもので、「至尊御学問之事」、「服制を定め容貌を厳《おごそか》にする事」、「慎で人才を択《えら》ぶ事」、「貴賤之分明らかにする事」、「租を軽くし斂《れん》を薄める之事」、「詳《つまびらか》に出納を量る事」など開化政策への不満を露骨に示す項目を掲げていたが、当時としては珍しくない復古主張といえよう。しかし、副書は「方今之御政体にては、御国運日を追て御衰弱、万古不易之皇統も共和政治之悪弊に被為陥《おちいらせられ》、終には洋夷之属国と可被為成《なさせらるべき》形勢、鏡に掛て拝する如く、歎息流涕之外無御座《ござなく》候」と、激烈に政府を批判している。久光は徳大寺に西郷・大久保の罷免を求め、天皇からの御下問を待っていると伝えた。

七月二日に鹿児島を離れた天皇たちは神戸に向かったが、途中の多度津《たどつ》で西郷は近衛兵沸騰を知り、急きょ東京に戻る。近衛兵は明治五年（一八七二）三月九日に御親兵から改編され、兵部大輔山県有朋が近衛都督を兼ねていた。しかし、鹿児島出身の近衛兵は山県の兵制改革に反発する。階級による待遇の差が次第に明確となるに従い任用に不満を持つ者が現れるとともに、規則による拘束への抵抗も生じた。除隊した兵士の補充も難航しており、旧藩内の秩序や結合が保たれたまま近代軍隊を編成した矛盾が表面化するかたちとなった。四月に陸軍裁判所長となった谷干城《たにたてき》は後に、「無事に近衛兵の始末を為すこと当時の一難題なりし」と述懐しているが（『谷干城遺稿　一』）、六月に山城屋和助に対する山県の公金不正流用疑惑が浮上すると、近衛兵たちは山県に辞職を迫った。西郷は要求を押しとどめて兵部大輔を留任させる一方、七月二十日に参議兼陸軍元帥となり、山県にかわって近衛都督に就き、自ら将兵の統制を図る。筆頭参議だった西郷は、武官の最高位にも就くこととなる。

八月四日には、翌年三月をもって旧御親兵を退役させることが決定された。近衛は鎮台からの選抜兵による編成に置き換えられ、西郷・板垣の配下という藩兵的性格から脱却し、統一軍制のもとに置かれることとなる。しかし、逆に解兵の始末は大きな問題として横たわる。八月十二日に大久保に宛てた書翰で西郷は、近衛兵たちの栄誉に傷がつく前に帰郷させたいと表明し、心境を「破裂弾中に昼寝いたし居り申し候」と述べている。しかし、書翰の冒頭に「兵隊の破裂は恐ろしくもこれなく飛び込み候得共、副城公〔島津久光〕の着発弾には何とも力及ばず大よわりにて御座候。御遥察下さるべく候」と述べているように、鹿児島行幸後も久光の言動は西郷を苦しめ続けていた。久光は再三にわたり西郷に帰国を求め、また三条と徳大寺に一四ヵ条建白の採否を聞かなければ上京できないが、御下問だけならば要路の人物を一人派遣してもらえれば十分に議論におよびたいと要望している。結局、久光を慰撫するために西郷は再び鹿児島に赴くこととなり、十一月十日に東京を発った。

久光は面会を求めた西郷に、帰国理由を書面で届けるように命じた。西郷は巡幸のおりに御機嫌伺いを行わなかったため「御鴻恩忘却」との嫌疑を受け、実に恐懼する次第で「其罪を謝し奉るべき賦《つもり》」との上書を提出する。翌日、参事大山綱良に伴われて出頭した西郷に対し、久光は詰問状を突きつけて釈明を要求した。主な内容は以下の通りである。

・戊辰戦争のおりに無届で剃髪し、それがきっかけで断髪が朝廷にまでおよんだ。

・戊辰戦争のおりは、主人持ちを理由に政府への任官要請を断ったのに、現在は無遠慮に高官の地位にある。

・明治二年に戊辰凱旋兵たちを暗に煽動した。
・散髪脱刀や身分違いの結婚を公認し、風俗を乱した。
・巡幸のおりに、供奉の筆頭として多くの失態を犯した。
・何事も西洋を手本とし、漢土も同様に外国だったとしているが、混同も甚だしい。

戊辰戦争までさかのぼって西郷の行動を徹底的に非難し、また開化政策を全否定している。西郷は十二月一日に黒田清隆に宛てた書翰で「むちゃの御論あきれ果て候事に御座候」と述べている。久光は海江田信義《かいえだのぶよし》に「当初余が三州を犠牲とし、一身を顧みず、断じて天下に殉えたるを忘失せしか」と西郷への憎悪を語ったともいう。いずれにせよ久光の怒りは容易に解けず、西郷は翌年四月五日まで半年近くも東京に戻らなかった。

留守政府内の亀裂

西郷不在の間、政府内では開化政策の競合を統制しようとした大蔵省と、各種事業の早期達成を図るため歳費増額を求める各省の対立が深刻化していた。しかし、大蔵省事務監督である西郷が不在のうえ、三条や板垣には行政手腕がなく、大隈は立場を豹変させる癖があり、正院は調整力を発揮できなかった。また、司法卿江藤新平《えとうしんぺい》は府県裁判所を設置して裁判権を大蔵省が統括する地方官から司法省に移管させようとし、大蔵省と鋭く対立している。三条は木戸と大久保に帰国を促す一方、西郷に帰京を促すために吉井が送られ、日清修好条規批准のため北京に向かう外務卿副島種臣《そえじまたねおみ》も三月十九日に鹿児島を訪問した。久光に対しては海軍大輔勝海舟と侍従西四辻公業《にしよつつじきみなり》が勅使として派遣され、三月二十二日に鹿児島で勅書を伝えた。久光はようやく上京を承諾し、四月十七日に結髪帯刀の士を二五〇名ほど引き連れて鹿児島を出発した。

西郷の滞在が長引いたのは、各省間の内紛に嫌気がさしたこともあるだろうが、やはり久光の上京を見届ける意図があったためと思われる。久光のもとには鹿児島の守旧派士族に加え、熊本学校党や佐賀憂国党など他藩の士族も参集し、多くの建白書が届けられるなど、開化政策に不満を持つ勢力が期待を寄せた。天皇は五月三日に久光を召見し、十日に麝香間《じゃこうのま》祗候《しこう》として国事諮問に応じるように命じる。政府は久光に一定の役割を与えることで彼を東京に留めたが、建白については聞き流した。また、久光に随従してきた士族たちは薩摩出身の軍人たちに抑制され、帰国に追い込まれる。

西郷の帰京後、思いきった制度改革が行われた。まず、四月十九日に司法卿江藤新平・文部卿大木《おおき》喬任《たかとう》・左院議長後藤象二郎《ごとうしょうじろう》が参議に転じる。大蔵省と対立的だった江藤と大木を正院に呼び込んで調整を図るとともに、正院に対して非主流派的立場をとった左院からも後藤を招き入れた。結果的に、正院内における佐賀と高知の比重が高くなる。

さらに、五月二日には太政官制を「潤飾」と称して改定し、正院の決定権を肥大化させ、各省の事務内容に介入できるようにした。これは、広範な権限を有していた大蔵省を押さえ込み、参議が求心力を発揮するための措置だった。しかし岩倉使節団との約定に抵触する措置であり、狙い撃ちにされた井上は憤然と辞表を出すとともに、政府財政の危機的状況を民間に暴露した。均衡財政論者である井上の失脚は、予算をめぐる政府内の対立構造を除去することとなったが、外征論に対する歯止めも同時に失われた。

一方、陸軍部内の内紛は続き、山県は辞意を表明したが西郷は慰留に努めた。西郷が山県にどのような感情を抱いていたかは不明であるが、卓越した軍政家である山県を欠いて徴兵制度を軌道に乗せることは不可能だった。西郷は弟の従道に洋行を中止させて山県を補佐させる。辞意を撤回した山県は六月八日、陸軍卿に昇進した。陸軍大輔の後任には従道が就き、西郷の統率のもとで陸軍の安定はようやく確保される。なお、五月八日の武官官等改正により陸軍元帥が廃止され、西郷は陸軍大将兼参議となる。

2　西郷遣使問題と政変

遣韓使節問題の浮上

明治六年（一八七三）四月二十九日に明治天皇は千葉県大和田《おおわだ》村で実施された近衛兵の野営演習を騎馬で親率した。西郷は終始輔導に努めたが、鹿児島市城山町にある軍服姿の西郷像はこの時の姿を表現している。午後から風雨が強くなったが天皇は幕営し、天幕が倒れかかるのをみて駆けつけた西郷に、「只雨の漏るに困難す」とのみ答え感嘆させる。

翌日は対抗演習が行われたが士気旺盛で、天皇はこの日も行在所での宿泊ではなく幕営し、五月一日に還幸する。将兵の練度に満足した天皇は、大和田の地名を習志野《ならしの》に改めさせた。天皇は西郷らが期待した通り壮健さを発揮し、西郷への信任も厚くなっていったが、明治六年の五月は多くの出来事が重なった。

五月二日に太政官制の大改革が断行され、反発した井上馨が辞表を提出したのは先に見た通りであるが、天皇が演習から戻った四日後の五月五日未明に皇居が炎上し、太政官や宮内省も焼失した。以後、明治二十二年（一八八九）の宮城正殿完成まで赤坂離宮が仮皇居となる。二十七日には北条県で血税反対一揆が勃発し、翌月以降も各地で新政反対一揆が頻発した。

13──西郷隆盛銅像（城山町）

西郷は五月に入って高脂血症で体調を崩した。六月六日に天皇が遣わした侍医岩佐純《いわさじゅん》と大学東校雇テオドール・ホフマンの診察を受ける。その結果、肥満で血行が悪くなっていると減量を勧められ、渋谷の西郷従道邸で下剤の服用や食事療法を行うこととなった。五月二十六日には大久保大蔵卿が帰国したが、大蔵省をめぐる紛議はすでに決着し、省務も大隈が切り盛りしており、一方で久光が在京していたため目だった動きは控えていた。

当時、政府内では台湾出兵が企図されていた。発端は、明治四年（一八七一）一月に、台湾東部に漂着した宮古島民が牡丹社のパイワン族に虐殺された事件である。翌五年七月に鹿児島県参事大山綱良らは琉球の完全領土化という意図から討伐を主張し、熊本鎮台鹿児島分営長樺山資紀《かばやますけのり》少佐らが上京して政府に派兵を運動した。大蔵大輔井上馨は財政優先の立場から強く反対したが、六年二月に日清修好条規批准の目的で渡清した副島外務卿は、とりあえず清国の意向を探った。清国側が先住民の居住する「生蕃地」は「我政教の逮及せざる所なり」と表明すると、副島は国際法上の無主地とする言質を得たと確信し、樺山少佐らは現地偵察を開始した。

そうしたおり、五月二十八日に朝鮮国釜山の日本公館に東萊府《トンネ》が日本商人の密貿易を糾弾する伝令書を公示し、駐在の外務省七等出仕広津弘信は「近見彼人所為、可謂無法之国」と日本を侮辱する文言が含まれていると本国に報告する。留守政府首脳は六月二日に閣議を開き、軍隊を帯同した大使を派遣して「公理公道を以て屹度可及談判《きっとだんぱんにおよぶべし》」という方策が示された。西郷も「化外」相手の台湾出兵よりも国家間対立である朝鮮問題を重視したが、全権使節を派遣して平和的なかたちで朝鮮を説得するように求め、副島外務卿の帰朝を待ってから決定を下すこととした。

対朝鮮交渉は、明治二年（一八六九）に王政復古を通告する書契が、中国皇帝にしか許されない「皇」「勅」の文言を含んでいたため受理を拒絶され、初発から停滞していた。当時の朝鮮は興宣大院君李昰応《イハウン》の主導で衛正斥邪を国是に掲げ、フランスとアメリカの艦隊を撃退して攘夷に成功していたうえ（丙寅・辛未洋擾）、伝統的に日本に対する夷狄観念が強く、欧化に励む明治政府を「倭洋一片」

と敵視していた。西郷が七月二十九日宛の板垣宛書翰でいうように、「公然と使節を差し向けられ候わば暴殺」するかはともかく、交渉不成立の確立は高かったといえよう。その場合、よほどの強硬策を朝鮮に対して示さない限り政府の威信は失墜する。それゆえ、この問題は当時から単なる使節派遣ではなく「征韓」として論議された。ただし、地方官の掲示のみで即時出兵に「名分」があるとは言いがたく、西郷は「断然使節を先に差し立てられ候方御宜敷はこれある間敷や」と板垣を説得する。

この頃、西郷はホフマンの瀉薬療法による影響で体調が非常に悪く、あるいは死期が近いかもしれないと観念していたが、副島外務卿が七月二十五日に帰国したので、八月三日に三条実美に書面を送り、「今日に至り候ては、休暇の訳を以て御決定相成らずとの言い逃りは迚《とて》も出来《でき》申さず」と閣議開催を強く求めた。優柔不断な三条は岩倉の帰国まで決定を先送りさせようとしたが、八月十六日に西郷は三条を直接訪問し、「此の節は戦いを直様《すぐさま》相始め候訳にては決してこれなく、戦いは二段に相成り居り申し候」と、即時開戦の意図はないと伝えた。板垣に協力を依頼した書翰には、「内乱を冀《こいねが》う心を外に移して、国を興すの遠略」との有名な文言が含まれているが、対朝交渉を放置すれば事態悪化を招き、一方で戦争を最初から回避する方策では外交上の無事を図って国内の信用を失墜させた旧幕府の覆轍を踏むことになるとしている。西郷の並々ならぬ意思が通じ、翌十七日の閣議で西郷の朝鮮派遣が決定した。三条は十九日に箱根の御用邸で避暑中の明治天皇に上奏したが、天皇は西郷の切迫した行動に不安を覚えたのか、岩倉の帰国後に再評議を行うように命じている。

閣議の紛糾

大久保はすでに五月二十六日に帰国していたが、欧米の見聞を通じて着実な国力増強のためには内治の安定と民間産業の育成が不可欠だと認識していた。このため、戦争の危険がある朝鮮遣使に強い異論を抱いたが、三条からの参議就任要請は固辞した。八月十五日に欧州滞在中の村田新八と大山巌に送った書翰で、「此際に臨み、蜘蛛之捲き合をやったとて寸益もなし。且又愚存も有之《これあり》泰然として傍観」していると述べているが、留守政府首脳との政治抗争を、加治木(姶良市)などで今日も盛んに行われているクモ合戦にたとえ、時機が到来するまで慎重に混乱への関与を回避するとの意向を示した。その翌日、大久保は休暇のために関西に向かう。前述した西郷遣使の閣議決定はその翌日のことだった。大久保帰国後一ヵ月半の間に、西郷と大久保の間に意思疎通があったのかは不明であるが、双方が遠慮したとみてよいだろう。

九月十三日、岩倉右大臣は工部大輔伊藤博文、外務少輔山口尚芳《やまぐちなおよし》らとともに二一ヵ月ぶりに帰国した。西郷はすぐにも閣議を開いて岩倉らの承認を獲得し、早ければ二十日にも出国するつもりだったので、陸軍少佐別府《べっぷ》晋介《しんすけ》に護身用ピストルの手配を依頼した。しかし西郷の期待と異なり、岩倉帰国後も閣議はなかなか開催されなかった。大久保は岩倉の帰国を聞いて九月二十一日に東京に戻っていたが、同じく内治優先の立場をとる岩倉からの強い要請で、十月八日に参議就任を承諾する。大久保は、西郷を説得することはもはや不可能と判断し、長らく続いた朋友関係に顧慮せず閣議で論争する決意を固め、子供たちに遺書を書いた。

十月九日に三条太政大臣は、閣議を十二日に開くと予告したが、前日になって十四日まで延期すると通知する。業を煮やした西郷は、「若哉相発し候節は、実に無致方《いたしかたなく》死を以国友え謝し候迄に御座候」（『岩倉具視関係史料　上』）と、自決を示唆して即決を強く迫った。八月十七日の閣議における「内決」について、三条は岩倉帰国後の再評議で可否を決定するつもりで、場合によっては取り消し可能と軽く考えていた。これに対して西郷は、天皇に上奏している以上は決定済みの事案で、岩倉らは速やかに追認すべきだとした。三条・岩倉は西郷の強硬姿勢に困惑し、さらに西郷が「破裂弾」にたとえた軍の沸騰を危惧し、遣使の可否を議論するのではなくロシアとの樺太問題解決を優先させるという延期論で対応しようとした（高橋秀直「征韓論政変の政治過程」）。

十月十四日、太政大臣三条実美・右大臣岩倉具視・参議西郷隆盛・板垣退助・大隈重信・江藤新平・大木喬任・後藤象二郎・大久保利通・副島種臣が出席して閣議が開かれた。木戸孝允は病気を理由に欠席している。西郷以外の参議たちは、岩倉が示した延期論に賛成した。西郷のいうように「戦いは二段」であっても開戦準備は皆無で、征韓に積極的な板垣も納得している。しかし、西郷は遣使が開戦に直結するわけではないと即時派遣を強く訴えた。一方の大久保は、政府の基盤を立て直すのが先決で、万一戦争になれば国民に重税を課すとともに事業百般が中断し、朝鮮の保有も困難なので、内治を優先すべきだと反論する。結局この日は結論が出ないまま散会となった。

西郷は朝鮮と交戦するにしても数年先のことで、その間に国内の態勢を固めようとしていた。大久保は西郷が即時征韓論者ではないことを最初から知っていただろうが、国際政治の複雑さを実感しており、開戦の場合は彼が構想していた近代化諸事業は延期せざるをえず、多分に計画性を欠く西郷遣使を退けた。佐々木《ささき》高行《たかゆき》は西郷の意図を「士風を鼓舞して、風俗を取直すの真意なるべし」と推察している（『保古飛呂比　五』）。西郷は、ドイツ在留の寺田平之進に九月二十二日に送った書翰で、「西洋の風は日々盛んに相行われ候得共、皆皮膚の間のみにて髄脳に至らず、口には文明を唱え候得共、所業は全く懶惰にて、歎息の次第に御座候」と述べているように、欧米の文物の無闇な導入と官民の道徳的頽廃に違和感を抱いていた。西郷は、ペリーのような砲艦外交を行うのではなく、烏帽子直垂の姿で道義的に交渉すれば、あるいは朝鮮との関係樹立が成功するかもしれないと考えた。また、戦争となった場合も「内乱を冀ふ」士族の膨満した覇気を噴出させ、弛緩した国内の気風を振起することになる。

軍艦と近代兵器を携えた数万の兵力で漢城《ハンソン》（ソウル）を攻略することが純軍事的にみて可能かどうかはともかく、外務卿である副島も含め、留守政府首脳は朝鮮の対日認識を把握しておらず、清国やロシアの出方に対する認識も甘く、欧米列強の対応も未知数で、国際政治を十分に顧慮したとはいえない。

十月十五日の閣議は、言うべきことは言い尽くしたと西郷が欠席した。大久保は遣使即行への反対意見を再度表明し、大木と大隈も賛同した。しかし、「西郷進退に付ては不容易儀と心配仕候」と、西郷の辞職に伴う紛糾を恐れた三条は朝鮮遣使を多数決で閣議決定する。三条の変節に憤激した大久保は辞表を提出し、木戸も続いた。岩倉も責任を三条に負わせて辞意を表明する。狼狽した三条は天皇に上奏しないまま十八日に一時的な錯乱状態となり、執務が不可能となった。

岩倉・大久保の「秘策」と西郷の下野

三条が倒れた結果、正院の章程にもとづいて右大臣の岩倉が太政大臣代行を務めることとなり、十九日の閣議で承認された。翌二十日、三条を見舞うための行幸が行われたが、明治天皇はさらに岩倉邸にも回って岩倉に太政大臣代行を命じるとともに、昼食をとりながら懇談している。岩倉邸行幸は副島らが閣議決定を早く天皇に上奏させる意図で提案したが、大久保たちはそれを逆用し、岩倉は閣議の顚末を詳細に天皇に報告して遣使延期を訴えたと思われる（佐々木克「明治六年政変と大久保利通」）。さらに大久保は黒田清隆らと協議を行い、吉井友実を動かして宮内卿徳大寺実則に延期論の上奏と西郷らの参内を阻止するよう要請し、徳大寺の同意を獲得した。徳大寺は手筈通りに秘密上奏を行ったと二十二日に岩倉に報告している（高橋秀直「征韓論政変の政治過程」）。そうした動きを察知した西郷・板垣・副島・後藤の四参議はこの日の夜に岩倉邸を訪問し、個人的判断をはさまずに閣議決定を速やかに上奏するよう迫った。これに対して岩倉は、あくまで即行・延期の両説を上奏すると譲らなかった。江藤は、岩倉の行為は閣議決定の無視で、難事を天皇の判断に仰ぐのは無責任だと非難したが、岩倉は一歩も引かず、西郷らは目的を達することなく退出した。

十月二十三日、岩倉は予定通り両論を上奏し裁可を仰いだが、明治天皇は即答を避けた。岩倉・大久保か西郷かという二者択一の決断を迫られたが、二十日の岩倉邸行幸以来、天皇はこの問題について熟慮しており、留保も形式的だったといえる。西郷はこの日に病気を理由に辞表を提出した。宮中を岩倉と大久保に牛耳られていることを察知し、脅しをかけたとみることも可能だろうが〔伊藤之雄『明治天皇』〕、自分が「敗者」となったことを自覚し、もともと好んで就いたわけではない参議の地位を捨てたともいえよう。辞表を出した西郷は従僕二名を連れて即座に日本橋小網町《こあみちょう》の自宅を離れ、本所の小梅村《こうめむら》にあった旧鶴岡藩御用達越後屋の別荘に移り、二十八日に横浜を出港して十一月十日に鹿児島に戻った。西郷が「敗者」となるのは将軍継嗣問題での頓挫、誠忠組激派統制の失敗に続き、三度目である。『曾我祐準自叙伝』は「実は南洲翁〔西郷隆盛〕と大久保公と全くあそこで相撲をとつて、南洲翁は敗けたんである。敗けると云ふことは勝負で致方ないが、相撲のとり方に就いて、南洲翁は聊《いささ》か遺憾を感じたであらうと思ふ」との推測を記している。

十月二十四日、天皇は「国政を整え民力を養い、勉て成功を永遠に期すべし」との勅書で岩倉の上奏を裁可し、朝鮮遣使は無期延期となった。この日、板垣・後藤・江藤・副島の四参議も西郷に続いて辞表を提出する。西郷の辞表は受理され、参議と近衛都督を罷免されたが、陸軍大将の地位はそのままとされた。西郷の遣使による外交上、ひいては財政の危機を阻止したとしても、留守政府を悩ませた軍人・士族の欲求不満は放置されたままだったからである。

西郷が辞職すると、陸軍少将桐野利秋らもこれに続いた。天皇は近衛将校を呼んで、今後も西郷は国家の柱石と依頼しているので、疑念を抱かず職務を勉励せよと親諭したが、近衛局長官篠原国幹は不参のうえ辞表を出す。天皇は二十九日に篠原のもとに侍従まで送って留意したが効果はなかった。非常手段を行使した岩倉・大久保に従って西郷・板垣を切り捨てた天皇の説得は効果がなく、鹿児島・高知出身の近衛将兵は続々帰郷した。親諭が無視される異常事態に木戸は憤慨し、山県陸軍卿は処罰を検討した。しかし、天皇は寛典で臨むように指示する。

辞職は軍人だけではなく、警保助坂元純熙や国分友諒ら警察幹部、さらに宮内少丞だった村田新八や、司法省少判事の有馬純雄（藤太）など文官にもおよぶ。村田は岩倉遣外使節団に加わって見聞を広めており、大久保の主張も十分に理解できたが、幕末以来の西郷との個人的関係もあり、「一の秘策」にも承服できなかったと思われる。なお、坂元らは近衛兵と別行動を取り、翌年一月に岩倉らに西郷復職を強請して辞職するが、その結果川路は警察の中枢を一手に掌握した。

旧薩摩藩の精強な軍事力を温存し、士族人口の一割近くを占める鹿児島士族の割拠的姿勢は、政府にとって最大の国内不安要因だった。王政復古の最大功労者と位置づけられ、鹿児島士族に強い影響力を持っていた西郷隆盛の存在なくして廃藩置県は不可能だった。また、留守政府の三大改革をはじめとする多くの新政策も、西郷という重石を背景に推進された。しかし、征韓論政変によって西郷は中央との関係を絶つ。一方、西郷ですら制御に苦しんだ「破裂弾」は一斉に東京を離れ、その政治的メリットも少なくなかった。また、桐野・篠原といった西郷の腹心は彼に追随したが、実弟の従道や従弟の大山巌、遠縁の川村純義、さらに隊長クラスでも野津鎮雄や種田政明らは政府軍にとどまり続けている。

西郷らの下野がもたらしたのは、第一に統治経験と軍事的能力を持つ集団が政権から離脱して抵抗勢力を形成したこと、第二には征韓論を核として士族の潜在的不満を活性化させたこと、第三に中央の動揺が地方にもおよんだことである。木戸孝允は明治六年（一八七三）十月二十八日の日記に「万一にも先年長州の変動の如きに至り、兵隊の変動を生し、自然鎮台に波及し、諸県も雷同するに至るときは、積年の末今日に至り候事も水泡に可帰《きすべし》」と記しているが、とくに桐野利秋少将が半年前まで司令長官だった熊本鎮台は、鹿児島出身の将兵も多数含まれており、動揺が生じた。

鹿児島の旧鶴丸城本丸にあった熊本鎮台の分営が十二月七日夜に放火で全焼した。分営長の貴島清少佐は出張中だったが、焼け跡に乗り込んできた篠原国幹少将らが将校全員に辞表を書かせた。さらに下士兵卒らも退営を希望したので瓦解した。十七日には熊本城の本営でも高知出身の第十一大隊長池田《いけだ》応助《おうすけ》少佐が辞職し、さらに鹿児島分営からの帰還兵が大隊の兵士を煽動して暴動が起こり、約六〇名が捕縛された。ただし、将校の説得で鎮台全体には波及せずに鎮静化したが、鹿児島出身の兵士はほとんどが帰郷している。

征韓論政変後、政府は中央官員を全国に派遣して士族や軍人の動向を探索させるとともに、旧藩士族の指導者に対する監視を強化した。このうち、九州を巡回した内務大丞林友幸《はやしともゆき》は、鹿児島は士族の窮迫がそれほど深刻でないうえ、兵卒の大半は長い服役に飽きたことが帰国理由で将校のような政治的不満は薄く、「西郷隆盛此地にあるの間、此地より事を発するの憂なかるべし」と判断している。太政官の密偵である荘村省三が鹿児島分営を除隊した人物から得た情報では、近衛兵の帰県後に兵士たちが沸騰して火薬庫を焼くとの噂があり、市中は人心恂々としていたが、西郷の説諭で治まった。しかし、西郷が親類の病気見舞いのために鹿児島を離れた晩に分営で火災が起きたという。分営瓦解後の鹿児島は静穏で、さまざまな意図から鹿児島を訪問する他県人も多かったが、西郷は接触しなかった。大隈参議に情報を送っていた大伴千秋という密偵は、西郷と親密な旧鶴岡藩士族が廟堂の一新を迫ったが、西郷は「右様の不都合なる儀、何の見込あつての事か知ねども、決て相成間敷」と取り合わず、むなしく帰県したと伝えている。戊辰戦争の英雄で軍事指導者だった西郷や板垣は部下を統率し、鹿児島・高知出身の軍人も近衛を除けば過半は政府に留まった。

3　下野後の西郷と士族

佐賀の乱

政変後に成立した政権は一般に「大久保政権」と呼ばれる。大久保利通が長官となり、明治六年（一八七三）十一月十日に新設された内務省は、管轄が警察や勧業から衛生、土木、後には宗教政策や文化財行政まで加わり、内政全般におよぶ権限は非常に強大だった。ただし、大久保の序列は三条太政大臣や岩倉右大臣より低く、他の参議も彼に無批判だったわけではない。それでも、重要な政策決定は最終的に大久保の決断に委ねられることが多かった。政変後、強力なリーダーシップを持つ大久保を軸に、大蔵卿大隈重信と工部卿伊藤博文が両脇を固めるかたちで政府主流派が形成された。彼らの配下にある官僚集団は、薩長出身者のみならず旧幕臣などを含め、旧藩意識を消化した多様な人材を結集していた。

周知の通り、板垣退助・江藤新平・副島種臣・後藤象二郎ら前参議たちは、いち早く帰郷した西郷を除いて、明治七年（一八七四）一月十七日に提出された民撰議院設立建白書に連署し、「有司専制」を批判するとともに、納税者の権利を唱えた。さらに英国人ジョン・レディ・ブラック発行の『日新真事誌』に建白書を公表して民間に訴え、自由民権運動の出発点を築く。

しかし、政変への憤激はテロと反乱を誘発させ、結果的に政府に反撃の機会を与えた。まず一月十四日に、高知県士族武市熊吉《たけちくまきち》らが右大臣岩倉具視を襲撃するという暗殺未遂事件を起こす（赤坂喰違事件）。そして、西郷や板垣のような軍事的カリスマが存在した鹿児島・高知と異なり、佐賀では士族が無統制な動きを示していた。旧佐賀藩は江藤新平・大隈重信・大木喬任・副島種臣らを輩出し、地元に残った士族の影響力も根強く、典型的な難治県として政府に認識されていた。廃藩当初は県庁の官吏も地元の出身者が高い比率を占めていたが、明治六年（一八七三）七月二十二日佐賀県権令《ごんれい》に任命された岩村通俊《いまむらみちとし》（旧土佐藩士）のもとで機構改革や人事異動が図られるなど、徐々に集権化の方針が貫徹されつつあった。一方、士族側では副島義高《よしたか》・木原隆忠・中川純義・村山長栄《むらやまながしげ》といった中堅の人物たちが、欧化を基本とする開化政策に異論を唱え、久光に共鳴して憂国党《ゆうこくとう》を結成した。また、江藤の影響をうけていた中島鼎蔵《なかじまていぞう》・朝倉尚武《あさくらなおたけ》・徳久幸次郎・村地正治・山中一郎《やまなかいちろう》・香月経五郎《かつきけいごろう》ら、在官や留学経験を持つ少壮の士族たちは、政変後に「征韓先鋒」を志願して気勢を上げた。

岩村は十二月に上京したまま辞職し、翌明治七年（一八七四）一月には征韓党が県庁機構を掌握した。当時、九州を巡回していた内務大丞林友幸はこうした状況を深刻に受け止め、強力な長官を派遣するように政府に要望するとともに、即時征韓論が各地に波及するのを抑止するため、「今回の挙動により、其論党悉く之を討伐して可なり。若此件不断に属せは、薩肥其他諸県の治否、大に関することあるべし」と、先手を打つかたちで佐賀士族を鎮撫すべきだとの強硬な意見具申を行った。林の報告は政府首脳に強い衝撃を与え、新権令には岩村通俊の実弟高俊《たかとし》が任命される。彼は中立を唱える長岡藩士河井継之助《かわいつぐのすけ》の歎願を拒絶して北越戦争に導いた前歴があった。一方、江藤は佐賀の沸騰を聞いて東京を発ったが、神戸まで鹿児島に帰郷する樺山資綱と海老原穆《えびはらあつし》、さらには岩村の兄弟ながら板垣の側近でもある林有造《はやしゆうぞう》、会津藩出身の永岡久茂《ながおかひさしげ》、飫肥《おび》士族の小倉処平《おぐらしょへい》など、密偵の監視対象となっていた人物たちが同行しており、政府の警戒心を刺激した。

江藤が佐賀に入ると一気に征韓党の勢いが高まったが、そうしたなか、二月一日に官金を管理していた小野組出張所に憂国党が「無理之金談」を行い、店員が逃亡するという騒動が起きた。現米から金禄への改定による家禄の遅配に彼らが憤激し、独自の石代算定による金額を強請したというのが真相で、他県なら県官の説諭で済む事案だったが、政府首脳は過敏に反応し、大久保は全国士族の動揺を封じ込めるため早期鎮圧を即決した。

二月四日、政府は熊本鎮台に出動を命じるとともに、岩村新権令に赴任を急がせる。一方、佐賀では出動命令が電信局から漏れて士族が憤激し、不和だった征韓・憂国両党は一致団結して挙兵の覚悟を固めた。鹿児島には佐賀士族からの働きかけがあったが、権令大山綱良は二月十六日に大久保に宛てて「誰も手指之人無之《これなし》」と報告し、「種々奸謀を廻らし、鹿児島を手先え仕ひ候気味と相見得候」と観測し、むしろ鹿児島士族を統制するうえでも迅速な佐賀鎮撫が必要だと政府に進言している。

二月十三日に熊本鎮台を訪れた岩村は、司令長官で同じ土佐出身の谷干城に護衛兵派遣を要請した。谷は佐賀士族の挙兵を招くと派兵に消極的だったが、やむなく第十一大隊を出動させる。このうち山《やまか》川浩《わひろし》少佐を参謀とする左半大隊は海路をとって早津江《はやつえ》（佐賀市）に上陸し、十五日に岩村とともに佐賀城内の県庁に入るが、翌未明に士族に包囲攻撃された。弾薬・食糧が不足したので、十八日に鎮台兵は血路を開いて脱出したものの、三三二人のうち一三七人の将兵が戦死する大損害を受けた。佐賀士族の勝報は近隣の県官たちを震撼させたが、政府の反撃は素早かった。大久保は二月八日に、九州全体が不穏なおり「此挙に由て如何波及仕候も難図《はかりがたく》」との判断から、自ら鎮定にあたることを三条太政大臣に要請し、十日には軍事と裁判の権限を臨機に行使することを全面委任される。そして、佐賀士族が熊本鎮台兵を駆逐した翌日の十九日正午、早くも大久保と野津鎮雄少将、さらに大阪鎮台第四大隊を乗せた汽船ニューヨーク号が博多に入港した。翌二十日午前中までに東京鎮台第三砲隊と大阪鎮台第十大隊も合流し、歩兵二個大隊と一個砲隊、あわせて一三六四名からなる征討軍が集結し、その日の夕方から前進を開始する。

二月二十二日に征討軍は、鳥栖《とす》近郊の朝日山にたてこもる佐賀士族と交戦した。旧佐賀藩兵の得意とする砲戦に征討軍は苦戦したが、迂回攻撃をかけて突破する。二十三日に征討軍は長崎街道を西進したが、佐賀士族は丘陵や櫨田《はぜ》を活かして果敢に抵抗した。陣頭に立った江藤は増援兵を率いて吉野ヶ里遺跡に近い田手川《たでがわ》に阻止線を構える。しかし、巧みな迂回攻撃を受けて突破され、神埼《かんざき》の町を焼いて境原《さかいばる》に退却した。軍事的には、この日の戦闘が事実上の決戦だった。戦況が絶望的と判断した江藤はこの夜のうちに熊本鎮台から拿捕した汽船舞鶴丸に乗船し、西郷に援軍を要請するため鹿児島に向かう。一方、島義勇は抗戦の構えを崩さなかったが、島津久光に休戦の仲介を依頼するため重松基吉と中川義純を鹿児島に送った。二十七日に憂国党の副島義高らは最後の抵抗を試みたが、大久保は最前線で督戦してこれを撃破し、佐賀兵は事実上潰滅した。二十八日の夜、長崎から進んだ海軍陸戦隊と大村・諫早《いさはや》の士族による貫属隊は、無人となった佐賀城を確保する。三月一日、大久保は征討軍とともに入城した。

江藤は二十五日に米ノ津《こめのつ》（鹿児島県出水市）に上陸し、大久保が佐賀城に入った三月一日に、指宿《いぶすき》に近い宇奈木温泉で湯治中の西郷を訪問した。四ヵ月ぶりに江藤と再会した西郷は「私の言うようになさらんと、あてが違いますぞ」と説諭したといわれるが、その内容は伝わらない。指導者が部下を残して遁走するようでは加勢できず、政府の措置が陰険であるにせよ、前司法卿として法廷で堂々と所見を述べよと説得したと思われる。その後、江藤は高知に渡って林有造らに協力を求めたが、にべもなく拒絶され、徳島との県境に近い甲浦《かんのうら》（東洋町）で捕縛されて佐賀に送られ、簡単な裁判のうえ梟首された。なお、桐野利秋は保護を求めてきた石井《いしい》貞興《さだおき》と徳久幸次郎をかくまった。二人とも西南戦争に率先して従軍し、石井は解軍後に降伏して処刑され、徳久は八代で戦死している。

島津久光は西郷を抑えるため、政府の要請を受けて二月二十日に鹿児島へ戻っていたが、島義勇ら憂国党の幹部は久光を頼ろうとして追い返され、鹿児島の警官に捕縛されて佐賀に送られている。久光は側近の中山中左衛門を佐賀に送って大久保に寛典を求めたが、受け入れられなかった。

政府の密偵桜井虎太郎による「佐賀三潴《みづま》山口ノ三県派出中捜索書」は、佐賀では多くの者が「当春の擾乱は全く鹿児島人の為に欺かれ、遂に暴動に及ひし」と語ったと伝えており、彼らが鹿児島士族の協力を過信したことを物語る（三条家文書）。ただし、佐賀に呼応しようとする動きは熊本など各地にあった。ある密偵は、「佐賀県賊徒蜂起の砌《みぎり》には、鹿児島に於ても桐野少将を始として、佐賀県の賊に応するの議論ありしが、西郷旧参議不同意にて、其事行はれざりしと云ふ」との風聞を送っている。そして、「西郷不幸にして百歳の後に、九州にて賊再び蜂起するに至らば、桐野少将必ず事をなすべし」とし、さらに鶴岡や弘前、斗南《となみ》など全国各地に波及する恐れがあるとした。ただし、佐賀でも戊辰戦争で活躍した前山精一郎が率いる中立党は地理の案内など政府軍に協力し、あるいは鎮台兵の不足を福岡や大村など近隣の士族で編成された貫属隊が補っているように、鎮圧側に嬉々として加わる士族も少なくなかった。

佐賀の乱は、参議として政権の中枢に立ったことのある人物が「首魁」となる士族反乱の嚆矢であり、徴兵令施行後に鎮台兵がはじめて本格的戦闘に動員された。他県への波及は未然に阻止されたが、軍隊内に政変後の混乱が残り、警察組織も整備途上だったことを考えると、西南戦争以上に政府が直面した危機は深刻だった。江藤の処刑が迅速かつ冷酷に実施されたのは、裁判が長引くことで江藤たちへの寛典論が生じることを回避する政治的意図によると思われる。佐賀の乱の教訓と経験をもとに、西南戦争においては電信や汽船の活用、交通・通信の遮断、報道統制はより強化されることとなる。

私学校創設

明治七年（一八七四）六月、鹿児島の厩跡に銃隊学校と砲隊学校が創設され、近衛からの除隊兵を収容した。銃隊学校は篠原国幹が監督し、生徒数はおよそ五〇〇から六〇〇名、砲隊学校は村田新八の監督で約二〇〇名を収容した。このほか、西郷らの賞典禄を拠出して明治六年に東京で設立された集義塾を移して賞典学校が置かれ、士官養成が行われた。コープスなど外国人教員も採用され、成績優秀者をフランスに留学させている。また、明治八年四月に下士官養成機関である教導団の元生徒を収容して吉野開墾社が設立される。以上を総合して私学校とよばれたが、諸郷にも分校が置かれ、県内全域を統括した。西郷が掲げた私学校綱領は次の通りである。

道を同《おなじう》し義相協《かな》ふを以て暗に聚合せり。故に此理を研鑽し、道義においては一身を不顧《かえりみず》、必踏み可行《おこなうべき》事。

王を尊び民を憐《あわれむ》は学問の本旨、然らば此天理を極め、人民の義務にのぞみては一向《ひたすら》難にあたり一同の義を可相立《あいたつるべき》事。

帰郷兵の多くは徴兵令で無職化した士族ともども堕落した生活を過ごす者が少なくなかった。私学校はこうした状況を憂いた西郷の側近たちが士族の統制を図るために設立したが、いうなれば私設の士官学校であり、旧薩摩藩の戦力は大量の武器弾薬ともども温存されることとなった。三条家文書に含まれる明治八年（一八七五）十月作成の「鹿児島県探偵書」によると、西郷は「少年士官其志の容易ならざるに感服し、然らば吾輩も同心協力諸君と生死を共にし、困難道義に斃れて已《やま》んと一向憤発」し、これにより私学校の勢いは日々盛んであるという。この探偵書は鹿児島の情勢をかなり詳細に伝え、『西南記伝』など西郷側の記録と合致する部分も多く、政府の探索が西郷の近くにまで及んでいたことをうかがわせる。

明治七年（一八七四）に断行された台湾出兵は日清開戦の危機をもたらしたが、西郷は北京に渡った大久保の談判を冷やかに眺めており、八月三十一日の篠原国幹宛書翰で「和魂〈講和論〉の奴原、何ぞ戦闘の事機を可知いはれ無之、呵々大笑」と和戦定まらない対応を嘲笑し、海軍省四等出仕伊集院兼寛が志願兵募集のため帰郷したのを「鉄面皮」と評している。岩倉に届いた密偵報告によれば、桐野利秋は「天下形勢三年を出ずして一変すべし。故に時機の至るを待の外なし」と述べ、アメリカの人民がイギリスの苛政に苦しみ、ワシントンを擁してついに独立の偉業を達成した歴史に学び、けっして大久保の政権には協力しないと表明し、「和議成らすして戦闘に至るとも、始め此事件を惣理せる二三名彼地に於て戦死せる後ならでは、吾曹兵を以て続くことは決して為さざるなり」と公言したという（内閣文庫所蔵岩倉具視関係文書）。また、『西南記伝』に収録されている「時勢論」では、「今

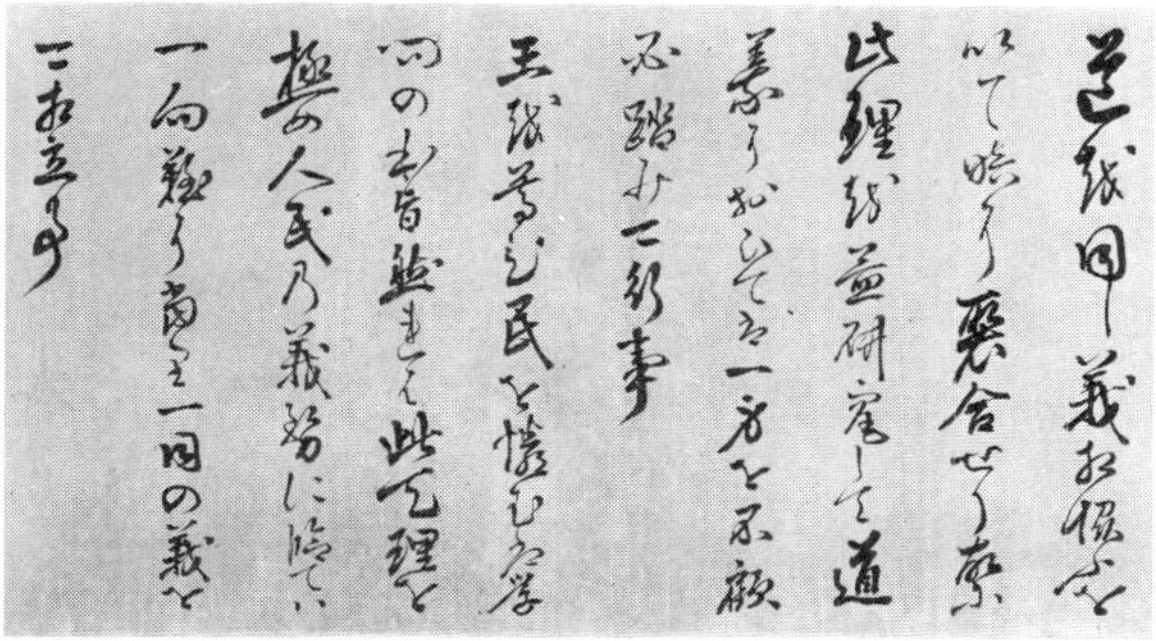

14―― 私学校綱領

の政府は国家の大讐敵にして、今の蒼生の怨望する所なり。今の政府を助けんと欲する者は、今の国家に不忠にして、今の蒼生を塗炭に苦ましむるに左袒する者と云ふ可し」とし、立志社の義勇兵運動は国家の讐敵である現政権を助ける行為だと糾弾した。

このように西郷や桐野は政府を突き放しているが、私学校内ではさらに過激な議論も展開された。前述の「鹿児島県探偵書」は、「私学校は模様三段に分れたり」とし、「上の段の意、下段全くしらず。中段の処、大に激発の様子。然れども凡て上段にて議論を決せり」と、西郷や桐野など大幹部と中堅幹部、さらに生徒との間に溝があることを指摘している。また、大久保が日清開戦を回避したことに生徒たちが悲憤慷慨し、「各盟義を結して廟堂の奸臣を除くと唱へ、右大臣岩倉公は何某々に、参議大隈公は何某々、大久保公は何某々と既に各決心し、亦西郷氏も旨趣の向ふ処茲《ここ》にあるへし」と、暗殺計画を立てて西郷に示したところ、大いに叱責されて一言も答えられず、計画は中止となったという。探偵書の筆者は、「実に同氏微《なか》りせば非常の暴挙に至るも亦知る可らず。其後も屢《しばしば》激論起ると雖ども、前事に懲り、畏れて論を遂ぐること能はず」と、西郷が暴論を抑制していると評価している。こうした情報を得て、大久保ら政府首脳も西郷の統制力に強い安心感を抱いただろう。しかし、「凡て上段にて議論を決せり」という状態の維持には限界があった。

西郷は鹿児島城下武村《たけむら》の自宅にいることはあまりなく、「山遊累《わずら》い無し」と自ら詩に詠うように、愛犬や少数の従僕とともに県内各地を遍歴して狩猟を楽しみ、時おり帰宅したおりも郊外西別府村の野屋敷に入ってもっぱら農耕に励むという、平穏で素朴な日々を送っていた。また、吉野開墾社が設けられると泊りがけで頻繁に訪れ、自らも開墾にあたった。在官では得られない安息の日々だったであろう。しかし、国家崩壊の危機が訪れれば身命を捨てる意志は保持していた。西郷は鶴岡の士族に以下の詩を示し、「若し此の言に違《たが》ひなば、西郷は言行反したるとて見限られよ」と語ったという。

幾たびか辛酸を歴《へ》て　志始めて堅し
丈夫は玉砕するとも　甎全《せんぜん》を恥《は》ず
我が家の遺事　人知るや否や
児孫の為に　美田を買わず

一方、桐野のもとには『評論新聞』を主宰し、抵抗権思想を紹介して激烈な政府批判を行っていた海老原穆《あつし》から、政局に関する詳報や各地の不平士族の動きに関する情報が定期的に届いていた（岩倉具視関係文書「鹿児島事情」）。西郷もポシェット湾を手中にしたロシアの動向に政変前から注意を払っていたが、有馬純雄の回顧によれば、トルコとの対立状況にも関心を抱き、ロシアがトルコを圧倒すれば余勢は必ず極東に及ぶと観測していたという（『維新史の片鱗』）。また、黒田清隆が主導した樺太放棄にも憤りを抱いていた。

明治八年（一八七五）十月に作成された「鹿児島県探偵書」によると、鹿児島県の官吏は旧軍人に文官を軽んじる風潮があったため中年以上の者が多いが、その子弟は将校が多かったので、県庁と私

15── 大山綱良

学校は気脈を通じるようになり、私学校の経費に不足が生じれば県が補填しているという。なお、大区小区制にもとづいて鹿児島県内でも区長と副区長が置かれたが、加治木区長に別府晋介、宮之城《みやのじょう》区長に辺見《へんみ》十郎太《じゅうろうた》、菱刈《ひしかり》区長に村田《むらた》三介《さんすけ》といった具合に、私学校系の元将校が多く配置され、西南戦争においても彼らは大隊指揮長や小隊長を務めている。

私学校の生徒は、台湾出兵時に日清開戦の危機が生じた際に志願者を増やしたが、やがて軍事教練主体の教育内容に疑問を抱き、東京への遊学を希望して退校を願い出る者が増えた。これに対して私学校は、規則を厳重にして退校を許さなかった。加治木の郷士で、のちに警視総監や熊本県知事となる川上親晴は、「いつたい本部が何の権利があつて吾々の自由を束縛するかと憤慨の余り城下の二三方限や二三外城《とじょう》では退校騒動が持上るやうになつた」と回顧している。加治木では県外遊学禁止に反対する小浜半之丞と、本校の方針を守ろうとする柚木彦四郎の間で深刻な対立が生じる。両者が西郷に面会して裁決を求めたところ、西郷は一方的に小浜を叱り飛ばし、「斯く退学意見など懐くは以てのほかである。左様な考を持つてゐるものは私学校にとり獅子身中の虫だから遠慮なく速かに退学せよ」と言い渡したという。驚いた川上が本部の措置を信ぜぬというと、西郷は信ぜぬならすぐ退校せよと宣告し、川上たち二三名が退校した。彼らは文字通り村八部にされてしまう。

県令大山綱良は必ずしも私学校に近い立場ではなく、地方官の役割を意識していたが、施策を進めるうえで私学校の協力を仰がざるをえなかった。鹿児島県では徴兵検査の実施や家禄の金禄改定などが行われず、県庁人事も他県出身者を排除していたので、木戸孝允はまるで独立国だと批判し、大久保に全国平均の処置をとるように強く求める。しかし、大山県令は政府の指令を全く無視したわけではなく、県情に合わせながら制度の運用を図っている。鹿児島県の地租改正は、私学校幹部の区長のもとで他県と同様の速度で進み、帖佐《ちょうさ》で改租反対の暴動が起こりかけたときは西郷が鎮定に向かった。そして、明治九年三月には複雑だった地目を整理し、地種区別処分も確定したが、西南戦争によってすべてが振り出しに戻ったという（芳即正『日本を変えた薩摩人』）。

江華条約と朝鮮問題の解決

「大久保政権」にとって最大の内的不安要因は不平士族の存在だった。ただし、不平士族の立場は多様で、大雑把には西郷隆盛に期待して対外更張を求める征韓派、明治七年（一八七四）四月二十七日に左大臣となった島津久光の復古論に共鳴する守旧派、板垣退助の土佐立志社を中心とする民権派士族などに区分できる。とはいえ、幕末の尊王論や明治十年代の民権論のような思想的統一性は進んでいなかった。

要職にある久光と明治八年に大阪会議を経て参議に復帰した板垣は、不平士族の支持を背景に影響力の伸長を図っている。「大久保政権」にとって、民権派との差異は立憲制導入の主体や時期をめぐる対立で妥協の余地はあった。むしろ脅威だったのは、開化政策全般に批判的な久光を中心とする守旧派だった。政治から遠ざけられた華族の間では久光への期待が強く、また現状に不満ながらも開化路線にかわる将来像を提示できない立場の者にとって、各種の制度や慣習を元通りにせよという久光の議論は、単純明快で説得力もあった。さらに側近である前左院議官海江田信義や前石川県令内田政風たちは、上京してきた各県士族の訪問に積極的に応じ、元参議の前原一誠《まえはらいっせい》や副島種臣とも関係強化を進めていた。そうしたなかで最も注視されたのが、いまだ陸軍大将として武官の最高位にある西郷と、強大な軍事力を維持する私学校の動きだった。

士族の多くは排他的で、出身藩を越えた組織化は困難だった。また、旧藩士全体が一枚岩になることは滅多になく、鹿児島ですら私学校と久光党、中立派に分かれ、また城下士と郷士との間にも差別による根深い対立が生じていた。政府は警察組織や情報機関を整備し、密偵による情報収集を盛んに行う。そして、指導的人物に官職と就産金を示して取り込みを図る一方、危険人物の動向を逐一追い、排除する機会をうかがっていた。一方、士族が広範に共闘できる唯一の結集核が外征、つまり征韓論だった。

そうしたなか、明治八年九月二十日に江華島事件が発生し、即時征韓論者たちは大いに発奮したが、軍艦雲揚の挑発行為に起因することは国内でも広く察知された。西郷は十月八日に篠原国幹に宛てた書翰で「是迄の交誼上実に天理において恥ずべきの所為に御座候」と、自分の意図と全く異なる方法で朝鮮の門戸を開けようとしたことに憤りを示している。一方、政府内では島津久光が、政見が正反対の板垣退助とともに、朝鮮問題への対応に先立って参議と各省長官の兼任制を廃止するように迫った。しかし、ポスト増を機に勢力拡大を図ろうとした彼らの要求は阻止される。久光は三条太政大臣の罷免を天皇に求めたが受理されず、十月二十七日に板垣とともに辞職に追い込まれた。

江華島の交渉は、明治九年（一八七六）二月二十六日の日朝修好条規調印で解決し、政府は狙い通り、戦争回避と朝鮮との国交樹立の両方を実現する。日本側が有利な条約調印に対する反発は起きなかった。逆にいえば、征韓論は強硬な外交で収まる程度の論理だった。対外戦争の可能性は当面のところ消滅し、外交は国内政治による束縛から大きく解放される。不平士族は代弁者であった久光・板垣の失脚に続き、外征という共通目標も失った。

秩禄処分の断行

外征の危機を取り払った政府は、最後まで華士族に残されていた特権の廃止に遠慮なく着手していく。まず、明治九年（一八七六）三月二十八日に廃刀令が布告され、軍人、警察官、大礼服着用の官員を除き帯刀を禁止した。これは、在官以外の士族一般がもはや武職を担う存在でないことを明確に示す措置だった。その翌日には、大蔵卿大隈重信から家禄賞典禄の最終処分が提議される。

廃藩置県後、先述のように井上馨によって留守政府内で禄制廃止が検討されていたが、井上の辞職で頓挫していた。征韓論政変直後の明治六年（一八七三）十二月二十七日、政府は一〇〇石未満の家禄奉還の受け付けと禄税賦課というかたちで禄制改革に着手する。禄税は石高に応じて三五・五パーセントから二パーセントの率で賦課し、五石未満は課税の対象外とした。なお、家禄奉還にあたっては、奉還に応じた者に対して、世襲の家禄である永世禄は六ヵ年分、一代限りの終身禄には四ヵ年分が、現金と八分利子付秩禄公債で半額ずつ支給された。また、官有の林野を代価の半額で払い下げるなど就産の便宜も図られている。家禄奉還は翌年十一月に家禄一〇〇石以上にも拡大された。最終的には、一三万五八八四人が一部および全部の奉還に応じている。奉還率は士族が生計に窮していた東日本で高かったが、九州は一部を除いて低かった。

地租改正の進展にともない家禄も石代渡に切り替えられたが、もともと消費地の旧城下と農村の間には売値に価格差があったうえ、明治六年は全国的に不作だったため米価が騰貴し、額面をめぐる紛議が各地で起きる。家禄を奉還した士族には現金と秩禄公債証書が下付されたが、その石代算定をめぐっても紛議が生じていた。こうした混乱をみつつも、政府は家禄支出額の固定化を図るため、明治八年九月七日に全面的な金禄改定を布告し、全国一斉の処分が可能な条件を作り上げた。

家禄奉還制度は、士族の就産が惨憺たる状況にあることを理由に、明治八年七月十四日に中止されている。しかしこれは、任意の家禄奉還制度を強制的な禄制廃止に切り替えるための手続きにすぎない。ほぼ同時に大蔵省により、禄制廃止の具体案として「華士族家禄処分方之儀ニ付正院上申案」が作成され、「仮令永世の家禄と云とも、直に之を廃するに於て、素《もと》り妨《よ》けなかるへし」と断言している。ただし、家禄を無償で即刻剝奪するわけにもいかず、やむをえず家禄・賞典禄は政府の負債とみなし、三〇年間でこれを償却するため、新たに金禄公債証書を発行するとした。家禄を公債証書に改める意義について大蔵卿大隈重信は、「有用の財を以て無用の人を養ふの弊を芟《か》り、無益の人をして有益の業に就しむ」ことができ、国力の増進策としてこれに勝るものはないと述べ、金融の閉塞状況も市中に巨万の公債が資本として出回ることで解決できるとした。そして、廃刀令布告の翌日である三月二十九日、大隈は「家禄賞典禄処分ノ儀ニ付伺」を政府に提出し、禄制の最終処分に着手することを求めた。この提案に対しては木戸が士族の保護を求めて異論を唱えたが、五月十五日の閣議で承認され、東北巡幸をはさんだのち、八月五日に金禄公債証書発行条例が公布される。懸案だった禄制廃止は新政府発足後一〇年に、政府が国債化して買い上げるというかたちで完了した。

なお、廃藩前から売買が許されていた家禄に限り、石高の多寡にかかわらず一〇ヵ年分に対して年一割の利息が支給されることとなる。条例が定めた利子は最大で七分で優遇措置といえるが、対象のほとんどは給地の売買が認められていた旧鹿児島藩士族だった。また、明治十年八月二十三日には「明治十年一月以降、律例中収禄並功俸賞禄追奪の儀は、総て被廃《はいされ》たる者とす」という太政官布告第五八号が公布され、与奪の権限が政府に属する家禄と異なって金禄公債は完全な私有財産であるとして、収禄という罰則は廃止された。この結果、西南戦争の国事犯は除族されても金禄公債証書は交付されている。

廃刀令に対し、熊本の敬神党《けいしんとう》などは「吾神聖固有の道を守り、被髪脱刀等の醜態決して致す間敷然らしむ」と誓約していたため憤慨し、加屋霽堅《かやはるかた》は「我神国の霊物長技たる刀剣を廃ては、固有の皇道何を以か興復すべき」と政府に抗議しているが、私学校の生徒はそれ以前に断髪脱刀しており、むしろ久光党の蓄髪帯刀を侮蔑していた。

しかし、秩禄処分については鹿児島県庁の対応は遅れており、他県と異なって禄税賦課も金禄改定も実施していなかった鹿児島県は、一気に公債化による処分を迫られることとなる。桂久武は五代友厚《ごだいともあつ》に九月二十六日に送った書翰で、自分のように早々に帰農した者はともかく、「喪家の徒」となる者も現れ、そうなると「遂には止を得ざるに立ち至り申す可く」と憂慮している。こうして例外なき家禄の最終処分が鹿児島県でも着手されることとなったが、直後の明治十年（一八七七）二月に西南戦争が勃発する。多くの書類が戦争で焼失し、明治十一年秋になってようやく金禄帳が完成され、翌十二年から金禄公債証書発行の事務が開始されるが、作業には多くの困難を伴った。

あいつぐ反乱

特権の最終的解体が進み、国事に奔走する機会を得られないまま沈淪しかねない状況に多くの士族が直面したが、そうしたなかで明治九年十月に一連の士族反乱が起きる。

口火を切ったのは、熊本における太田黒伴雄《おおたぐろともお》・加屋霽堅ら敬神党一九三名の蜂起だった。彼らは林桜園の薫陶をうけた神道の信奉者で、県庁から「神風連《しんぷうれん》」と呼ばれていた。熊本では幕末以来の党派的対立が続いていたが、敬神党は政府の欧化主義に最も強硬に反抗し、とくに廃刀令は「神国」の風儀を否定するものと憤激している。十月二十四日、彼らは「宇気比」という儀式で神意を占ったのち、当時は熊本城の一角にあった藤崎八旛宮に集合し、刀槍のみを携えて挙兵した。西南戦争に参戦する学校党や民権党には密偵による監視の目が光っていたが、敬神党は神職が主体で反政府的な政治集団と認識されていなかったため、彼らの夜襲は完全な不意打ちとなり、政府側は県令安岡良亮《やすおかりょうすけ》（旧土佐藩士。土佐勤王党出身）や鎮台司令長官種田政明《たねだまさあき》少将（旧薩摩藩士）、参謀長高島茂徳中佐（旧幕臣。高島秋帆の養子）など、県庁や鎮台の幹部多数が殺害された。襲撃対象に含まれていた実学党の総帥だった民会議長太田黒惟信《これのぶ》は危うく難を逃れている。また、攻撃を受けた鎮台兵営は大混乱となったが、難を逃れた与倉知実中佐（旧薩摩藩士）の指揮で態勢を立て直し、敬神党は最終的に参加者の七割が死亡して潰滅する。

十月二十七日には、国権拡張を唱える福岡県旧秋月藩少参事宮崎車之助と実弟の今村百八郎《いまむらひゃくはちろう》ら二三〇名が蜂起し、熊本鎮台小倉営所を破って萩の前原一誠と合流しようとした。しかし、連携を試みた元小倉藩の豊津士族が離反し、二十九日に乃木希典《のぎまれすけ》少佐の率いる第十四連隊から攻撃を受け、英彦山《ひこさん》に逃れたのち、幹部が自決して壊滅した。

二十八日には萩で、元参議の前原一誠が奥平謙輔《おくだいらけんすけ》ら約三〇〇名を集めて殉国軍を結成した。決起には吉田松陰の叔父玉木文之進《たまきぶんのしん》の養子となった玉木正誼《まさよし》（乃木の実弟）、松陰の甥にあたる吉田小太郎も加わっている。彼らは山口県庁の襲撃に失敗し、十一月一日に政府軍と萩で交戦したが戦況は思わしくなく、前原は海路より東上して天皇に直訴しようとしたが、荒天により三日に島根県神門郡宇龍《かんとぐんうりゅう》（出雲市大社町）に漂着し、五日に旧長州藩士で知人の島根県中属清水清太郎に自首した。前原らは萩に送り返されて処刑され、松下村塾を再興していた玉木文之進は自決した。また、前原と東西呼応して千葉県庁を襲撃しようとした旧会津藩士永岡久茂らも、行動前に東京思案橋《しあんばし》で警官隊に包囲され、乱闘の末に捕縛されている。

西郷は十一月初旬に桂久武に宛てた書翰で、「両三日珍しく愉快の報を得申し候。〔中略〕前原の手は余程手広く仕掛け居り候故、此末、四方に蜂起致すべしと相楽しみ居り申し候」と、前原の決起を愉快がっている。ただし、彼らに呼応するつもりはなく、騒ぎ立てている連中の前に姿を現さないようにしており、「一度相動き候わば、天下驚くべきの事をなし候わんと、相含み罷り在り申し候」と、機会を待って軽挙妄動を慎むように指導していると伝えた。しかし、西郷や桐野の統制も、もはや限界に達しつつあった。

政府の密偵が聞き込んだ情報によると、明治九年十二月四日に吉野村にある桐野の別宅で少佐以上の私学校幹部による集会が開かれ、激論が展開されたという。報告書「昨九年一一月以来鹿児島県下私学校党激論ノ大略聞込」（『岩倉具視関係史料　上』）によると、西郷はこれまで慇懃に生徒を鎮撫し、粗暴な言辞は吐かなかったのに、この日は従来と異なって過激で、次のように大久保を罵倒する発言をしたという。

吾輩志の伸びざるも大久保一蔵あるを以て也。又二ノ丸公〔久光〕をして今の成り行きに至らしむるも亦一蔵のする所なり。彼れ元来人のする所を拒み自から功を貪り、陽に大臣を助け陰に私意を逞す。聞く木戸の智者の如きも彼の毒気を避けて事に与からずと。我輩彼れの肉を食ふも飽かざるなり。

これを聞いた別府晋介や辺見十郎太らが憤激して、急に事に当たると言い出したが、西郷は「肥後中国の事、既に平定すと雖とも地方の民情囂々たり。変動近きにあらん。機を待つべし」と諭した。また、桐野は次のように論じたという。

二三の大臣を討たば政府は瓦解すべし。亦姦臣を討て民の疾苦を救ふは是丈夫の本意なり。且つ鎮台兵の如きは血税徴集にして一撃の塵にすべし。唯意とするものは反て東京の巡査なり。何となれば彼は旧藩の士族多く封建士気を確守する者あり。

鎮台兵を愚弄し警視庁の巡査隊に一目置いているが、西郷は「時機を見る可し」とこれも抑えたという。西郷があえて敵をつくり、その憎悪を覇気の源泉にしていると重野安繹《しげのやすつぐ》は指摘し、市来四郎《いちきしろう》も西郷は人との交友が少なく、ひとたび憎めば執拗に固執し、豪傑ではあるが君子ではないと評しているが、誇張して伝えられる大久保の専横や私欲をそのまま信じたのだろう。

なお、右の風聞書は、十二月十六日に私学校生徒に招集がかかり、霧島で猪狩りをするとの趣旨で銃を携えた生徒が八〇〇名あまり集合したが、樺太千島交換や琉球両属、人心が政府に集まらないこと、禄券への不服などが論じられたことを伝え、さらに刀剣の研師や鞘師・柄巻師が繁忙であることを報じている。また、ある郷から学問修行のため東京に寄留している三名の者に、そろって親の病気につき帰県せよとの連絡があり、同時に親病気の書面が届くのは信じがたいので実否を直接問い合わせて帰省すると語っているが、三名の地元は辺見が区長で、呼び戻しは彼の策によると思われるなどといった、不穏な状況も伝えられている。

村田新八は私学校の現状を四斗樽に水を張り、腐った縄でくくっているようなものと述べた。川上親晴の回想によると、洋行経験のある村田は川上に「人間殊に青年は自主独立の精神に富まなければならぬ。青年に自主独立の気魄があってこそ初めて大事は成し得られ、また国運の栄ゆるのである。然るに三千の子弟は皆私情を去りあたかも一身を西郷先生に捧げているようだ。先生はあれほどの大人物だから万一の事はあるまいと思うが、青年が今日の如く自主独立の観念を失っては、前途が案じられる」と憂慮を示したという(『西南秘史川上親晴翁伝』)。また、桐野と親交があり東京で代言人を務めていた有馬純雄は、西南戦争の際に拘束されたおりの口供書で、一連の士族反乱が起きた当時の私学校の状況は「専横恣睢《しそ》、稍《やや》綱維に矛盾するの勢尤も太《はなは》たしく、其状等閑ならす」という有様で、桐野に「制馭に着手ある可き」だと忠告したという(『維新史の片鱗』)。なお、大久保が西南戦争勃発直前の明治十年二月七日に伊藤博文に伝えた情報では、西郷は対外的危機が起こるまで決起を控えるとの意向だったが、桐野は「大先生の外患あるの機会を待つとの事、其説古し」と批判したという

（『大久保利通文書　七』）。

外征が不可能となり、国事に奔走する国内的機会もみいだせないなかで、かつて「破裂弾」と西郷が表現した旧近衛兵の沸騰は、幕末期に西郷が最も回避に努めた内戦へと急速に傾いていく。

Ⅲ　西南戦争勃発

16── 田原坂を望む（古写真）

熊本鎮台救援のため南下する征討軍団を阻止すべく，薩軍は約 1 万名を配備した．険要の地形に陣を構築した薩軍と，火力に勝る征討軍団との激戦は，両軍合わせて 4,000 人以上の戦死者だす結果となった．

1　薩軍挙兵

私学校破裂

沸騰する私学校に対し、政府は国内に統制外の武装勢力が存在する状況を解消するため、二つの手を打った。第一は藩政時代以来鹿児島に備蓄されていた武器・弾薬の回収で、第二は郷士出身の警部たちをひそかに密偵として地元に帰郷させ、諸郷から私学校の組織を分裂させようという策である。いうなれば、西郷が「破裂弾」にたとえた旧近衛兵以来の組織にひびを加え、さらに信管を抜き取るという方策である。これに反発し私学校の生徒が決起すれば、鎮圧の口実になる。

明治十年（一八七七）一月下旬、政府は三菱の汽船赤龍丸を鹿児島に派遣し、深夜に草牟田《そうむた》弾薬庫の銃砲・弾薬の接収を開始した。この行動に刺激され、汾陽《かわみなみ》光輝ら二〇名近くの生徒が焼酎に酔った勢いで二十九日深夜に弾薬庫を襲撃し、六万発の弾薬を奪取する。翌日には人数が一〇〇〇名以上にふくれあがり、海軍造船所や磯の弾薬庫も襲撃された。造船次長の菅野少佐は残った弾薬を水没させるとともに、海軍省に電報を発し、県庁にも保護を依頼したが、大山綱良県令は手がおよばないと拒否している。この当時、西郷は大隈半島の小根占《こねじめ》（南大隅市）まで狩猟に出ており、桐野も吉野台地の開墾地に滞在中で、ともに鹿児島を不在にしていた。西郷は弟の小兵衛からの急報を受け、「ちょーしもた（しまった）」と絶句したといわれる。鹿児島に戻った西郷は大山県令に、自分が鹿児島にいたらこのような騒動は起きなかっただろうが、いまとなってはどうにもならないと語った。

一方、大警視川路利良《かわじとしよし》は権中警部園田長輝や少警部中原尚雄ら六〇名近い諸郷出身の警察官と慶応義塾生徒柏田盛文《かしわだもりふみ》を一月初旬に帰郷させ、郷士出身者を退校させて城下と外城の私学校を分裂に誘い込もうとした。皆与志出身の川路は、城下士から牛馬視されてきた郷士の境遇を想起させつつ訓示を与え、密偵たちの士気を煽っている。ただし、鹿児島県内の警察網は私学校に掌握されており、密偵たちの動きはすぐに察知された。生徒の弾薬庫襲撃を抑制できなかった幹部たちは、私学校と無関係の谷口登太を中原尚雄に接触させたうえで、中原が「西郷と刺し違える覚悟」との情報を得、鹿児島県一等警部中島健彦《なかじまたけひこ》が二月三日に伊集院で中原を捕えた。さらに県庁は密偵たちに対する「東《あずま》獅子狩り」を実施し、一網打尽にする。そして、西郷を「坊主」、桐野を「鰹節」と呼ぶ合言葉があったことや、「ボウズヲシサツセヨ」との電報を押収し、さらに中原らを拷問にかけ、ついに「西郷刺殺」の密命があったと供述させた。西郷が武村《たけむら》の自宅に戻ったのは、中原が捕らえられたのと同じ二月三日だったが、この日から私学校の生徒が厳重な警護を始めた。

西郷暗殺計画の実否は不明で、かりに西郷を暗殺しても復讐心に燃える士族をむしろ広範に結集させただろうが、鹿児島県庁が布達を下したこともあり、鹿児島士族のみならず近隣諸県の士族たちも真実と理解し憤激した。西郷自身も、川路、さらには大久保が自分に刺客を差し向けたと疑った。もはや激昂している生徒たちを抑える術はなく、また挑発に乗ってしまった彼らを政府側に引き渡すこともできなかった。

帰宅後の西郷の様子については、ちょうど鹿児島に滞在していた駐日英国公使館通訳アーネスト・サトウが記録している。サトウは二年間の賜暇を終えて東京に再赴任したが、ハリー・パークス公使に鹿児島の視察を命じられていた。二月十一日に西郷は鹿児島医学校長兼付属病院長だったイギリス人医師ウィリアム・ウイリス博士を訪問し、そこにサトウも居合わせたが、「西郷には約二十名の護衛が付き添っていた。かれらは西郷の動きを注意ぶかく監視していた」。そして、「会話は取るに足らないものであった」という（萩原延寿『遠い崖—アーネスト・サトウ日記抄　一三　西南戦争』）。「監視」下の西郷は自分の意思を部外者に伝えることが困難な様子だった。決死の覚悟を決めた私学校の若者たちは、大久保や川路が放ったとされる刺客の影よりも、西郷の決意がゆらぐことを恐れたのだろう。西南戦争を通じて西郷は護衛兵に取り囲まれ、一般兵卒が彼の姿を見ることは稀だった。

二月五日に幹部たちの対策会議が開かれた。永山弥一郎《ながやまやいちろう》のように兵をあげず西郷が桐野・篠原のみを引率して上京し、政府の非を正々堂々と糾明すればよいと説く者もいたが、率兵上京論が大勢を占め、篠原は慎重論の村田三介《むらたさんすけ》を「命が惜しいか」と一喝した。桐野は「断の一字あるのみ」とし、決心を求められた西郷は遂に「自分の身体を諸君に預ける」と返答した。

翌日には私学校の門前に「薩軍本営」の札が掲げられ、作戦会議が開かれる。西郷の末弟の小兵衛は、時間がたつと政府軍が集結するので、県が保有する三隻の汽船で長崎を海路から奇襲し、軍艦を奪取して一気に大阪と東京を突くという策を示し、野村忍介《のむらおしすけ》は長崎・熊本・大分の三方向に分進するという戦略的には常識的な作戦案を立てたが、池上四郎《いけのうえしろう》は全軍を熊本にさしむけることを主張し、桐野らも賛同して議論はまとまった。一万を超す薩軍に対し、熊本鎮台は三〇〇〇名あまりで一般徴兵も含み、量でも質でも自分たちが有利と思われた。また、鎮台には参謀長樺山資紀《かばやますけのり》中佐（のち警視総監、海軍大臣、伯爵）をはじめ、参謀副長川上操六《かわかみそうろく》少佐（のち参謀総長、陸軍大将）、歩兵第十三連隊長与倉知実中佐、参謀大迫尚敏《おおさこなおとし》大尉など鹿児島出身の将兵も少なからず含まれ、土佐藩出身の谷干城《たにたてき》鎮台司令長官（のち農商務大臣、貴族院議員）も薩長の政治指導に批判的な立場であり、鎮台が戦争を避けるという根拠のない期待もあったと思われる。全体的には桐野や篠原が議論を主導したように見えるが、軍を名乗る以上、郷中で尊重される年齢の上下とともに、軍隊内での階級の重みは決定的だった。薩軍の将官は西郷大将と桐野・篠原の両少将のみである。

ちなみに、アーネスト・サトウは三月九日にパークス公使に送った報告で、大山県令が「海軍は西郷に敵対する行動を拒否するであろう」。「政府は西郷の進軍に恐れをなし、なんの抵抗も試みないだろう」。「熊本鎮台の参謀長樺山資紀が薩摩出身であることが、大いに当てにされている」。「政府軍の大部分は百姓や人夫からの徴募兵であるが、かれらは伝統的な武器を帯びた士族に立ち向かうことは

17――桐野利秋

18――篠原国幹

決してしないであろう」との楽観論を語ったことを述べているが、そうした楽観論は西郷や桐野たちにも共有されていた。島津久光の側近だった市来《いちき》四《し》郎《ろう》は『丁丑擾乱記』で、西郷が「川村は十に四五は我がものなり。熊本には樺山資紀あり。肥境に我が軍進まば、一、二の台兵は我に帰すべし」と語り、海軍や熊本鎮台兵の帰順に期待していたことを記している。大山県令にいたっては下関で川村が迎えの船をよこすと豪語している。こうした楽観的予想はすべて外れる。西郷が西南戦争で「敗者」となる第一の原因といえよう。

サトウは薩軍の中心人物について、次のようにも報告している。「西郷は名目的には指導者であるが、現在の叛乱の首謀者たちのうち、もっとも積極的な推進力ではなく、その役割をはたしているのは篠原国幹であると言われている。もう一人の首謀者の桐野利秋は、以前は中村半次郎と名乗り、戊辰戦争で名をあげた男である」。

サトウの報告を受けたパークス公使は、外務大臣ダービー伯爵への報告書で「薩摩士族は自分たちの力を過信していなかったか」。「薩摩士族は自藩の威信と、その指導者の名声と、この二つのものへの信頼によって、判断を誤りはしなかったか」。「二、三年前ならば、かれらは江戸へ進軍できたかもしれないが、現在では国論によって大いに支持されないかぎり、かかる目標がなし遂げられる見込みはない」。「薩摩士族は、おそらくつぎの点を知ることになろう。すなわち、下層階級の出身者といえども、良き兵士となりうること、そして国民一般は、士族階級が自分たちとおなじ社会的地位に引き下げられたことを承認している」と述べているが、冷静な観察といえよう。そして、パークスは西南戦争勃発の原因を次のように分析している。「おそらく真の原因は、いま大胆な一撃を加えて政府を威圧しておかなければ、自分たちの影響力を保持する機会はまもなく失われると、薩摩士族が感じていることである」(萩原延寿『遠い崖 一三』)。

台湾を偵察した樺山のような外征論者が西郷との協調を志向し、江華島事件を起こした井上良馨など海軍内の薩派が西郷に親近感を抱き、佐賀の征韓党が健在だった明治七年初頭、せめて日朝修好条規締結による外征論の破綻以前であったなら、西郷の期待は決して的外れではなかったかもしれない。坂野潤治氏の「樺山が谷干城司令長官を見捨てて西郷軍に寝返り、熊本城を占領した西郷軍が一挙に関門海峡に到り、そこに川村海軍大輔が軍艦を率いて待っているというシナリオは、わずか二年少し以前ならば十分にありうるものだった」という論は傾聴に値する(『日本近代史』)。

西郷は唯一の陸軍大将が上京するにあたり、各県令や鎮台への挨拶は無用という立場だったが、大山県令はあらかじめ趣旨を周知すべきと意見した。これに応じて二月七日、西郷は大山県令に、「今般政府へ尋問の筋これあり、明□□〔期日未定により空欄〕当地発程致し候間、御含みのため此の段届け出候。尤も旧兵隊の者共随行、多数出立致し候間、人民動揺致さざる様、一層御保護御依頼に及び候也」と、桐野・篠原両少将と連名で願いを出した。江藤新平や前原一誠などが檄文や趣意書で有司専制と公論の途絶を大いに糾弾し、正義の立場を書き連ねているのに対し、西郷が発した言葉は「政府へ尋問の筋これあり」のみだった。武力で対峙する意思はない。国内の不平に耳を傾けず、士族を追い詰め、さらに私学校解体を強行しようとしている大久保らの真意について直接問いただしたい、というのが西郷の唯一の願望で、それ以上に訴えるべきことはなかった。また、単純なスローガンは利害得失なく有志に訴えかけるものがあった。これをうけ、大山県令は十四日に三条太政大臣ほか沿道の県庁・鎮台にむけて、西郷大将ほか二名上京の届書と中原らの口供書を携えた専使を送った。

政府の反応

国内治安の責任者である大久保は、武器弾薬の接収と私学校分裂の二策には失敗したが、私学校生徒が挑発に見事にひっかかって弾圧の口実を自ら設けたことに対し、二月七日に伊藤博文に宛てた手紙で「朝廷不幸之幸と竊《ひそか》に心中には笑を生候位に有之《これあり》候」と、解体の名義が立ったことを喜んでいる。しかし、西郷に対しては「此一挙に付ては万不同意、縦令《たとい》一死を以てするとも不得止《やむをえず》雷同して江藤前原如き之同轍には決て出で申まじく」と、西郷は決起の首謀者に担がれないだろうとの、これもまた楽観的観測を述べた。

しかし、川路は挑発のみならず鎮撫の方策もあらかじめ講じていた。九日夜、警視庁は九州出張のため巡査を召集した。翌日、本署に集結した六〇〇名の警視隊は、少警視綿貫吉直《わたぬきよしなお》（旧柳川藩士。のち警視副総監）指揮のもと、ただちに新橋停車場を発して横浜に到着。十一日に神奈川丸に乗船し、九州に向かった。横浜で川路は、「巡査においてはもとより悉く士族の者なり。故にこの度の出張、必ず他兵に劣らず充分の奮発一層の勉励を希望する」との内諭を与えて激励している（喜多平四郎『征西従軍日誌』）。警視隊は実戦経験や武術の心得がある士族で編成され、徴兵令に抵触しないかたちで設定された兵力で、庶民からの徴兵が基幹となっている鎮台兵の弱点を補うことが期待された。

当時、明治天皇は孝明天皇十年式年祭のため、一月二十八日から京都に行幸していた。海軍大輔川村純義は供奉のため神戸に出張していたが、弾薬庫襲撃の情報をうけて九日に鹿児島に入港し、遠縁でもある西郷との面会を試みた。大山県令も仲介の労をとったが、私学校強硬派の反発で上陸が認められず、さらに壮士たちが船を奪い取ろうと小舟で乗り付けてくる有様だった。西郷の説得を拒絶された川村は、連中のやりたいようにするほかないと慨嘆し、西郷との対決を覚悟したうえで、やむなく出港した。そして、十二日に糸崎《いとざき》（広島県三原市）に寄港して挙兵が必至であることと熊本鎮台の警戒を厳にするように電報を発した。

この電報を得た大久保は急きょ東京を発して京都にむかった。十六日に京都に到着した大久保は、「西郷の心事を知るもの余に若《し》くはなし」とし、勅使として鹿児島への派遣を求めている。天皇に供奉していた木戸孝允も、むしろ自分が大久保と西郷を調和できると勅使の任を望んだ。しかし、天皇は二名の重臣に股肱として京都に留まることを命じ、かわって有栖川宮熾仁親王《ありすがわのみやたるひとしんのう》が勅使に任じられた。大久保は、東京と鹿児島の葛藤は自分と西郷が腹を割って話し合えば解決できると考えたのだろう。「監視」下にある西郷もそれを望んだのかもしれない。しかし、互いに背負った組織にはばまれて意思疎通することができなかったのは大きな悲劇だった。

薩軍の編成と進発

薩軍の編成は、二月二日に西郷が鹿児島に戻ってから一〇日あまりで完了した。編成と主要な幹部は以下の通りである。大隊は、一〇小隊で編成された。小隊長・分隊長・押伍《おうご》からなる約二〇名の幹部は大半が城下士だった。小隊の兵士は一八〇名、このほか三〇人の夫卒が付けられた。郷士は別々の隊に分離され、小隊の兵は諸郷の混成となっている。大隊は政府軍の連隊の規模に相当し、将兵二〇〇〇名からなる小隊は中隊に相当する。輜重《しちょう》も重視されており、大荷駄には元家老の桂久武など行政手腕のある人物があてられた。また、総員八〇〇〇名の二個砲隊も随伴し、四斤山砲二八門・一二斤野砲二門・臼砲三〇門と強力な火力も備えていた。参考のため、薩軍の主だった幹部につき、左に在官当時の役職と軍隊の階級、鹿児島県内での地位を記した。なお、一番小隊長は大隊指揮長の副官も兼ねていたのですべて載せた。

本営　　総指揮　西郷隆盛（参議。陸軍大将）
　　　　参謀格　淵辺群平（北条県参事。陸軍中佐）

本宮付　仁礼景通（伊集院区長）

一番大隊　指揮長　篠原国幹（近衛長官。陸軍少将）
一番小隊長　西郷小兵衛（加世田副区長）
十番小隊長　坂元仲平（近衛陸軍中尉）
大小荷駄　樺山資綱（司法大丞）

二番大隊　指揮長　村田新八（宮内大丞）
一番小隊長　松永清之丞（海軍大尉。宮之城副区長）
二番小隊長　中島剛彦（堺県典事。県一等警部第四課長）
大小荷駄　桂久武（日置島津家出身。家老。豊岡県権令）

三番大隊　指揮長　永山弥一郎（開拓使三等出仕。陸軍中佐）
一番小隊長　辺見十郎太（近衛陸軍大尉。宮之城区長）
三番小隊長　高城七之丞（東京府出仕。加世田副区長）
九番小隊長　小倉壮九郎（海軍大尉。種子島区長。東郷平八郎元帥の兄）

四番大隊　指揮長　桐野利秋（陸軍裁判所長。陸軍少将）
一番小隊長　堀新次郎（海軍大尉）
三番小隊長　野村忍介（近衛陸軍大尉。県三等警部）

五番大隊　指揮長　池上四郎（外務省十等出仕。陸軍少佐）
　一番小隊長　河野主一郎（近衛陸軍大尉）
　二番小隊長　村田三介（近衛陸軍少佐。菱刈区長）
　大小荷駄　椎原国幹（西郷の叔父。川村純義の義父）
六番七番連合大隊　指揮長　別府晋介（近衛陸軍少佐。加治木区長）
　監軍　柚木彦四郎
六番大隊　差引　越山休蔵（近衛陸軍少尉。加治木副区長）
　一番小隊長　鮫島敬輔
七番大隊　差引　児玉強之助（近衛陸軍中尉。加治木副区長）
　一番小隊長　坂本敬介
砲隊　一番小隊長　岩本平八郎（陸軍大尉）
　二番小隊長　田代五郎（陸軍少佐）

鹿児島からは数次にわたり戦場に兵力が増派されるが、最初に出撃した将兵は「一番立」といわれ、実力・戦意とも最も高かった。鹿児島には諸郷から陸続と兵士が集まりだす。二月十三日、加世田《かせだ》（南さつま市）の郷士久米清太郎は日記に「今日早朝親類中を招き別盃をいたし戸長所へ揃《そろい》出発す。昼三時比《ごろ》鹿児島問屋着、大混雑の事」と記している（風間三郎『西南戦争従軍記』）。久米は翌日、砲隊の病院掛を命じられた。ただ、薩軍に加わった理由は、西郷に無批判に同調した者もいれば、他人に遅れるのを恥と感じた者、周囲におされた者とまちまちだった。国事犯となった薩軍参加者が獄中で作成した上申書を分析した佐々木克氏は「おそらく血気にはやる士族が多数をしめていたのであろうが、中には、懐疑的な人間もそしてきわめて楽観的な人間も混在させながら、西郷軍は熊本鎮台・政府軍攻撃へと、一直線に突き進んで行ったのであった」としている。諸郷の郷士の場合は率先参加というより区長や戸長の行政的命令に応じた場合が多い（佐々木克「西南戦争における西郷隆盛と士族」）。

なお、六番大隊は別府が区長を務める加治木《かじき》（姶良《あいら》市）で編成され、七番大隊は国分《こくぶ》（霧島市）・帖《ちょう》佐《さ》・山田（姶良市）の郷士たちにより編成された。これら諸郷の郷士は、禁門の変や戊辰戦争でも真っ先に動員された精鋭である。二月十五日、総勢二〇〇〇名の連合大隊は、五〇年ぶりの大雪を突いて加治木から進軍し、横川《よこがわ》（霧島市）から大口《おおくち》（伊佐市）を経て三尺以上の積雪を踏みつつ肥薩国境を越えて十七日に水俣に達し、さらに翌日は薩摩街道随一の天嶮である三太郎峠（赤松太郎峠・津奈《つな》木《ぎ》太郎峠・佐敷《さしき》太郎峠）を踏破して日奈久《ひなぐ》（八代市）に到着した。

鹿児島に集結した総勢一万二〇〇〇名を数える他の大隊も、十五日に一番大隊と二番大隊が練兵場に集結し、大雪のなかを出発したのを皮切りに、十七日までに奇数の大隊が伊集院（日置市）―川内《せんだい》―阿久根《あくね》―出水《いずみ》―水俣の西目筋、偶数の大隊が連合大隊を追うかたちで加治木―横川を経て大口街道を前進する。ちなみに、この年の新暦二月十五日は旧暦に直すと一月三日にあたり、鳥羽・伏見の戦いからちょうど一〇年ということになる。このほか迎陽丸に輜重が満載され、阿久根に送られた。種子島の西之表《にしのおもて》から動員された一番大隊一番小隊所属の河東祐五郎は二月十五日に鹿児島を発ち、十九日に水俣に着いて三太郎峠を越えたが、「羊腸の一線絶えさること縷《いと》の如く険難実に名状すへからす」と回顧している（『丁丑弾雨日記』）。西目筋を最後に進んだ五番大隊五番小隊に所属した家村助太郎の回想によると、二つの大隊が通過した後の道は泥濘と化して難渋したが、二十日は米ノ津《こめのつ》（出水市）から三〇〇艘もの小廻船を仕立てて穏やかな海路を進み、「天正年間島津家久公の島原出陣の往時を談じて実に愉快に堪へなかった」という。五番大隊は夕方に佐敷（熊本県芦北町）に上陸したが、翌日は佐敷太郎の峠道を越えずに再び乗船して松橋《まつばせ》（熊本県宇城市）に到着した。三太郎峠を越していないため疲労は薄く、駆け足で戦闘が始まった熊本に向かっている（家村助太郎『西南戦争の思い出』）。

しんがりとなったのは本営および砲隊で、十二日から降り続いた雪がようやく止んだ十七日に練兵場を出発した。陸軍大将の正装を着用した西郷は桐野や村田、さらに二〇〇名からなる護衛兵に囲まれつつ進んだ。見送りに訪れた嫡子寅太郎は数丁ほど父とともに歩んだが、「もう帰れ」と諭され列を離れた。しかし、西郷は名残惜しそうに息子の方を振り返りつつ進んでいったという（加治木常樹『薩南血涙史』）。これが親子今生の別れとなる。なお、寅太郎の庶兄菊次郎は従軍している。磯邸には旧藩主の島津忠義が居住していたが、西郷は門にむかって三拝したのみで、島津家側からの挨拶もなく、相互に無関係の立場を維持した。久米が加わった砲隊は最初から加治木まで船を利用したが、西郷も重富《しげとみ》（始良市）から海路を使っている。加治木では数万の群衆が西郷を迎えたという。

本営と砲隊は十九日には四番大隊の後に続いて大口街道に入る予定だったが、この大雪では大砲を通すのは困難と判断して堀切峠《ほりきりとうげ》（加久藤峠《かくとうとうげ》）を越すこととし、栗野《くりの》（湧水町）で方向を変え、その日は吉田温泉（宮崎県えびの市）で一泊。二十日に峠を越えて人吉《ひとよし》に入った。久米は日記に病人が二〇人ほど送られてきたことと、人吉でもおびただしい見物人が現れたと記している。なお、長崎を経て東京に戻ることにしたアーネスト・サトウは一日遅れで鹿児島を発ち、薩軍に加わった佐土原隊に同行するかたちで西郷の後を追ったが、四つの大隊と砲隊が通過した泥濘の道筋に難渋し、この日の深夜に人吉の町はずれの田町に宿をとっている。東京に戻ったサトウは、岩倉やパークスに薩軍の「規律正しい行動」を報告した（萩原延寿『遠い崖　一三』）。二十一日に西郷は球磨川《くまがわ》を舟で下って八代に達したが、後述するようにすでに熊本では薩軍と鎮台兵が交戦を開始していた。

山口茂氏は、西郷に直属する本営付や桂久武らが差配した大小荷駄方などの要員を含め、二月段階で出征した「一番立」の総人員をおよそ一万六〇〇〇名としている（『知られざる西南戦争』）。「一番立」はいわば志願兵であるため、のちに強制的に徴発された部隊にくらべ、はるかに実力と戦意は高かった。

ただし、薩軍は当初から装備や補給、資金に問題点をかかえていた。銃器には政府軍と同様に後装旋条式のスナイドル銃も少なからず含まれていたが、薬莢製造の機材が貧弱で原料も欠乏をきたし、

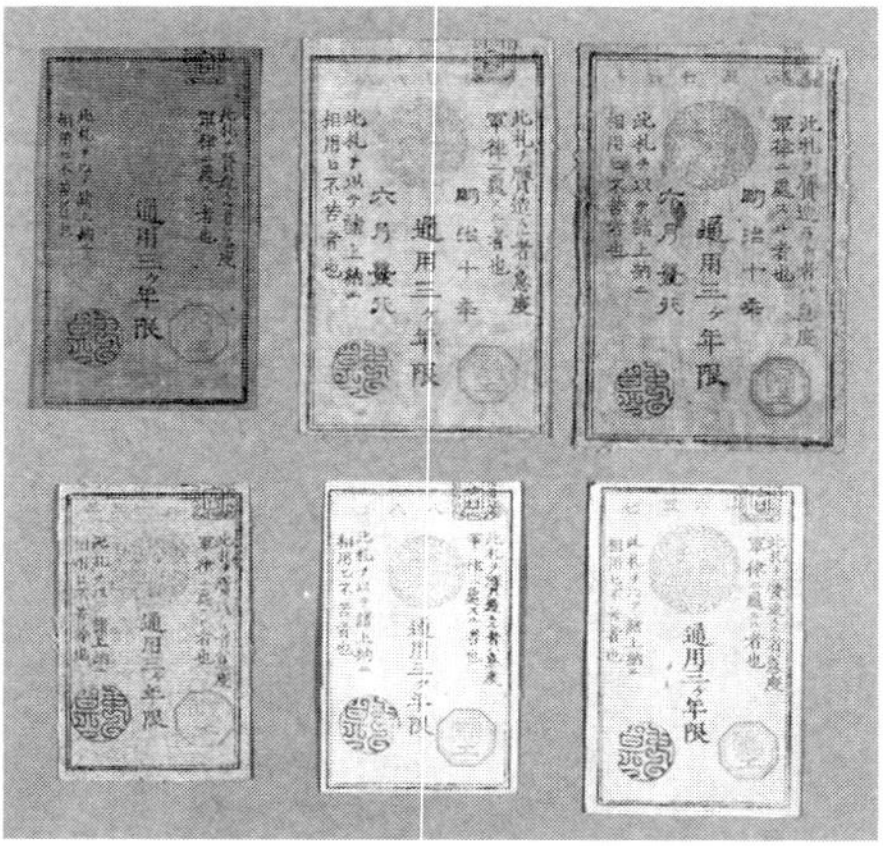

19―西郷札

前装式のエンピール銃やミニエ銃を主軸とせざるをえなかった。前装式は連射ができないうえ、火薬が濡れると発射できないため雨天の場合は扱いが難しかった。しかも、出発当初に支給された弾丸は一人一五〇発程度と、激戦となれば一日で使い果たす量であり、大阪砲兵工廠をフル稼働させた政府軍と対照的に、開戦直後から補充に苦心することとなる。仏式四斤山砲もスナイドル銃と同様に弾薬補充や修理に苦しむ。当初の軍資金は七〇万円だったといわれるが、武器・弾薬の輸送や負傷者の後送には軍夫の雇用が必要となり、さらに資材の追加や食料の調達なども不可欠となる。後述するように「西郷札」が刷られるゆえんである。このため、薩軍は早い段階で金穀が欠乏するようになった。また、補給は陸行に頼ったが、海上輸送を大規模に展開した政府軍とは量でも効率でも大きく水をあけられることとなる。薩軍幹部は鎮台兵を軽侮し、戦意旺盛かつ楽観的だったが、たとえ熊本鎮台を破って小倉に至っても前面には関門海峡と海軍が控えており、さらに、その先にも広島鎮台、大阪鎮台が立ちはだかる。海に面した根拠地鹿児島の防備も顧慮されていない。彼らがどのような戦略と展望を描いていたのかは全く不明である。他の士族反乱同様、勝ち戦さを計算したうえでの決起とは到底いえないであろう。

とはいえ、政府軍が弱兵で指揮が拙劣であれば、その限りではない。

政府軍の態勢

前述のように、政府側は私学校沸騰に対応して二月九日に警視隊を出発させる一方、近衛兵や東京鎮台の主力を神戸に前進させ、大阪鎮台にも待機を命じていた。そして、十九日に薩軍大挙北上の報知を受けた政府は征討令を発し、有栖川宮熾仁親王を征討総督とし、陸軍中将山県有朋（旧長州藩士）と海軍中将川村純義（旧薩摩藩士）が参軍に任じられた。二十五日に西郷・桐野・篠原の官位が剝奪されたが、天皇は西郷が「賊徒」に加わったことを深く嘆いている。供奉していた木戸孝允は三月五日に伊藤博文に宛てた書翰で「西郷も長く御側近く伺候候ものにて従来之気質も被知食《しりめされ》、此度賊魁と相成り候ても甚以御不愍《ふびん》に被思食《おぼしめされ》候辺相窺、不覚涕泣いたし申候」と述べている（『伊藤博文関係文書　四』）。天皇は好きだった乗馬を拒否した。さらに学問所にも顔を出さないようになり、大臣・参議も女官を通さなければ拝謁できなくなった。これが天皇の西郷に対する深い同情によるのか、戦争一般への嫌悪にともなう鬱なのかは研究者の意見が分かれる。ただ、西郷の城山陣没後、天皇は皇后に「隆盛今次の過罪を論じて、既往の勲功を棄つることなかれ」と述べたといわれる（『明治天皇紀　第四』）。

政府軍にも西郷の親類や後輩、恩義を受けた人物は多数いたが、鎮圧態勢は迅速かつ組織的に進められる。熊本鎮台への応援のため、近衛・東京鎮台・大阪鎮台の建制（平時の固定的編成）を解いて歩兵・砲兵・工兵・輜重を混成させた野戦部隊として、二〇〇〇名規模の旅団二個からなる征討軍団

20――谷干城

が編成された。第一旅団は野津《のづ》鎮雄《しずお》少将（旧薩摩藩士）が司令長官を務め、岡本兵四郎《おかもとひょうしろう》中佐（旧和歌山藩士。のち陸軍中将）を参謀長とし、東京鎮台の第一連隊第三大隊、大阪鎮台の第八連隊第二大隊を基幹としていた。第二旅団は三好《みよし》重臣《しげおみ》少将（旧長州藩士。奇兵隊参謀。のち陸軍中将、枢密顧問官、子爵）が司令長官、野津の六歳下の弟である道貫《みちつら》（旧薩摩藩士。日露戦争の際の第四軍司令長官。元帥、侯爵）が参謀長を務めたが、近衛第一連隊第一大隊と第二大隊が基幹となっており、赤帽で知られる近衛が中心だった。ただし、旅団とはいえ実際の兵力は連隊以下で、当初の指揮は二人の旅団司令長官が協議し、会計・軍医部・砲兵は軍団で共有し、緊急展開して現地で増援を待つこととなった。これらの部隊は二十日に神戸を出港し、二十二日に博多に上陸する。後述するように、この日に熊本では激戦が展開されていた。

　熊本鎮台へは鹿児島の不穏な情勢が刻々と入っており、九日には山県陸軍卿から事態切迫が伝えられ、十四日には熊本城死守の訓令が届いた。熊本鎮台は、前年の敬神党の乱で種田司令長官と高島参謀長が殺害されたのち、佐賀の乱当時の司令長官だった谷干城少将（旧高知藩士）が十一月に再任され、参謀長に樺山資紀中佐（旧薩摩藩士）、参謀に児玉源太郎少佐（旧徳山藩士。のち台湾総督、内務大臣、満州軍総参謀長、参謀総長）らが任じられた。さらに一月には川上操六少佐（旧薩摩藩士。のち参謀総長、陸軍大将）が参謀として加えられる。兵力は歩兵第十三連隊（連隊長与倉知実中佐）、小倉と福岡に屯所を置く歩兵第十四連隊（連隊長心得乃木希典少佐）、砲兵第六大隊（大隊長心得塩谷方圀大尉）ほかからなる。十四日に作戦会議が開かれ、三太郎峠での迎撃や城外での野戦といった策は用いず、歩兵第十四連隊の兵力も呼び集め、加藤清正が築城技術の粋をつくした天下の名城である熊本城に籠城する方針が決定された。三太郎峠はすでに薩軍に突破された可能性が高い。野戦の場合、敬神党に白刃で襲撃された際の恐怖を引きずっている兵卒では勇猛果敢な鹿児島士族に対抗できず、また熊本士族が背後から薩軍に呼応する可能性もあった。ただし、藩政時代の身分にこだわり統制が困難だった士族兵と異なり、一から訓練された徴兵は統率が容易という面もあった。さらに、小銃は最新式のスナイドル銃が優先的に配備され、大砲も野砲・山砲・臼砲あわせて二六門が据えられるなど籠城に必要な火力は整備されていた。熊本鎮台は各城門や法華坂《ほっけざか》などの通路を閉ざす一方、防御陣地を構築・強化し、地雷を埋設した。このほか、敬神党の乱で戦死した将兵の招魂祭を開き、各種の興業を行って団結を固めた。

十八日、薩軍先鋒の連合大隊が日奈久より北上中との情報が入り、鎮台から政府に電報が打たれた。戦闘が迫ったことをうけ、明日正午に「射界の清掃」のため市街を焼き払うとの通達が出され、市内は混乱をきわめる。

翌十九日はさまざまなことが重なった日である。前述のように政府はこの日に征討令を発しているが、電報を得た熊本県令富岡敬明《とみおかけいめい》（旧小城藩士）はただちに県下にこれを報知している。

正午前に熊本城大天守閣より出火し、火薬の搬出には成功したものの宇土櫓《うとやぐら》を残して本丸が全焼した。城を奪取された場合を顧慮した谷の策略、鎮台に紛れ込んだ薩軍内通者による放火、あるいは失火と諸説あるが、いずれにせよ籠城に不可欠な糧米五〇〇石が失われ、籠城後は食料の欠乏に苦心惨憺することとなる。また、あわせて本営だった本丸御殿も焼失し、非戦闘員の収容や病室の確保などにも大きな支障をきたした。かりに自焼だとすれば代価は高くついたといえよう。

さらに午後には予定通り「射界の清掃」が実施され、市街は火に包まれた。また、鹿児島県庁から派遣された宇宿行徳が鎮台を訪れたが、第一書記今藤宏が起草した大山県令からの文書は西郷の名前で次のように述べていた。

拙者儀今般政府へ尋問の廉有之《これあり》、明後十七日県下登程、陸軍少将桐野利秋、篠原国幹及び旧兵隊の者随行致候間、其台下通行の節は、兵隊整列指揮を可被受《うけらるべく》、此段及照会《しょうかいにおよび》候也。

明治十年二月十五日

陸軍大将　西郷　隆盛

熊本鎮台司令長官

あまりに高圧的な文面に驚いた西郷は、直ちに大山と今藤に回収を厳命したが、そのまま鎮台に届けられる。谷司令長官は事実上の降伏勧告に「陛下の軍に対し傲慢不遜」と激怒し、樺山参謀長も

「非職の身で司令長官を指揮するとは奇怪至極」と憤慨した。樺山は宇宿を呼び出して「武器を携え国憲を犯す者は武力で制圧する」と言い渡し、書面を突き返す。鎮台内部の鹿児島出身者や旧部下への高圧的呼びかけは、勅命による征討令が下ったこととあいまって、かえって彼らを徹底抗戦へと団結させた。川村の説得を拒絶し、樺山に降伏を迫るという高飛車な私学校の姿勢は、ことさら「味方」を敵に追いやる結果となった。

十七時には歩兵第十四連隊のうち、演習中の久留米から急行した山脇大尉率いる第一大隊左半大隊三三一名が入城した。また、第一旅団と第二旅団が明日神戸を出港するとの通知が入電している。谷司令長官は堅壁清野の態勢で籠城して「賊軍」となった薩軍を引き付け、政府軍の肥後平野展開を待って勝負をつけることとした。

二十日早朝、綿貫少警視の警視隊は熊本の外港百貫石《ひやつかんせき》に着岸した。小島（熊本市西区）で征討令発布を聞き、景気づけに樽酒を開けるが、城より一里の高橋で薩軍が城下に迫りつつあるという情報が入り、熊本出身者の案内により裏道を急行して正午過ぎに入城した。鎮台兵の総数は第十四連隊の一部を合わせて約二九〇〇名だったので、腕に覚えのある警視隊四八二名の増援に鎮台兵は「一層気力を増加」した（『従西従軍日誌』）。警視隊は古京町の外郭に配置され、城の西北側の平野邸（旧藩重臣平野九郎右衛門邸）を屯所とする。後述するように乃木少佐の指揮する約一五〇〇名の第十四連隊主力はスナイドル銃との交換に手間取って小倉出発が遅れ、進出した薩軍に入城を阻止されるので、警

21―熊本城の石垣

視隊が籠城前最後の補充部隊となる。籠城軍の総数は三三九七名だった。このほか、富岡県令以下の県庁幹部、将校の家族、さらに出張中の内務省大書記官品川弥二郎らも城に入った。

坪井川に面した長大な石垣や櫓に守られた東側に比べると、藩政時代に重臣たちの屋敷が並んでいた二の丸西側の外郭は強力ではなく、現在は県営の野球場や護国神社となっている藤崎《ふじさき》台《だい》と漆畑は突出部を形成し、挟撃されやすかった。ここが熊本城の弱点であることを認識していた谷司令長官は、兵力や大砲の半数を割いて重点的に配置したが、それでも防御は不完全だった。警視隊の喜多平太は「胸壁もなくまた樹木等もなく見透しの平坦な丘なり。これにて籠城とは覚束なしと思えり」と記している。これは、兵力不足のため二の丸まで防衛線を下げるのが谷の最初の方針だったが、警視隊の増援を得て外郭まで防御線を広げたことによるという。喜多らは大わらわで胸壁を応急的に構築することとなった。

なお、喜多は前夜に海上から熊本方面に火勢があるのを目撃していたが、二十日の夜も「射界の清掃」は続けられた。喜多は日誌に「火勢天に輝き白日の如し」、あるいは「これ已《や》むべからざるの勢に出るといえども実に惘然たる景況、独りここに悽然たり」と記し、家屋や財産を失った住民に同情している。

二十日の日中に城下には早くも薩軍の斥候が入った様子があるので、鎮台は岡本鋭威軍曹らを熊本南郊の川尻《かわしり》（熊本市南区。熊本城の約八キロ南方）に送ったところ、すでに別府晋介の連合大隊に属する薩軍約二〇〇〇名が集結し「隊伍整粛ならずと雖も勢甚だ剽悍」との報告が入ってきた。川尻は御蔵や船着場が現存するように熊本城下の水運の要衝だった。もともと城外での迎撃に積極的だった樺山参謀長は、隈岡長道大尉と小島政利大尉の二中隊に威力偵察を命じ、あわよくば夜陰に乗じて川尻の薩軍屯所を焼き払おうとしたが、薩軍に先に探知されて、誰何《すいか》された兵が不用意に発砲したため、あらかじめ警戒線を張っていた薩軍から激しい逆襲をうけてやむなく撤収した。薩軍は鎮台兵が先に発砲したと喧伝し、彼らの撤退をみて弱兵ぶりを軽侮している。

2　熊本城攻囲と田原坂

熊本城強襲

薩軍は鎮台が城下を焼き払ったことから抗戦の意思を察知していたが、二十日夜の威力偵察に失敗して捕虜となった片山岩太伍長を別府晋介が尋問し、熊本城が封鎖され臨戦態勢にあることをようやく知った。別府は後続の桐野・村田らを小川（宇城《うき》市）で迎えて協議のうえ、西郷に断ることなく鎮台兵との交戦を決意する。

翌二十一日、夜が明けるとともに薩軍は城下に進撃し、坪井通町より熊本城に接近したところ、坪井川に沿った嶽の丸と千葉城《ちばじょう》の陣地から鎮台兵に発砲され、これに応戦している。鹿児島城下から雪の峠道をいくつも踏破してきた他の大隊も続々と川尻や松橋に集結しはじめ、夕刻には西郷も川尻に置かれた本営に入った。深夜に軍議が開かれたが、もともと確固たる戦略を薩軍が立てていたわけではない。たとえば学校党の熊本士族を代表し、加勢を表明した池辺吉十郎《いけべきちじゅうろう》に対して別府は、「別に方略の定まるものなし。鎮台若し我行路を遮《さえぎ》らば、只一蹴して過んのみ」と豪語し、その無策に熊本城を熟知した池辺をあきれさせている（佐々友房『戦袍日記』）。予想外というべき鎮台の敵意に直面した薩軍の議論は、熊本城を一部の兵で牽制しつつ博多方面へ直行するか、全軍あげて城を攻略するかで分かれたが、結局は翌朝より城を攻めることに決した。

二月二十二日、薩軍は早朝から攻城戦を開始する。永山弥一郎の三番大隊と砲隊はまだ到着していないので全軍総攻撃ではなく、兵力の集中を待たずに行われた強襲というかたちになった。しかも統一性を欠いた拙速の攻城となった。最初に攻撃を開始したのは、池上四郎の五番大隊を中心とする約一七〇〇名の兵だった。この集団は白川を越え、午前六時より真正面というべき長六橋《ちょうろくばし》および安巳橋《あんせいばし》の両方面から城への攻撃を開始した。しかし、戦国時代の築城術の到達点というべき長大な石垣と櫓によって構築された幾何学的縄張は、近代戦でも絶大な効果を発揮した。池上隊は下馬橋《げばばし》・飯田丸《いいだまる》・千葉城からの野砲・山砲の猛砲撃、さらに敬神党の突入に際しては周章狼狽したものの堅固な陣

22── 熊本城攻防戦（明治 10 年 2 月 23 日）

地とスナイドル銃を得た第一大隊・第二大隊の組織的斉射で撃退された。攻撃の重点は東側から北側に回るかたちで京町口の埋門《うずめもん》へと移されたが、すべてはね返される。下馬橋からの突入を試みた桐野の四番大隊も、谷少将による大砲の機動的運用の結果、集中的な猛射を受けて撃退された。南側の古城や県庁への攻撃も同じく阻止される。鎮台の効果的火力集中に対し、薩軍の東方からの攻撃はいかにも場当たり的だった。砲隊の支援を待たずに堅固な城郭を攻め

23── 段山を望む（古写真）

たのは、きわめて無謀な戦術だったといわざるをえない。

一方、西側からは篠原国幹・村田新八・別府晋介といった錚々たる幹部に率いられた約三〇〇〇の兵が花岡山《はなおかやま》方面から井《い》芹川《せりがわ》を渡り、午前七時より藤崎台に攻撃をかけた。前述のように谷はここに防御の主力を据えていたが、薩軍もこちらに精鋭をふりむけ、地理を熟知する地元の士族も協力した。鎮台側は、藤崎台西端の片山邸（旧藩重臣片山多門邸）から空堀をはさんで一〇メートルの距離しかなく、しかもほぼ同じ高さの段山《だにやま》が熊本城のアキレス腱と認識していたが、強力な陣地を構築する人員も時間もなかった。そこで、段山を放棄するかわりに攻め上がってきた薩軍を火力集中で粉砕する方針がとられた。しかしながら、激戦のすえに別府晋介の隊がついに午前十時ごろに段山を占拠し、ただちに藤崎台への銃撃を開始した。さらに砲隊もようやく昼前に到着し、島崎村《しまさきむら》や花岡山などに展開して別府隊の攻撃を支援した。さらに段山にも山砲が上げられ砲撃を開始する。

これに対し鎮台側は、藤崎台を突破されれば城の中枢が一気に危うくなるので、谷は味方の犠牲を省みず必死に防戦するよう命じた。両軍主力の撃ち合いは猛烈なものとなる。薩軍が内応を期待した鹿児島出身の幹部である樺山参謀長と与倉連隊長は、猜疑を振り払うべく文字通り陣頭で指揮をしたが、段山にあがった狙撃手にとって格好の標的となり、与倉連隊長は片山邸で腹部貫通銃創を受けて翌日死亡した。身重の妻は乾壕に畳を敷き天幕を張っただけの避難所で出産したばかりだったが、与倉が娘の顔を見ることはなかった。樺山参謀長もまた藤崎八幡宮で重傷を負う。しかし鎮台兵は日没まで持ちこたえ、薩軍は段山からの攻撃を中止した。喜多平四郎は日誌に「敵にここより突入せられざりしは城兵の大勉励にして、勇というべし、強というべし」と称賛している。「糞鎮」と薩軍に愚弄された鎮台兵は、精鋭無比といわれた薩摩隼人と互角に戦いぬき、寸歩たりとも城郭内への侵入を許さなかったことで大きな自信を得た。逆に、種子島から動員されて一番大隊九番小隊に配属された桑山定芳は「今日の攻戦たるや我兵大に混乱雑擾し号令一に出てず、各自の意に任じて進退せり。実に失策と謂ふべし」と薩軍の指揮を酷評している（『丁丑野乗』）。

一方、熊本めざして薩摩街道（現在の国道三号線）本道を南下していた乃木希典少佐指揮の第十四連隊は、雪解けの泥濘での強行軍で兵士が靴ずれを起こすなど疲労が蓄積していた。靴ずれは初期の陸軍がかかえた大きな悩みで、佐賀の乱の際も陸路を進んだ熊本鎮台の第十一大隊右半大隊はこれが原因で海路佐賀に入った左半大隊との合流に失敗し、苦戦の原因をつくっている。乃木は二十二日昼前に高瀬《たかせ》（熊本県玉名市）で開戦の情報を得ると、ただちに精兵を斥候として先発させ、自らも前軍約四〇〇名とともに一五キロ先の台地にある植木《うえき》（熊本市北区植木町）に急行した。

植木は高瀬と山鹿《やまが》の双方から熊本に向かう街道が合流する要地である。第十四連隊主力の南下を察知した薩軍は、村田三介の五番大隊二番小隊を熊本城攻撃から解いて九キロ離れた植木に差し向けた。協同隊の高田露《たかたあきら》（のち衆議院議員）に導かれた村田隊は、植木の手前にある向坂《むこうざか》の崖上に布陣し、第十四連隊の斥候に夜襲をかける。そして、植木天満宮付近で乃木の部隊と激しい遭遇戦となった。村田隊が押され気味になったところへ、増派された伊藤直二隊、永山休二隊が戦場に到着し、月明のもとで激しい白兵戦となった。包囲されかけた乃木は街はずれの千本桜まで部隊を後退させることとし、連隊旗手の河原林雄太少尉に軍旗を持たせたまま撤収の援護を命じる。負傷した河原林は乱戦のなかで戦場に孤立し、植木手前約八〇〇メートルの投刀塚《なたつか》付近で伊藤隊押伍の岩切正九郎に斬られ、軍旗も奪われた。周知の通り、明治天皇大葬に際しての乃木大将殉死は、旅順要塞攻略に際してのおびただしい損害とともに、このおりの軍旗喪失も一因となったとされている。一方、薩軍も早朝からの連戦で疲労しており、追い討ちをかけられなかった。それをみた乃木は、態勢を立て直すため植木の台地から田原坂《たばるざか》を下った木葉《このは》（熊本県玉東町）まで後退している。翌朝、向坂《むこうざか》を通過した家村助太郎は下着姿の政府軍兵士の死体が点々と打ち捨てられているのを目撃した。軍服は住民たちによってはぎ取られたという。

なお、この日に博多では野津少将の第一旅団と三好少将の第二旅団からなる征討軍団が上陸を完了し、後続部隊も続々と編成されていた。

深夜、本荘村（熊本市中央区）の薩軍本営で軍議が開かれた。段山の占拠以外はすべての攻撃が失敗という重苦しい雰囲気のなかで、日ごろ無口な篠原国幹は兵力の半分を失ってでも全軍あげて夜襲をかけ、熊本城を一気に奪取すべきだと力説した。攻撃の続行こそ士気を維持する最良の方策という判断である。しかし、薩軍の損害も軽くはなく、遅れて軍議に加わった野村忍介は熊本城を包囲したまま主力を長崎・小倉に向けて北上させるべきだとし、桐野もこの意見に傾いた。激論のすえ決断を委ねられた西郷は遠からず熊本城は落ちると述べ、ついに夜襲による全軍総攻撃は中止となる。

翌二十三日にも薩軍は藤崎台を猛攻撃した。喜多巡査は日誌に「砲銃の音天地に振動し、山岳も為に崩れんことを疑う」と記しているが、前日同様に城郭内への侵入は阻止される。花岡山には砲台が築かれたが、砲弾は本丸や城の東部には届かなかった。ついに薩軍は強襲を完全に断念し、二十四日以降は長囲に方針変更して南下する政府軍への対応に力点を置く。なお、海軍は龍驤《りゅうじょう》や春日、鳳翔《ほうしょう》などの艦艇を二十二日までに八代海《やつしろかい》と島原湾《しまばらわん》に展開させており、二十三日には補給品を満載した薩軍輸送船の迎陽丸が拿捕された。以後、海軍は沿岸の薩軍陣地を砲撃するとともに海路を封鎖する。当時の日本は道路事情が悪かったので水上交通は重要な要素だったが、海を封鎖された薩軍は補給や兵力移動に苦しむようになる。なお、薩軍が熊本城を素通りせずに攻囲したことに対し、軍略家である伊《い》地知正治《じちまさはる》と板垣退助はそろって「敗兆」だと評した（『新編西南戦史』）。

熊本城強襲失敗は大きな誤算だったが、篠原が主張したように二十二日深夜に全力で藤崎台に夜襲をかければ、数時間で数千の死傷者を出す激戦のすえに鎮台を撃破し、城を占拠できたかもしれない。鎮台兵は谷にかわって西郷の部下に転じ、武器は薩軍の保有となっただろう。桐野はのちに篠原の説を採らなかったことを悔いたという。熊本城陥落というニュースの政治的効果は全国の不平士族に波及したであろう。逆説的にみると、あえて西郷が相互に大損害を出す決戦に挑まなかったのは、彼の本旨はあくまでも「政府へ尋問の筋これあり」と「大久保政権」への詰問であり、明治政府転覆といった暴力ではなかったことを示しているといえよう。

党薩諸隊の参戦

維新最大の英雄である西郷の挙兵は九州各地の不平士族に大きな衝撃をおよぼし、薩軍に参加する動きが広がる。開戦地熊本の旧藩士族のうち、明治三年における実学党の藩政改革以前は主流派だった学校党は一月から私学校と連絡をとっていたが、二月二十二日に健軍《たけみや》神社に集合し、翌日の京町口の戦いより薩軍に加わった。熊本隊は一五〇〇名と党薩諸隊でのなかで最大の人数で、大隊長が池辺吉十郎、副大隊長が松浦新吉郎《まつうらしんきちろう》、一番小隊長が佐々友房《さっさともふさ》だった。彼らは薩軍挙兵の情報をいち早く把握し、佐々らは敵愾隊を結成したが、決起の名分について議論を重ねたすえ、「禁闕守護の為に東上」を理由に兵を挙げている。

さらに、植木学校を設立して熊本における自由民権を推進し、農民の「戸長征伐」に賛同していた民権党も薩軍に加わった。彼らは学校党の議論がまとまらないのを横目に、二月二十日に保田窪《ほたくぼ》神社に結集し、選挙により隊長に平川惟一《ひらかわのぶかず》、参謀に宮崎八郎《みやざきはちろう》を選出し、熊本協同隊を結成する。当初の隊員は四〇名程度だったが、のちに三〇〇名以上に拡大する。宮崎は、薩軍への加勢は民権の趣旨と矛盾するのではないかと問われたが、まず薩人に現政府を倒させ、さらに反旗を掲げるという革命論を述べている。

このほか、旧藩馬術師範を務めた中津《なかつ》大四郎《だいしろう》も、熊本城炎上や熊本鎮台による城下焼き討ちをみて「是れ国家危急存亡の秋《とき》なり。士を以て自ら任ずるもの、薩軍と共に廟堂の小人を掃蕩し、蒼生を塗炭の中に救はざる可からず」と薩軍への加勢を決心し、約四〇名の有志とともに九品寺《くほんじ》で護衛隊を編成した。乗馬に秀でた彼らは、おもに糧食の供給など補給を担当したが、戦争の展開とともに前線にも配備され、龍口隊とよばれた。

こうした薩軍への加勢の動きは、前年八月に宮崎県から鹿児島県に編入された旧日向国の旧藩士たちにも広がっていった（宮崎県は明治十六年五月に再置）。薩摩藩主島津家の支族が藩主だった佐土原《さどわら》では、当主島津忠寛の三男でアメリカ留学の経験もある島津啓次郎《けいじろう》が約二二〇名の有志を率いて決起した。彼らは二月九日に豊烈神社と広瀬神社を参拝し、いったん鹿児島に入ったのち、本営に追随して人吉に入り、二十七日に熊本に到着して薩軍に合流している。

戦国期に島津家と雌雄を争った伊東家を藩主とした飫肥《おび》でも、二月十九日に伊東直記《いとうなおき》・川崎新五郎らが飫肥隊を結成した。飫肥隊は延岡《のべおか》や三田井《みたい》（高千穂町）を経て熊本に向かい、当初は川尻の警備にあたった。飫肥士族の指導的人物である小倉処平《おぐらしょへい》は、佐賀の乱に敗れた江藤新平が四国に渡るのを支援したため投獄されたが、薩軍が出兵した当時は大蔵省に出仕していた。彼は地元士族を説得すると称して東京を発ったが、のちに飫肥隊に加わっている。

延岡出身の宮崎支庁長藁谷英孝《わらがいひでたか》は本庁に呼ばれて大山県令から薩軍の編成を伝えられ、八日に延岡の第六大区長塚本長民《つかもとながひと》に書翰で報じている。なお、桐野利秋は旧日向諸藩の加勢を無用とした。しかし先に編成された飫肥隊が二十一日に延岡を通過し、その際には弾薬二万五〇〇〇発分が貸与されたが、これが起因となって延岡士族も延岡隊を編成する。熊本城が強襲された二十二日に第一陣一三〇人余が編成を完了。大島景保を小隊長、区長の塚本長民を軍事世話方とした。出兵動員に際しては、塚本のような区戸長の動向が強い影響力をもっていたが、士族は出兵と決した飫肥や佐土原に遅れをとるまいと「我も我も」と志願したという。このように、日向各地域の士族は互いに相手の動きに影響されるような形で出兵を決断している。なお、延岡藩内藤家は八万石を有する南九州唯一の譜代大名で、いわば薩摩藩への抑えだったが、士族には西郷隆盛への傾倒も存在した。たとえば第二陣三六名を率いた清水湛は降伏後に、「隆盛は維新の際尊王の義を天下に首唱し国家に大勲功あるものなれば、決して大義名分を誤らずと妄信し、又之に随行するは同県人の義務なりと心得」て決起したと証言している（『西南の役薩軍口供書』）。第一陣は二十三日に延岡を発ち、日之影《ひのかげ》、三田井、矢部《やべ》で宿営し、二十七日夜に熊本迎町《むかえまち》にある香福寺に着陣。第二陣も一日遅れで続き、延岡隊は三月一日より百貫石《ひやつかんせき》の守備についている。

このほか、三月三日に神瀬鹿三《こうのせしかぞう》らが人吉隊を組織して熊本に向かい、川尻の警備を任されていた。また、薩摩藩の私領だった都城《みやこのじょう》では旧領主島津久寛《ひさひろ》が義父の久光と同様に中立の立場を示して桜島に疎開したため議論がまとまらなかったが、龍岡資時・東胤正《とうたねまさ》ら出軍賛成派が都城隊を編成し、熊本城包囲に加わっている。

彼らの立場は旧体制の復古を志向する勢力や、士族対策や開化政策に不満を持つ者、民権実現のために「大久保政権」打倒を図ろうとする者、県の命令系統に素直に従った者など多様だが、誘引力となったのは西郷のカリスマ性と薩軍兵士の剽悍《ひょうかん》だった。

木葉・高瀬の戦い

二月二十二日に植木で乃木少佐の第十四連隊を後退させた薩軍は、二十三日の夜が明けると六個小隊一二〇〇名の兵力を増派し、追撃にかかることとした。一方、乃木は木葉《このは》の防御を固めつつ津森秀実大尉らを将校斥候として植木方面に送った。津森大尉は田原坂を登り切った七本《ななもと》で一〇〇〇名を越す薩軍が高瀬を目指して進撃しているのを発見する。薩軍も政府軍を発見して全軍突撃し、田原坂を一気に下って八時半ごろから木葉に猛攻撃をかけた。一方、第十四連隊も第三大隊長吉松秀枝《ほつえ》少佐の陣頭指揮で防戦に努め、こう着状態となる。吉松少佐は、年下とはいえ上官である乃木少佐がほとんど実戦経験を持たないのに対し、戊辰戦争の際に土佐藩兵を率いて各地を転戦している。会津戦争の際、大垣藩兵に捕えられた神保雪子（恭順論を唱えて切腹を強いられた会津藩上士神保修理の妻）に請われてひそかに脇差を与え、自決を助けた人物として知られ、妻は谷干城の姪だった。正面に加え、山鹿方面に向かった薩軍四小隊が方向を変えて背後の木葉山から攻撃に加わったため、第十四連隊は苦境に陥る。乃木は吉松の援兵要請を断りにわざわざ最前線に出てきたが、吉松の説得に応じて南関《みなみのせき》（熊本県南関町《なんかんまち》）に向って撤収した。稲佐《いなさ》で馬を銃撃されて落馬し、薩兵に斬り込まれたところを部下の大橋伍長と摺沢少尉試補が身を挺して救い、乃木は九死に一生を得ている。一方、吉松少佐は木葉に踏みとどまって戦死した。五番大隊に属した家村助太郎の回顧によると、本道には政府軍戦死者の遺体が点々と横たわり、乃木の本営には新品のスナイドル銃が一ダース入った函が六、七個捨てられていた。また、四斗樽の清酒も残されており、酒好きの者は「国を出てから初めて初めて」と騒ぎながら「乃木さんの置き土産」を痛飲したという。

第十四連隊を撃破した薩軍は追撃に転じようとしたが、本営からの指示で逆に植木に後退した。『西南記伝』によれば、乃木の部隊は一六〇挺を越えるスナイドル銃や一万二〇〇〇発の弾薬を遺棄するほど疲弊し、菊池川《きくちがわ》を渡った高瀬を確保せず五キロ北の川床《かわとこ》（玉名市三ツ川）まで後退したという。政府軍の戦死者は二九名だったが、薩軍は四名にすぎなかったので、追撃に転じれば福岡県境に近い南関まで確保できた可能性もある。植木への後退命令は誤報だったという説もあるが、家村助太郎の回想では、池上四郎隊長が馬で駆けつけて「敵を追撃するな。沿道の住民を苦しむるから直ぐ引揚よ」との西郷の命令をもたらしたという。家村は「南洲先生の敬天愛民の意趣はかゝる場合に於て忽ち発露した者かと感ずるので有ります」と回顧しているが、軍事的にみれば大きな機会を逃したといえよう。前夜における熊本城夜襲の断念とならび、薩軍は攻撃の反復という戦術の原則を徹底しなかった。なお、政府軍同様に薩軍の兵たちも早朝からの連戦で疲労困憊しており、家村は「植木町迄夜間に三里跡《ママ》戻り致しましたが、此時足が重くて歩けない様になったのには困りました」と述べている。

二十四日、乃木は吉松少佐の副官だった渡辺章《わたなべあきら》中尉に南下中の征討軍団との連絡を命じた。渡辺中尉は久留米で第一旅団の先遣隊に出会い、旅団司令長官の野津鎮雄少将に戦況を伝えた。第十四連隊の敗走を知った野津少将は、高瀬を確保するため彦坂大尉の中隊を人力車で南関まで急行させている。一方、薩軍側では熊本隊の佐々友房らの小隊が高瀬の対岸にある伊倉村《いくらむら》に進み、さらに薩軍の岩切喜次郎隊とともに菊池川を渡って高瀬を捜索したが敵の姿はなく、遺棄された銃や弾薬を回収し、伊倉に戻っている。

二十五日、第十四連隊は未明のうちに高瀬に戻り陣地を構築した。これを察知した熊本隊約三〇〇名と薩軍の三小隊からなる応援部隊約六〇〇名は、夕刻に伊倉から再び渡河したが、第一旅団に属する第八連隊（大阪。連隊長厚東武直中佐、旧長州藩士）の前軍も加わった政府軍に進出を阻止され、日没とともに伊倉に撤収している。なお、この日に近衛歩兵および大阪鎮台兵の残余の建制を解くかたちで下関において第三旅団が編成され、司令長官に三浦梧楼《みうらごろう》少将（旧長州藩士）、参謀長に揖斐章大佐（旧幕臣）が任じられた。また、参軍山県有朋も博多に到着している。

二十六日、第一連隊（連隊長長谷川好道中佐、旧岩国藩士。のち陸軍大将、朝鮮総督）、第十四連隊（連隊長心得乃木希典少佐）、近衛第一連隊（連隊長野崎貞澄中佐、旧薩摩藩士。のち陸軍中将）からなる政府軍は迫間《はざま》と高瀬大橋から菊池川を渡河し、川部田《かわべた》・寺田《てらだ》・伊倉の三方面で薩軍を総攻撃した。伊倉で岩切喜次郎隊は拠点を守ったが、川部田の越山休蔵《こしやまきゅうぞう》隊は乃木の第十四連隊に敗れて木葉に退却する。寺田では池辺吉十郎の熊本隊が丘陵陣地を第一連隊第一大隊長迫田鉄五郎《さこたてつごろう》大尉（旧鹿児島藩士）の部隊に攻撃され、さらに越山隊を破って川部田から移動してきた知識兼治大尉の部隊にも攻め込まれ、初陣早々撤収したため、乃木隊は本道を突破して木葉に到達する。ここで吉松少佐ら三日前の戦死者を埋葬し、さらに二個中隊が田原坂を駆け上がって坂上の要地を確保した。乃木は三好旅団司令長官に「此地一度失うならば、再び得難い」と全軍の前進を進言したが、寡兵では戦線を支えられないと判断した三好の厳命により、高瀬の先の石貫《いしぬき》まで戻っている。乃木が考えたように征討軍団の主力を田原坂に早い段階で前進させれば、実際とは異なる展開もあっただろう。

一方、薩軍は佐々友房の「敵愾隊」に属する熊本隊が吉次峠《きちじとうげ》を確保した以外は、峠の南麓にある木《き》留《とめ》（熊本市北区植木町）や、植木の手前の大窪《おおくぼ》（熊本市北区大窪）まで撤収している。しかし、散発的に熊本城の攻囲を続けていた薩軍本営も、征討軍団の南下という情報を得て決戦の態勢をとることとし、夕刻より一四個小隊二八〇〇名の兵力を大窪へ前進させた。

二十七日未明、薩軍は三方向から高瀬に向かって前進し、部署は次のように定められた。①右翼を務めた桐野利秋隊六〇〇名は山鹿へと迂回し、菊池川を上流の江田《えだ》で渡河して高瀬の背後を遮断する。②篠原国幹隊一二〇〇名は中央隊となり、木葉より高瀬大橋を渡り高瀬を攻撃する。③村田新八隊一〇〇〇名は吉次峠を越えて伊倉に至り、高瀬の下流で菊池川を渡る。一方、征討軍団の三好旅団司令長官は捜索隊を送って薩軍の接近をいち早く察知し、高瀬大橋を破壊するとともに三二〇〇名の兵力で迫間《はざま》・高瀬・岩崎原に防御線を張った。こうして、両軍の攻勢が激突する会戦となった高瀬第三戦の幕が切って落とされる。

午前六時、篠原国幹の部隊は菊池川に達したが、高瀬大橋が破壊されていたため、渡河点を二キロほど上流の川部田に変えた。三好旅団司令長官は後方の司令部から山砲隊をともなって迫間に移動して即応する。薩軍は何度となく渡河を強行しようとしては猛烈な銃砲撃に阻まれた。征討軍団も砲座の脇で陣頭指揮していた三好少将が肘を負傷するなど苦しい戦いだったが、篠原隊は堤防にはりついたまま動けなかった。

一方、桐野隊は十時ごろに高瀬より一二キロほど上流の内田《うちだ》(熊本県和水町)で菊池川を渡り、月田から予定を変えて元玉名の遥拝宮(玉名大神宮)をめざした。そして、前面に控える乃木少佐の部隊を破って迫間の第一連隊に攻撃を加えたが、対岸の川部田で動けなくなっている篠原隊との合撃を図ったと思われる。この行動について『新編西南戦史』は、「遥拝宮に攻撃の重点を指向した桐野は、その策を誤った」と評している。桐野がそのまま西進して高瀬と南関との連絡線を遮断した場合、政府軍は深刻な危機に陥ったはずである。また稲荷山の丘陵を抑えれば、第二旅団の本営は眼下にあり、玉名平野全体を眺望することもできた。船窪（九州新幹線新玉名駅の北方、大坊付近）の本営にいた参謀長野津道貫《みちつら》大佐は背後の稲荷山からの脅威を直感し、大迫尚克大尉（旧鹿児島藩士）率いる近衛兵を送った。大迫隊は一足早く山頂を確保し、迫ってきた薩軍四番大隊一番小隊半隊長の山内次郎隊にスナイドル銃で猛射を加えて撃退する。ようやく稲荷山の戦術的価値に気づいた桐野は兵力を増派したが、ついに奪うことはできなかった。ちなみに、大迫尚克大尉は第七師団長として二〇三高地を陥落させた大迫尚敏《なおとし》の弟にあたり、兄は熊本城に籠城中だった。

左翼の村田新八隊は高瀬下流の大浜から渡河し、西郷小兵衛が先陣を率いて岩崎原に展開し、敗走した第八連隊を葛原山に圧迫しつつ繁根木《はねぎ》から高瀬に迫った。午後に入っても稲荷山の桐野隊と繁根木の村田隊は激戦を続け、篠原隊も加世田八郎隊が渡河に成功して村田隊の応援に加わった以外は左岸から動けなかったが、征討軍団の主力をひきつづき拘束していた。薩軍は攻撃開始時刻がそろわなかった以外、一応は三方合撃のかたちとなっていた。

ところが午後二時ぐらいに、早朝から戦い続けた篠原隊の弾薬が尽きた。これをみた篠原はやむなく後退を命じる。その結果、征討軍団は中央に余力が生じ、まず右翼から村田隊を集中攻撃した。激戦のなか、永徳寺村《えいとくじむら》の繁根木川で敵の様子を見ようと土手に上がった西郷小兵衛は銃弾に当たり戦死する。村田隊は総崩れとなったが、撤退するにも船は二隻しかなく、河東祐五郎『丁丑弾雨日記』によれば「衆兵船を争ひ誤て水に落ちるものあり、一隻は余りに多人数乗込みし故中流に至りて沈没せり」という惨状だったが、村田らはなんとか対岸に撤収することができた。佐々友房は小兵衛につき「身幹長大、状貌秀偉、しかして挙止沈重、言語寡黙、また西郷翁の弟たるにそむかず」と彼の器量を絶賛している。それだけに小兵衛の遺体が搬送されてくるのを吉次峠で目撃して、「聞く者痛惜せざるものなし」という様子だったと『戦袍日記』に記している。西郷も末弟の死に茫然とし、一言も語らなかったという。また、所属隊はわからないが、西郷の息子の菊次郎もこの日に足に重傷を負い、のちに切断している。苦戦中だった桐野隊は、野津鎮雄が送った増援軍が戦場に展開したため包囲の危機に直面し、午後五時ごろに船山古墳で知られる江田方面に撤退した。

午後六時には薩軍は菊池川右岸から完全に姿を消し、征討軍団の全面勝利となった。薩軍の北進は阻止され、以後は守勢にたたされることとなる。西南戦争における天王山といわれるゆえんであるが、征討軍団も被害甚大で、総力をあげて追撃する余裕はなかった。

征討軍団は近接戦では兵の技量が薩軍に劣ったが、情報の把握や統一的指揮の態勢が整備されていた。ただし、薩軍の攻勢への備えに慎重になりすぎるきらいがあった。一方の薩軍は戊辰戦争の経験がある隊長たちの指揮能力は高く、兵士たちも勇猛果敢で、火力の弱さと弾薬の欠乏を経験と命中率でカバーしたが、情報が行き渡らないため相互支援が錯綜した。征討軍団が戊辰戦争で勲功を示した二人の旅団司令長官のもとに、有能な参謀たちを配置していたのに対し、薩軍は西郷の幕僚たるべき桐野や篠原らが前線に出ている状態で、作戦も直観に頼る危うさがあった。「監視」下の西郷は総指揮にあたろうとせずにシンボル的役割に徹し、薩軍には統一指揮や参謀にあたる存在がなかった。電信が征討軍団の前線近くまで張りめぐらされ、補充兵や武器・弾薬が博多や長崎に到着した汽船から続々と送りこまれてくるにしたがい、両軍の差異は一層顕著になってくる。これらは、熊本鎮台や海軍の加勢に過度の期待をかけた錯誤に続く、西南戦争で西郷が「敗者」となる戦略的原因となる。

田原坂の死闘

高瀬の戦いの後、征討軍団は博多からの第三旅団（三浦梧楼少将）、別働第一旅団（大山巌少将）の増援を待っていた。その間、薩軍は時間を活用して高瀬から熊本にむかう主要な通路である田原坂の防御を固め、助攻が予想される吉次峠にも堅固な陣地を設置し、また桐野隊が山鹿方面の拠点を強化し、総延長二〇キロにおよぶ防御線を敷いている。

田原坂は標高差八〇メートル程度のゆるやかな丘陵だが、加藤清正によって本道は兵を敵の視界から隠すため凹道で築かれ、攻撃側に不利なように滑りやすい赤土の道を屈曲しながら進むように設定されていた。さらに薩軍は五〇歩ごとに土塁を構築して道路を遮断し、横穴を掘って待避壕にしている。従軍記者として戦地に入った東京日日新聞主筆福地《ふくち》源一郎《げんいちろう》は次のように表現している。「坂は急上りの長坂にて、半腹の屈曲をなし、坂の両側は皆谷にて谷の内の両側は切り崖、樹木茂る。この険の突角の所を撰びて、賊は砲塁を二重にも三重にも構へ、土俵が間に合はぬとて、百姓共が囲み置く粟麦などを俵のまゝ用ひたる程なり」。

なお、現在はＪＲ鹿児島本線が走っている木葉川沿いの谷を隔てて、西側には二俣台地、横平山《よこひら》、半高山が連なり、標高二四五メートルの吉次峠をはさんで三ノ岳《さんのたけ》（六八一メートル）がそびえていた。

三月三日、征討軍団は南下を開始する。三好重臣少将は高瀬で負傷していたため、野津鎮雄少将が二つの旅団を指揮した。攻撃は本道と吉次峠の二方向で開始される。まず本道は負傷した乃木少佐にかわり青山朗大尉（旧尾張藩士。のち陸軍少将、名古屋市長）の指揮する第十四連隊を先鋒とし、木葉山の陣地を奪って田原坂の登り口である境木に前進した。一方、吉次峠方面は第一連隊の迫田大尉率いる二個中隊を前衛とし、立岩《たていわ》の薩軍を敗走させて峠の北側の原倉《はらくら》を占領している。峠を守っていた熊本隊の佐々友房は、潰走してきた薩軍を抜刀して押しとどめ、急を聞いて木留から駆け付けてきた篠原に善処を求める。篠原は太刀を抜き一喝して兵たちを覚醒させ、瞬時に混乱を治めた。佐々は初対面である篠原の印象を「顴骨《かんこつ》高く秀で眼光射るが如く謹厳剛直の風あり。一見人をして畏敬の心を起さしむ」と記している。なお、山県参軍は大山巌の別働第一旅団とともに高瀬に到着し、野津旅団司令長官と翌日の総攻撃を協議している。

翌三月四日は雨となったが、征討軍団は本道・二俣・吉次峠の三方向から総攻撃を開始した。まず本道方面は熊本県最古の石橋といわれる豊岡眼鏡橋付近を拠点とし、左翼は山口素臣《やまぐちもとおみ》少佐（旧長州藩士。のち陸軍大将）の率いる近衛第一連隊第一大隊が平原を攻撃したが、高瀬の稲荷山で殊勲をあげた第二中隊長大迫大尉が戦死するなど苦戦し、鈴麦《すずむぎ》まで撤収する。一方、本道方面では青山大尉の第十四連隊第三大隊が遊軍となり、砲兵の火力支援を受けつつ急坂である一ノ坂を駆け上がった。征討軍団の準備砲撃は、家村助太郎の回顧によると、坂の右手にあった松林が薙刀で切り払ったように景観が一変するほどの威力だったが、薩軍は待避壕で耐えたので効果は薄かった。薩軍の反撃は激烈で、高台から効果的に狙撃し、時には白刃をふるって突入してきた。「進むものは必ず傷つき、退くものは必ず殪《たお》れ、復《ま》た一人の完膚あるものなかりき」という状態で、野津旅団司令長官自ら前線近くに現れ、訣別の酒を酌み交わして将兵を激励したが、ついに田原坂を抜くことはできなかった。谷司令長官の命令を受けて熊本城を発し、城内の様子を三好旅団司令長官に伝えた谷村計介《たにむらけいすけ》伍長もこの戦闘で三ノ坂において戦死している。谷村は佐賀の乱に際しても無類の働きをしており、後年に「軍人の亀鑑」と偶像化された。

吉次峠方面は野津道貫大佐の指揮により原倉から再度攻勢を開始し、熊本隊と交戦しつつ半高山をおおむね占拠したが、増援隊を率いた村田新八と篠原国幹は、それぞれ半高山頂上と三ノ岳中腹から野津支隊を挟み撃ちにするかたちで突撃した。不意を突かれた野津支隊は総崩れとなる。篠原は真紅の裏地のマントをひるがえし、銀装の太刀を振るって颯爽と追撃を指揮していたが、近衛第一連隊第二大隊長江田国通《えだくにみち》少佐は鹿児島出身で篠原を熟知していた。江田は射撃に秀でた部下に狙撃を命じ、六本楠で篠原は戦死する。しかし、江田少佐も薩軍の銃火に倒れた。野津大佐は形勢不利と判断して全軍を高瀬まで撤退させたが、部隊の戦死傷は一八〇名に達した。吉次峠は佐々友房隊がその後も死守し、征討軍団将兵の間では「地獄峠」と呼ばれるようになる。佐々はのちに済々黌を創設し、国権政社紫溟《しめい》会の中心人物となった。征討軍団は一日で一〇万発以上の弾丸を費やしたが、この日の戦果は二俣台地を宇佐川一正少尉（旧長州藩士。のち陸軍中将）らの部隊が確保したことのみであった。

これとは別に山鹿方面では、高瀬からの撤収後に飫肥隊などの増援を得て部隊を再編した桐野隊が三月三日より、南関に向けて攻勢を再開した。豊前街道を進む本軍の先導は熊本協同隊長である平川《ひらかわ》惟一《いいち》らが務め、永野原《ながのはる》で征討軍団を撃退したが、平川はここで戦死している。野村忍介の一隊は、難所である車返しの坂と腹切坂を突破して岩村に至った。さらに間道を進んだ支隊は南関から八キロの板楠《いたくす》（和水町）にまで至る。翌日、いよいよ総攻撃を加えて南関を占

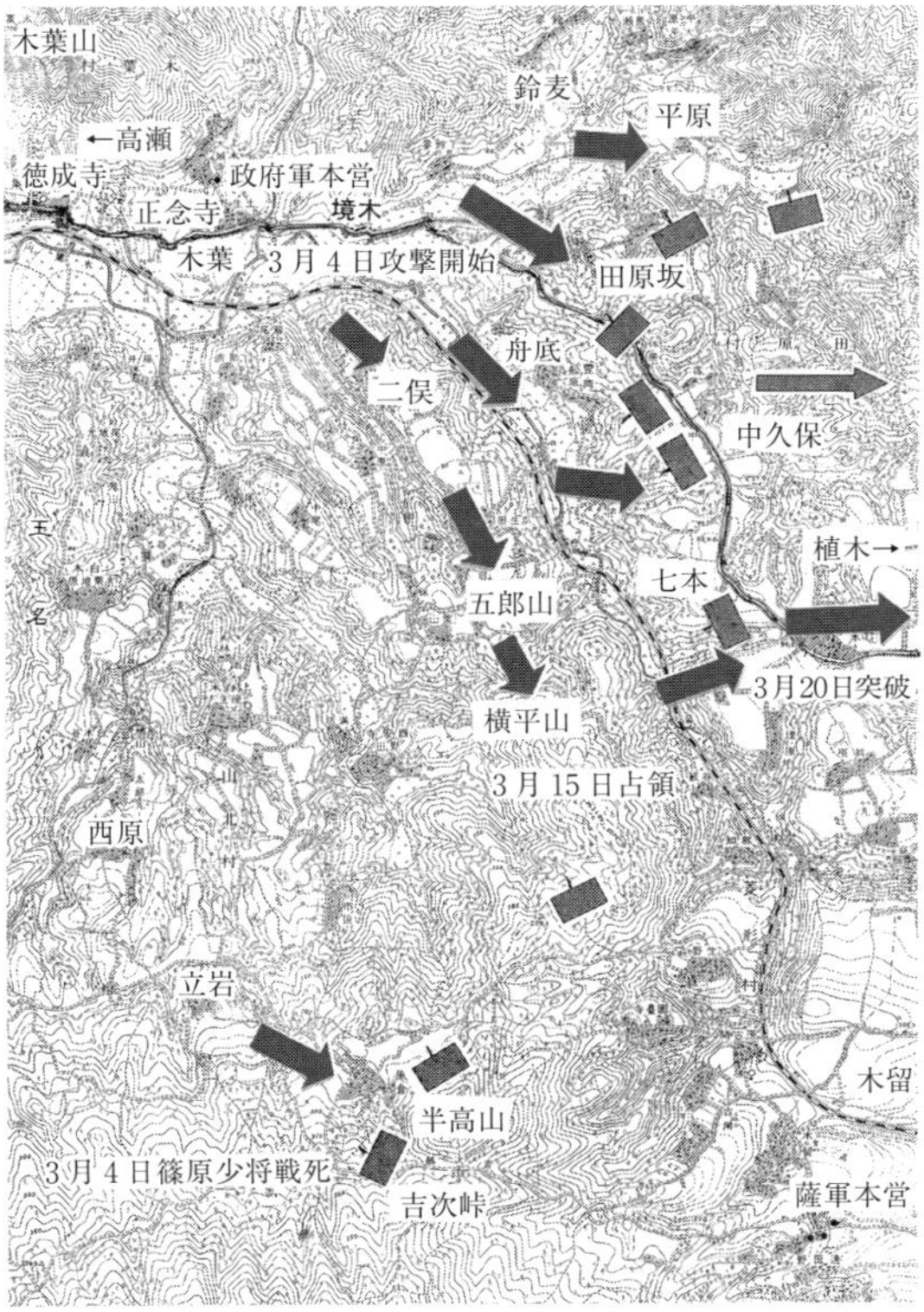

24── 征討軍団の進撃と3月20日未明の薩軍拠点

拠し、高瀬や木葉に展開した征討軍団の後方を遮断する手はずだったが、斥候から田原坂方面で薩軍大敗との報が入り、やむなく桐野は後退を命じる。しばらくして「田原大敗」は木葉前面にある稲佐陣地放棄の誤報と判明したが後の祭りだった。態勢を立て直した征討軍団は第三旅団を差し向けてきたため、山鹿近郊にある鍋田《なべた》台地に陣を張って対抗する。河東祐五郎『丁丑弾雨日記』は「行くときは是擾々一隊の兵、帰るときは是寥々半隊の士」だったと記している。以後、田原坂・吉次峠のラインと同様に山鹿でも戦線はしばらく膠着した。

征討軍団は苦戦中の田原坂本道への正面攻撃に加え、西側の舟底から木留方面に木葉川をさかのぼるかたちで陣地を延ばし、本道を横合いから圧迫することとした。さらに谷を隔てて田原坂に向き合う二俣から横平山にかけての舌状台地を確保して砲台を築き、攻撃を支援する方針を立てた。三月六日、征討軍団は二回目の総攻撃をかけたが、薩軍は肉薄されるや抜刀攻撃を加えた。いったん薩軍の陣地を占領しても不意に斬り込まれ、白兵戦に不慣れな政府軍兵士は恐怖に陥って潰走した。そこで征討軍団は砲兵・工兵も含めて射撃が上手な兵を選抜し、別働狙撃隊三個小隊を編成して薩軍の抜刀隊に備えている。また、将校・下士の損耗があまりに激しいため、抜擢補充の権限を旅団司令長官に委ねることが決定された。もともと政府軍は、少佐の乃木が連隊長代理を務めるなど、とくに佐官クラスの人材が十分ではなく、死傷者を出すと尉官が大隊長を代行するなど指揮官の確保に苦慮した。このため、陸軍士官学校の卒業を早め、あるいは教導団の生徒を前線に送っている。さらに予備役も総動員しており、後述するように士族出身の警察官の召募がすすめられる。

三月七日、征討軍団は田原坂本道と吉次峠は牽制にとどめ、二俣口から舟底の谷を進んで田原坂後方の中久保を奪取して薩軍を包囲することに重点を変換し、三回目の総攻撃を加えた。江見大尉の指揮による二俣台地からの砲撃に支援された攻撃隊は本道に肉薄したが、薩軍の抵抗は激しく、さらに横平山から熊本隊が二俣に攻撃を加えて牽制した。早朝に始まった戦闘は夜にまでおよび、さらに薩軍は効果的な夜襲を加えてきた。この日の征討軍団の損害は死傷者二五九名におよんでいる。さらに薩軍は抜刀突撃のみならず将校を巧みに狙い撃ちしていたので、征討軍団は翌日から将校の軍帽を布で巻いて徽章を隠し、下士・兵卒と同じ外套を着用させて目立たなくするように工夫している。

征討軍団は田原坂本道を見下ろせるうえ二俣台地の防御上でも重要で、さらに吉次峠と田原坂との連絡線上にある横平山の戦術的価値を発見し、以後は攻撃の重点をここに集中する。九日に征討軍団は二俣から横平山にむけて攻勢を開始し、とくに五郎山堡塁では猛烈な白兵戦となったが、工兵の決死の働きもあって山頂近くに陣地を構築することができた。しかし薩軍の防戦も激しく、この日の征討軍団の戦死傷者は一八二名で、彦坂大尉ほか五人の大尉を失っている。以後六日間にわたり横平山をめぐって一進一退の戦いが続けられた。あわせて本道方面でも中久保をめぐる激戦が連日展開される。

征討軍団は日産一二万発という国内の製造能力を無視して連日三〇万発以上の弾薬を費やしたが、薩軍は巧妙に陣地を構築して耐え抜き、弾薬の欠乏を射撃の精度で補った。また、白刃による突撃は政府軍を混乱に陥れた。しかし、物資の補給や人員の補充は政府軍がはるかに恵まれ、薩軍兵の疲労もしだいに増してきた。さらに、最初は白兵突撃におびえた征討軍兵士も戦場に慣れるにつれて数で対抗する戦術を体得するようになる。そして、征討軍団は南関や高瀬など後方警備のために派遣された警視隊のなかから剣術の達人を選抜し、抜刀隊を編成した。

抜刀隊の登場と田原坂陥落

抜刀隊編成は、海軍の参軍として三月七日に高瀬に入った川村純義が、「斬り込み隊を送って薩軍の堡塁を制圧できないものか」とつぶやいたのを、同行した上田良貞大警部らが敏感に耳にし、志願者を募ったのがきっかけとされる。翌日、川畑種長大警部・園田《そのだ》安賢《やすかた》中警部・永谷常修中警部らが上田大警部とともに参軍山県有朋を訪ね、剣術達者な警官の実戦投入を進言した。ちなみに、彼らは全員鹿児島県士族である。軍隊と警察の役割の混在を嫌う山県は却下したが、薩軍の白刃突撃による損害も無視できず、十一日の四回目の総攻撃も一度は立花木で植木街道まで到達するものの、夕刻には薩軍の白刃突撃により撃退された。ここにいたって山県は抜刀隊投入を決心する。一〇一名からなる抜刀隊は別働第一旅団を改編した第四旅団に配属された。

一方、薩軍も増援の貴島清隊および福島隊が熊本に到着していた。貴島清は征韓論政変当時の熊本鎮台鹿児島分営長で陸軍少佐の地位にあったが、東京出張中に分営が放火で全焼し、兵たちは全員脱営してしまった。貴島は責任を負って辞職したが、政変後も軍に所属したということで私学校から距離を置かれており、西南戦争勃発時も声がかからなかった。常に洋書を手放さない教養人でもあったが、私学校を退校した川上親晴は「貴島さんは薩南の青年が西郷先生を懐うあまり往々流言蜚語を信じいたずらに客気に駆られて大局を誤ることを慨嘆し、大いに国家の前途を憂慮されていた」と回想している（『西南秘史川上親晴翁伝』）。しかし薩軍の苦戦を聞き、大山県令と図って追加兵を募り、水野流居合師範の篠崎七郎左衛門を監軍とする約四〇〇名の部隊を編成した。貴島隊は大分方面に進撃して征討軍団を牽制しようとしたが、桐野利秋の支援要請をうけて宮崎から熊本に方向を変えて参戦することとなる。一方、福島隊は高鍋藩の分領だった福島（宮崎県串間市）で、区長坂田《さかた》諸潔《もろきよ》が大山県令の檄に応じて編成した一三〇名の部隊である。二月二十七日に福島を出発し、人吉経由で熊本に進んできた。両隊は飫肥や高鍋・佐土原からの二番隊や高岡《たかおか》（宮崎市高岡町）からの増援諸隊と合わせ、貴島を指揮長として新設された八番大隊に編入される。

三月十四日午前六時、号砲三発とともに政府軍は攻撃を再開、近衛第一連隊と第八連隊が薩軍陣地に接近するのに合わせ、抜刀隊は突進して薩軍陣地を蹂躙し、三つの堡塁を奪取した。しかし、味方の援護が続かず陣地を敵に明け渡す。とはいえ抜刀隊の威力を確認することができたのは、征討軍団にとって大きな成果だった。この日の戦闘は田原坂開戦以後最大規模で、征討軍団の死傷者は三二二名。抜刀隊も一〇人の戦死者を出している。なお、戦闘終結後に田原坂を取材した『郵便報知新聞』記者で、のちに首相になる犬養毅による次の記事はよく知られている。

十四日、田原坂の役、我進んで賊の堡《とりで》に迫り、殆《ほとん》ど之を抜かんとするに当り、残兵十三人固守して退かず、其時故《もと》会津藩某（巡査隊の中）身を挺して奮闘し、直に賊十三人を斬る。其闘ふ時大声呼《よば》わって曰く、戊辰の復讐、戊辰の復讐と。是は少々小説家言の様なれども、決して虚説に非ず。此会人は少々手負いしと言う。

勲功をあげたのは旧会津藩士田村五郎二等少警部といわれる。戊辰戦争の際に越後口で自刃した野尻代官丹羽族《やから》の子で、父親のほか四〇人もの親類が犠牲となっていた。田村はのちに新撰旅団参謀部に配置されて各地を転戦し、「戊辰の復讐」をやりとげた。神田和泉橋署長を最後に四〇歳で退官したのちは丹羽姓に復帰し、技刀隊戦没者七周忌に際して名士の揮毫を集めた『彰功帖』を編纂して戦死者三三人の遺族に配った。さらに北海道に渡って檜山支庁瀬棚村（せたな町）の開墾に尽力し、昭和三年（一九二八）に死去している。

三月十五日、朝靄を突いて薩軍河野喜八隊が横平山の陣地を急襲し、征討軍団を潰走させる。野津道貫大佐は近衛第二連隊より町田中尉の中隊を増援に回し、一進一退の攻防となった。さらに南関から到着した上田大警部らの第二次抜刀隊が投入された。午後四時に抜刀隊は薩軍陣地を奇襲し、ついに横平山を完全占領した。薩軍河野隊は全員死亡しているが、第二次抜刀隊も五〇名中一三名が戦死、負傷者も三九名にのぼり、『新編西南戦史』が「精鋭は殆どいなくなった」と述べるようにこちらも全滅状態となる。立花木・田原坂本道でも激戦が展開され、征討軍団は全体で二五四名、薩軍も七〇名以上の戦死者を出した。参謀本部陸軍部編『征西戦記稿』は「是の日の戦は開戦以来第一の劇戦《ママ》なりとす。夫れ田原坂・伊倉・二俣の開戦より昼夜劇闘既に十余日を経て、両軍の死傷甚だ多し。戦の劇烈なる、我が邦古今の歴史上に未だ嘗《かつ》て見ざる所なり」と記している。しかし、横平山が征討軍団によって確保されたことで二俣台の砲台が盤石となったばかりか、田原坂の陣地も丸見えとなった。一方、田原坂の薩軍は横合いからの圧迫を制することが不可能となり、全体の流れは大きく変わる。

なお、山鹿方面でもこの日は鍋田で桐野利秋の薩軍・熊本協同隊・飫肥隊と三浦梧楼少将の第三旅団との間で大激戦が展開され、政府軍は七四名が戦死。薩軍も十二日に戦死した五番大隊二番小隊長の村田三介らに続き、飫肥隊二番小隊長高橋元安など一〇〇名以上の死傷者を出したが、戦線を守り抜いている。

十六日は休戦日となったが、高瀬の光蓮寺や木葉の正念寺、徳成寺などの寺院は約二〇〇〇名の政府軍傷病兵であふれかえっていた。重傷者は博多や長崎、さらに大阪にまで送られる。薩軍も川尻の延寿寺《えんじゅじ》に置かれた野戦病院のほか木留に臨時治療所を置き、ウイリスから教育を受けた児玉剛三ら医師たちが懸命に治療にあたっていた。病院掛だった久米清太郎の日記にも、十一日から田原坂や山鹿から連日四〇人以上の負傷者が川尻に送られてくる様子が記されている。十四日になると延寿寺だけ

25――博愛社が認可された旧ジェーンズ邸

では間に合わなくなり、正中島にも病院が増設される。熊本では藩医だった八世鳩野《はとの》宗巴《そうは》が医師仲間によびかけて薩軍・官軍を区別せず治療を開始した。また、同胞相撃つという状況を憂慮した元老院議官佐野《さの》常民《つねたみ》と大給恒《おぎゅうゆずる》も、敵味方を問わない傷病者救護を訴えて博愛社《はくあいしゃ》の設置を政府に出願し、五月三日に熊本城内旧ジェーンズ邸で征討総督有栖川宮熾仁親王の許可を得た。これらの事業は日本赤十字社へと発展していくこととなる。

十七日に征討軍団は五回目の総攻撃をかけた。二俣に加えて高台の横平山からも新たに支援砲撃が開始され、本道正面および側面から猛攻撃が加えられたが、それでも薩軍は頑強に守り抜いた。征討軍団が一日で三二万発と旅順攻囲戦を上回る銃弾消費量を出したのに対し薩軍は三万発で、寺の梵鐘や鍋釜など徴発した金属を溶かして弾丸を製造し、さらに木弾や石すら発射するようになる。さらに政府軍が山砲を巧みに陣地移動して味方の攻撃を支援したのに対し、薩軍の大砲は砲弾が欠乏して完全に沈黙していた。なお、この日の戦闘で近衛歩兵第一連隊第一大隊第一中隊を指揮していた寺《てら》内正毅《うちまさたけ》大尉（旧長州藩士。のち陸軍大臣、朝鮮総督、首相）は重傷を負い、右腕の自由を失っている。

三月十八日も田原本道と側面で激しい陣地戦が展開されたが、全体的には大きな進展はなかった。

一方、南関・高瀬とは別に豊後口からも、檜垣直枝権少警視（旧土佐藩士）を指揮官とする約五〇〇名の警視隊が熊本をめざして阿蘇方面に派遣されていたが、桐野は山鹿から鎌田雄一らの増援隊を二重峠に送って対抗し、この日に坂梨《さかなし》（阿蘇市一の宮）から攻め寄せてきた副指揮長佐川官兵衛《さがわかんべえ》大警部の一隊二〇〇名と黒川（南阿蘇村河陽）で半日におよぶ白兵戦を展開して撃退している。佐川は元会津藩家老で、戊辰戦争の際に北越戦線や鶴ヶ城攻防戦で縦横に活躍し、「鬼官兵衛」の異名をとったことのある人物だが、この戦いで戦死した。当時、阿蘇地方では戸長征伐の一揆が勢いを得ており、農民は征討軍団を「官賊」と敵視していたが、薩軍は合流する姿勢を全くみせなかった（上村希美雄『宮崎兄弟伝　日本篇上』）。

三月十九日は休戦日となったが、征討軍団は作戦会議を開き、翌日の総攻撃の部署を定めている。後述するようにこの日、別働第二旅団が衝背軍として日奈久に上陸し、南方に新たな戦線が構築されていた。それまで六日間晴天が続いていたが夜から豪雨となり、濃霧のなかで両軍は朝を迎える。

三月二十日午前五時、征討軍団は豪雨下の舟底の谷に集結。午前六時に二俣と横平山から今までにない猛砲撃を田原坂に加え、その援護を受けつつ各部隊は田原坂本道、側面から総攻撃を開始した。とくに重点が置かれたのが七本《ななもと》の柿木台場で、本多中尉率いる近衛第一連隊の兵が先鋒となって攻め寄せる。ここを守っていたのは高鍋隊だった。高鍋は秋月家二万七〇〇〇石の旧城下で、当時の秋月家当主で元老院議官の秋月種樹《あきづきたねたつ》は華族でも屈指の知識人として知られている。高鍋士族は二月段階では静観していたが、貴島隊および分領からの福島隊に刺激されるかたちで、区長武藤東四郎や神代勝彦らが三月九日に二〇〇名の部隊を編成した。人吉経由で熊本に入ったが、ただちに田原坂への増援を命じられ、十六日から戦闘に加わったばかりだった。豪雨と濃霧のなかで背後を突かれた高鍋隊は瞬時に壊滅し、これが波及して七本の薩軍は一気に崩れた。先鋒隊は敗軍を追って午前十一時には植木にまで進出したが、ここを守備していた薩軍は無警戒だったため、武器・弾薬・輜重を遺棄して遁走している。田原坂本道の薩軍は後方が破れ挟撃されても踏みとどまったが、これも十時頃には撤収し、一七昼夜にわたる死闘はようやく終局を迎えた。

植木を確保した征討軍団は熊本まで突進して守城軍との合流を図ろうと決心し、野津大佐らの指揮で前進したが、薩軍の貴島清・中島健彦は向坂で敗軍を収容して戦線を再編し、さらに小倉壮九郎らの増援隊が本道を封鎖したため、野津の部隊は凹道で完全に包囲され、砲兵隊の江見大尉らが戦死するなど三〇〇名近い犠牲者を出す。野津らは血路を開いて脱出し、これを追った薩軍は植木の半分を奪回して政府軍と対峙した。なお、田原坂の陥落をうけて山鹿の桐野隊と協同隊も隈府《わいふ》（菊池市）まで戦線を下げている。こうして吉次峠―木留―萩迫―植木―隈府を結ぶ防衛線が再構築され、征討軍団の熊本への南下は二〇日あまり阻止された。田原坂の戦いを通じて、薩軍は三〇〇〇人以上の死傷者を出し、征討軍団の戦死者は一六〇〇名を越えた。

三月末の段階でも勝敗の帰趨はまだ明白ではなかった。こうした状況をみて、薩軍に呼応する動きが戦域外でもみられた。三月二十七日に福岡では、民権運動に加わっていた旧福岡藩士族の越智彦四郎《おちひこしろう》・武部小四郎《たけべこしろう》ら一五〇名あまりが福岡城の鎮台屯所を襲撃したが、情報が漏れていたために鎮圧され、大休山に敗走している。越智らは四月までに捕縛され、五月に福岡で斬首された。のちに玄洋社員となる奈良原至は、萩の乱への加担の嫌疑で頭山満《とうやまみつる》らとともに投獄されていたが、獄舎から処刑場に連行される武部が発した「行くぞオォーオオオーｌ」という颯爽たる絶叫について、「あの声は今日まで自分《わし》の臓腑《はらわた》の腐り止めになつて居る」と語っている（夢野久作『近世快人伝』）。

その四日後の三月三十一日には、大分県中津で増田宋太郎《ますだそうたろう》らが薩軍に呼応しようと同志と中津隊を組織し、警察署を襲撃して軍資金を確保し、さらに府内城に置かれた大分県庁の奪取を図るが失敗する。増田は福沢諭吉の遠縁にあたり、当初は尊王攘夷運動に傾倒していたが自由民権運動に転じて中津共憂社を結成し、『田舎新聞』を編集して政府の専制を糾弾していた。中津隊は方向を変えて熊本に向かい、阿蘇の二重峠で薩軍との合流に成功し、各地を転戦している。

衝背軍上陸

薩軍は熊本城を包囲しつつ征討軍団の南下を阻止するため、主力の大半を熊本周辺に展開させていたが、後方の防御は非常に手薄になっていた。西南戦争勃発をうけて、政府は前左大臣島津久光の加担を阻止するため、柳原前光（公家出身。元老院議官）を勅使として鹿児島に派遣することとし、さらに参議兼開拓使長官の黒田清隆と陸軍大佐高島鞆之助《たかしまとものすけ》（旧薩摩藩士。のち陸軍大臣）を随行させた。一行は海軍少将伊東祐麿《いとうすけまろ》（旧薩摩藩士。のち海軍中将。海軍元帥伊東祐亨の兄）が指揮する軍艦四隻の護衛艦隊と一個半大隊の陸軍護衛兵、七〇〇名の警視隊あわせて二〇〇〇名を伴い、三月七日に鹿児島に上陸した。ちょうど田原坂で三回目の総攻撃が行われた日である。柳原勅使は久光に諭書を与え、さらに県に中原尚雄らを釈放させた。柳原は十二日に県令大山綱良に御用召を命じ、中原らをともなって長崎に向かっている。島津久光は代理として息子の珍彦《うずひこ》と忠欽《ただかた》を勅使に同行させ、西郷の暗殺を謀ったとされる中原らと西郷の双方を糾問するため休戦するよう政府に呼びかけたが却下される。鹿児島に残っていたウイリスも一緒に退去した。彼は西郷から外国からの武器買い付けを依頼されたが実行できなかった。大山は薩軍への官金供与などをとがめられて入京を拒否され、のちに裁判にかけられて斬首される。また、上陸した征討軍団は鹿児島に残された薩軍の弾薬を没収し、火薬製造所や船舶を破壊して長崎に退去した。

鹿児島出身で九州の地形を熟知していた高島大佐は、かねてより山県参軍に衝背軍を八代方面に上陸させて薩軍の後方を断ち、あわせて田原坂・山鹿で苦戦中の正面軍に対する圧力を軽減することを進言していた。海軍も鳳翔艦を八代海に派遣し、薩軍の海上輸送を阻止するとともに八代から一〇キロ南方の日奈久周辺を偵察し、満潮時に海岸から一キロ近くまで軍艦が接近できる上陸適地であると報告している。政府は十四日に黒田清隆を陸軍中将として新たに参軍に任じ「兵隊、巡査を率い、肥後海より賊背征討を委任」した。さらに山県参軍は、長崎に戻った高島に黒田の指揮を受けるよう命じる。十七日に勅使護衛兵約二〇〇〇名は別働第二旅団に改編され、司令長官心得は高島大佐、参謀は岡沢精《おかざわくわし》少佐（旧長州藩士。のち侍従武官長、陸軍大将）で、広島鎮台に所属する黒木為楨中佐（旧薩摩藩士。のち陸軍大将、日露戦争の際の第一軍司令官）指揮の歩兵第十二連隊（丸亀）と警視隊約七〇〇名が基幹となっていた。

三月十九日未明、別働第二旅団は日奈久よりやや南方の二見洲口付近に、軍艦鳳翔の支援を受けつつ端艇を使って上陸した。ここから熊本城までは約四〇キロである。薩軍も小部隊を送って阻止を試みたが、艦砲射撃を受けて潰走している。黒木中佐らは薩軍の抵抗を排除しつつ北上し、その日のうちに八代を占領した。八代は細川家の筆頭家老松井家二万五〇〇〇石の居城があり、銃器・弾薬も保管されていたが、八代士族はすすんで衝背軍に協力している。

薩軍も政府軍の上陸を警戒して松永清之丞や鎌田雄一の小隊を日奈久や松橋に送っていたが、十分な兵力ではなかった。そこで薩軍本営は翌日、永山弥一郎を指揮官とする一隊を編成し、衝背軍を迎え撃つこととする。両軍は氷川《ひかわ》をはさんで対陣し、二十五日まで宮原《みやのはる》や鏡《かがみ》で戦闘が続けられる。この間、政府軍は田原坂に展開していた大山少将の別働第一旅団に増援部隊を加えて第四旅団に再編したのに合わせ、高島大佐の別働第二旅団を別働第一旅団と改め、さらに陸軍少将山田顕義《やまだあきよし》を司令長官とする別働第二旅団と、陸軍少将を兼ねた大警視川路利良を司令長官とし、警官だけで構成された別働第三旅団を編成した。

二つの旅団は三月二十六日に八代に上陸し、黒田参軍の衝背軍は三個旅団、四五〇〇名の兵力となる。数の差と海軍の援護をうけて薩軍を押し上げ、小川を占領した。薩軍は三番大隊二番中隊長児玉《こだま》八之進《はちのしん》（薩軍は政府軍の編成規模にあわせ、当初の小隊を中隊に改称していた）や二番砲隊長田代五郎らが戦死して総崩れとなったが、松橋周辺の丘陵や娑婆神峠《さばがみとうげ》に拠点を築き、さらに閘門《こうもん》を破壊して沿岸部を浸水させ、衝背軍の進撃を阻止した。三十日は大雨となり、別働第一旅団の岡沢参謀は兵を撤退させて休養させることを主張したが、高島旅団司令長官は戦線の維持を厳命した。翌日、別働第一旅団は干潮に乗じて海沿いに松橋に突入し、四月一日には一気に宇土《うと》まで抜いた。ここから熊本城までは緑川流域の平地をはさんで、わずか一〇キロである。別働第二旅団の山田司令長官は源為朝に由来する伝説がある標高三一四メートルの木原山《きはら》（雁回山《がんかい》）を確保し、「北方僅かに熊本城の白壁が日光に映じ、時々砲煙あがる」のを確認し、城に向けて烽火をあげ、兵とともに万歳を叫んだという。

四月三日、堅志田《かたしだ》（美里町）に進んだ別働第三旅団にむけて薩軍が甲佐《こうさ》（甲佐町）から攻勢をかけた。しかし、別働第三旅団は巧妙に相手を引き入れたうえで包囲する。この戦闘で佐土原隊の半数が死傷し、一番小隊長村田正宣《むらたまさのぶ》は捕虜となった。重傷を負った村田は即日死亡したが、薩軍の実情に関する詳細な情報を供述している。別働第三旅団も第二号警視隊指揮長を務めていた権少警視国分友諒（旧薩摩藩士）が戦死するなど二〇名の犠牲者を出したが、逆襲して薩軍の兵站基地だった甲佐を確保し、緑川まで戦線を進めた。一方、薩軍は甲佐を失った結果、八代経由の本道に加え、五木街道を経て人吉に至る連絡線も遮断される。

南方においては衝背軍によって宇土《うと》から甲佐にいたる戦線が構築され、北方でも正面軍が吉次峠を四月一日に突破し、薩軍の拠点となっていた木留を翌日に落とした。七日には黒川道軌《くろかわみちのり》大佐（旧伊予小松藩士。陸軍裁判所長。のち陸軍中将）を司令長官、山地元治中佐（旧土佐藩士。のち陸軍中将。「独眼竜将軍」の異名を持つ）を参謀長とし、歩兵第二連隊（宇都宮）を基幹とする別働第四旅団が宇土に上陸する。京都の行在所に詰めていた参謀局長鳥尾小弥太《とりおこやた》中将の立てた当初の戦略は、宇土ではなく薩軍の本拠となった川尻をめざして上陸するという策だった。『新編西南戦史』は「この策が実際に行われたら熊本城との連絡はさらに早くなったのではないか」と推測している。しかし、黒田参軍は兵力が整わないうえ敵の反撃もありうるとして衝背軍だけの攻勢を認めず、攻撃日時も十二日と遅めに設定した。この結果、衝背軍は宇土占領後、一一日間も北進を停止する。この不可解な行動について、作家の司馬遼太郎氏は小説『翔ぶが如く』で、四日に黒田清隆と川村純義という薩摩出身の二人の参軍が密談したことを紹介したうえで、「時間稼ぎをしたのは南北から挟撃される前に、西郷隆盛を逃そうとしたためであろう」と憶測しているが、長州出身の山県参軍との微妙な関係や、熊本開城直後の黒田の参軍辞職への過度な評価といえよう。後述するように、この時期に人吉に入った薩軍増援隊が球磨川から八代奪還を企図しており、六日には正面軍が中央突破を図って萩迫柿木台場を総攻撃したが失敗し、戦死者一二二名という大損害を出している。できるなら一刻も早く戦争を終わらせたいが、衝背軍もまだ絶対優勢ではないというのが、黒田の冷静な判断だったというべきであろう。

征討軍団の南下にともなって薩軍は吉次峠・田原坂・山鹿の防衛に主力を移動させた結果、熊本の攻囲軍は城兵の出撃を阻止することに重点を置いた。一方、守城軍は専守から部分攻撃に転じることが可能となった。二月二十七日には坪井方面まで大迫尚敏大尉の一隊が威力偵察に出たが、小倉壮九郎らが千草小学校に胸壁を築いて阻止し、大迫大尉が負傷、援護に出た二等中警部池端蛙が戦死した。

熊本城の窮状と突囲隊の派遣

三月十二日夕方、片山邸から放たれた砲弾で段山の家屋が炎上するのをみた三等大警部川路利行・三等中警部池端清秀らは、この機に乗じて城の脅威となっている段山堡塁を一挙に奪取することを決心し、突然城から下って段山に駆け上がった。これをみて両軍が増援隊を出し合い、暗闇のなかで相手の銃火を目当てに撃ち合う接戦となる。ついには一五メートルほどの距離で瓦礫を投げ合う戦いとなったが、池端警部は戦死し、川路警部も負傷した。『征西従軍日誌』の筆者である喜多平四郎もこの戦闘に参加して胸部に銃創を受けたが、弾は肋骨をかすって横に抜けたため、九死に一生を得ている。夜が明けると双方から増援がさらに送られ、サーベルを抜いて陣頭指揮していた一等大警部神足《こうたり》勘十郎が戦死するなど激しい戦いとなった。喜多は「その砲声天地山嶽に響き渉り、千雷の一時墜落するに異ならず」と表現している。神足は知行二〇〇石の細川家旧臣で、段山はかつての居住地だった。半日にわたる攻防のすえ、午後三時に原田軍曹ら鎮台兵が段山を確保し、薩軍を潰走させた。守城軍の死傷は二二一名で、守城戦中最大の戦闘となったが、段山を確保したことで城の防御は格段に有利となる。さっそく片山邸の大砲が段山に移された。喜多は「城兵勢威ここに初めて奮い、勇気凛凛として、満面に顕然たり」と記し、戦死した池端や神足の功労を強調している。

熊本鎮台は、探偵として送り出した宍戸政輝伍長が高瀬で乃木少佐との連絡に成功し、三月三日に帰還して征討旅団の南下という朗報をもたらした。ただし、籠城兵を腰ぬけ呼ばわりし、敵に降伏すれば賊軍もろとも討伐すると叱責した三好旅団司令長官の暴言は伝えていない。喜多の日誌によると、田原坂方面の戦いが激化するにともない、城兵は北方の山後からの砲声が聞こえれば喜色を、止めば憂色を示した。

26── 水没した熊本の町

田原坂が突破され、二十五日に木留で激戦が展開されると間近に砲声が響くようになり、「我が後援官軍、今にも賊軍を破りここに来るべしと恋々時間を消費」した。二十六日に薩軍は井芹川の石塘堰を封鎖し、城の西北から花岡山の下までの範囲を浸水させて城を囲む兵力を節約している。薩軍が守勢となったのは明確だが、あたかも湖水に浮かぶかのような熊本城を花岡山から眺めた佐々友房は「是れ天下無双の壮観と謂ふべし」と感嘆し（『戦袍日記』）、喜多も「眺望甚だ絶景なり」と日誌に記している。守城軍は兵力に余裕ができ、段山に次ぐ攻め口となっていた北側の京町方面を攻めて堡塁を奪取している。二十八日には正面軍の使者が入城し、三日ないし五日のうちに解囲するとの朗報をもたらしたので城兵は歓喜したが、四月二日になっても正面軍は城下に現れなかった。木留街道や萩迫で薩軍はなおも頑強に戦い、正面軍の進撃を退けていた。一方、南方からは衝背軍が宇土に達していたが、なぜか動く気配はみられなかった。

なお、城内では三〇〇〇名を越す人員の糧食欠乏が深刻化していた。すでに三月一日から夜食が廃止されていたが、三十一日には粟の混用が命じられ、四月六日以降は柄杓一杯の粥のみとなる。梅干しや漬物はすでに食べつくされ、馬肉が供給されるようになった。喜多も胸壁に上がった猫を狙撃して食料にしている。こうした状況をみて、次のような俗謡を発する者もいたという。

城は保つか　兵糧はまだあるか　旅団は植木ですととんとん
　　よるばっかり　しょんかいな

飢餓は守城兵の気力を低下させる。喜多は日誌に「もし敵この機を察し、疾《はや》く攻むるの勢に至らば、一挙して城抜くべし」と危機感を記している。もとより谷司令長官もこの点は認識しており、自ら突囲隊を率いて植木に出撃しようとしたが、樺山参謀長は守城の要としての重責を説いた。さらに川尻方面の戦況に変化が見られたので、衝背軍との連絡を図る一個大隊の突囲隊と、それを援護する侵襲隊を編成する。突囲隊は第十三連隊第一大隊長の奥保鞏《おくやすかた》少佐が指揮を取り、大迫尚敏大尉と白井少尉が参謀となった。侵襲隊は小川又次《おがわまたじ》大尉を指揮官とし、安巳橋と明午橋をそれぞれ一個中隊と警視隊で襲撃するという計画だった。ちなみに、奥と小川はともに征長戦争の際に長州藩と戦った旧小倉藩士で、奥は日露戦争の際に第二軍司令官となり、参謀総長、伯爵、元帥に任じられ、明治期の非薩長出身者で最も昇進する人物となる。小川も第四師団長として南山や遼陽で戦い、陸軍大将、子爵となっている。大迫は前述のように二〇三高地攻略の際の第七師団長である。

四月八日午前四時、侵襲隊は安巳橋に接近した。歩哨からの誰何に対し、郷士出身の警視隊員が見張りの交代を装って薩摩弁を使いながら接近し、不意打ちをかけると薩軍は遁走した。白川岸には福島隊と都城隊が堡塁を構えていたが侵襲隊の猛射に動揺し、これをみた奥少佐はすかさず突囲隊に突撃を命じ、白川を渡って現在の熊本市電に沿うかたちで水前寺《すいぜんじ》に進出した。空き家を焼いて城内に成功の合図を送り、さらに健軍《けんぐん》を経て中無田（熊本市東区秋津）、六嘉《ろっか》（熊本県嘉島町）へと東に迂回し、住民の案内を得て隈庄《くまのしょう》（熊本市南区城南町）に向かった。彼らは行動力を高めるため外套を省くなど軽装に努め、死傷者が出てもとにかく前進することが厳命されていた。隈庄で衝背軍の斥候に遭遇し、午後四時に宇土に到着する。決死の覚悟だったが、死傷者は八名にすぎなかった。奥はただちに黒田参軍に城内の状況を伝えている。一方、突囲隊の突破を助けた侵襲隊は九品寺に備蓄されていた七二〇俵の米を接収し、城内に運び込むことに成功した。喜多巡査は「欣喜踊躍、夫卒に至るも勇気凛然。昨日の憂慮、今日の一戦争に忽ち消滅するもののごとし」と記している。

西郷は熊本攻城戦開始とともに川尻から移動し、白川に近い本荘村（熊本市中央区本荘）の田添という豪商宅に本営を置いた。さらに二月二十三日に北岡神社《きたおかじんじゃ》（熊本市西区春日）の神官光永大膳宅に移動している。しかし、三月十一日に段山を政府軍が奪還すると砲弾が届くようになったため、やや南側の二本木神社裏の質商築城悌四郎宅に移り、ここに約一ヵ月間滞在している。北岡も二本木もJR熊本駅から徒歩一〇分程度の地点である。

薩軍の対応

熊本隊の松崎迪と高島義恭《たかしまよしたか》は熊本城強襲が行われた二月二十三日夜に本荘で西郷に面会している。彼らは「荘重にして威風あり。而して面貌穏和、語辞穏静、礼遇最も至る」と西郷の印象を伝えている。西郷は双手を地につけ、しばらく頭をたれ、「今回の事一に貴県を煩はす、謝する所を知らざるなり」と挨拶におよんでいる。しかし、北岡神社や二本木での西郷の目撃談は稀で、書状や新聞を読んで日々を過ごし、時には兎狩りに出たようだが、常に厳重な護衛に囲まれていた。田原坂の戦闘が激化すると前線視察を希望したが、河野主一郎《こうのしゆいちろう》らにおしとどめられたという。アーネスト・サトウが直感したように、西郷は常に「監視」下に置かれ、「名目的指導者」にすぎなかった。しかし、姿が見えなくとも薩軍における西郷の求心力は高かった。なお、三月十二日に大山綱良に送った書翰では、「敵方策も尽き果て候て調和の論に落ち候か」、あるいは「既に戦いも峠を切り通し六七分の所に討ち付け申し候」と成り行きをあいかわらず楽観視し、熊本に敵を誘い込んで撃破するつもりだと述べている。そして、暗殺計画を棚に上げて征討令が出されたことについては「悪むべきの巧」とし、「最初より我等においては勝敗を以て論じ候訳にてこれなく、元々一つ条理に斃れ候見込の事につき」、その辺をよく理解するように要望している。

戦況悪化と政府軍の増強に対応するため、別府晋介・辺見《へんみ》十郎太《じゅうろうた》・淵辺群平らは三月に鹿児島に戻り、県庁を動かして、区長―戸長のルートを通じて追加の兵員を募った。出兵拒否者の斬殺や家族への連累すら示唆する辺見の恫喝的姿勢は諸郷の人々を困惑させたが、老幼や士庶を問わず員数合わせ的な動員が行われた。たまたま奄美大島から黒糖搾取の改善を求めに鹿児島を訪れていた陳情団まで隊伍に組み入れられている。いずれにせよ、わずか数日で三月二十六日に九番大隊と十番大隊が編成された。兵力については一二小隊一五〇〇名とする書が多いが、山口茂氏は四〇〇〇人以上と推定している。また、薩軍の敗色もいまだ濃厚ではなかったため、戦意も旺盛だったとしている（『知られざる西南戦争』）。衝背軍上陸をうけて本営から大口（伊佐市）に急派された協同隊参謀長宮崎八郎からの連絡をうけ、「一二番立」からなる九番大隊・十番大隊の先鋒は二十九日に人吉に入った。別府らは衝背軍の根拠地である八代を一五〇〇名の兵力で後方から攻撃することとする。しかし薩軍の進撃は緩慢だった。衝背軍は宇土の前面で永山弥一郎隊を相手に一日二キロの前進と苦戦中で、八代は完全に手薄となっていたが、別府らは相手の兵力を過大にみていた。上村希美雄氏は、薩軍が人吉から遅滞なく八代を襲撃していれば占拠は容易で、衝背軍は全局の危機に陥ったかもしれないとしている。山口氏の説も勘案すれば、薩軍は人吉などに相当数の兵力を残置していた可能性もあり、「西南戦争において、薩軍がしばしば繰り返した逸機はここにもあったのである」という上村氏の説は正鵠を得ているといえよう（『宮崎兄弟伝　日本篇上』）。薩軍の大きな欠陥である情報収集、偵察および連絡の不備が、ここでも露呈された。

四月四日、薩軍は山道と球磨川南岸の二手に分かれて進撃し、別働第二旅団の分遣隊を破った。翌日には八代から三キロの古麓《ふるふもと》・宮地《みやじ》・植柳《うやなぎ》に進出する。別府と辺見は宮崎八郎に託し、川尻・宇土の味方との連絡を試みていた。別府は連合して衝背軍の根拠地を突き、黒田や高島を生け捕りにしようとの密書を桐野と池上に送っている。密書は御船《みふね》（熊本県御船町）にいた協同隊の同士である中根正胤の手を経て薩軍本営に届けられるが、すでに宇土や甲佐は陥落し、永山弥一郎は一個大隊二五〇〇名の兵力で川尻から御船まで二五キロの正面を防御するのに手一杯だった。

四月六日、辺見隊は東方の古麓・宮地から八代に迫った。一方、球磨川を渡って麦島《むぎしま》の中洲に展開した別府隊も、さらに前川を越えて南から八代をめざしたが、政府側についた八代士族からなる正義隊が強烈な銃火で応戦する。全体的には薩軍が押し気味となっていたが、午後になって宇土方面から急派された別働第二旅団の部隊にも攻撃され、球磨川をさかのぼって神瀬《こうのせ》まで敗走した。撤退中に指揮旗を振っていた宮崎八郎が萩原堤《はぎわらづつみ》で戦死、別府も左足に重傷を負った。その後も薩軍は十二日に再度攻撃をかけたが十七日に敗退し、神瀬に阻止線を敷く。こうして八代への攻勢作戦は放棄された。

宮崎はルソーの民約論に傾倒し、植木学校を起こして多くの青年を導き、その理想を実践しようとした。そして、「読民約論」と題する次のような詩を遺している。なお、土地平均論の宮崎民蔵《たみぞう》と中国革命を支援した宮崎滔天《とうてん》は彼の弟である。

天下朦朧として皆夢魂
危言独り乾坤を貫かんと欲す
誰か知る凄月悲風の底
泣いて読む蘆騒《ルソー》民約論

萩原堤ではほかに、佐賀の乱敗退より桐野にかくまわれていた徳久幸次郎も戦死している。

二本木の薩軍本営周辺も、衝背軍接近とともにあわただしくなり、川尻から傷病兵を御船、さらに木山《きやま》（益城町《ましきまち》）へと送っている。久米清太郎も体調を崩して木山に送られたが、体調回復とともに病院を通潤橋《つうじゅんきょう》で知られる浜町（山都町《やまとまち》）に移す作業にあたっている。

熊本城解囲

四月十二日、衝背軍は予定通り熊本城の解囲にむけて作戦を開始した。部署は山田少将の別働第二旅団と黒川大佐の別働第四旅団が左翼を担当して宇土から川尻をめざし、高島少将の別働第一旅団は中央隊として隈庄から緑川を渡河し上島へ向かう。奥少佐の突囲隊もここに加わった。さらに川路大警視の別働第三旅団は左翼を担当して甲佐から御船、吉野を突破すると定められる。総兵力は約七〇〇〇名で、緑川に沿った二五〇〇名あまりの薩軍の薄い戦線を平押しにするというものだった。

薩軍で最初に崩れたのは御船方面だった。松橋の戦いで負傷したため二本木の本営で療養していた永山弥一郎はフロックコート姿で人力車に乗って御船に駆けつけ、路上に据えた酒樽に胡坐をかいて長刀を構え、「諸君何ぞ怯なる、死して忠臣と称せらるるはこの時にある、各々死力を尽くし刀折れ矢尽きて止まん」と叱咤激励したが(『薩南血涙史』)、敗色濃厚となると老婦人に大金を与えて家屋を買い取り、自ら火を放って荷駄掛の税所左一郎とともに切腹した。永山は北海道開拓に精力を傾け、陸軍中佐として屯田兵の創設にも加わり、征韓論政変後も在職し続けたが、樺太千島交換条約に憤慨して下野している。しかし、正面軍相手に獅子奮迅の活躍をしている貴島清と同様、私学校とは距離を置いてきた。二月四日の軍議には貴島と異なって招かれたが、前述のように西郷と数名が上京することを主張し、大挙出兵には断固反対している。ただ、いったん出兵と決まると三番大隊指揮長を引き受け、おもに海岸部の防備を担当し、開拓使時代の上司である黒田参軍と一ヵ月近く対峙した。『西南記伝』は「弥一郎、人と為り、沈厚にして寡黙、剛直にして清廉、裁断に長ず、而も其人に接する、穏和にして義に富む、故を以て、婦人小児と雖も、皆弥一郎に親まざるは無かりしと云ふ」と彼の性格を記している。

この日は右翼方面では御船が突破されたが、川尻の正面や海岸部は膠着状態となった。十三日も薩軍の抵抗は激しかったが、政府軍は昼夜戦い、西郷らは二本木の本営を退去して夜のうちに木山に移っている。十四日の朝に別働第二旅団は川尻を占拠したが、隈庄から前進した教導団二個中隊の選抜隊を率いていた旅団参謀山川浩《やまかわひろし》中佐は、未明のうちに緑川に舟橋をひそかに架けており、旅団主力が川尻に味方が突入するのをみて川を渡った。

山川浩中佐はかつて熊本鎮台に所属し、県内の地形を熟知していた。佐賀の乱の際は佐賀城から士族の包囲を突破して生還した経験を持つ。突囲隊を率いた奥保鞏《おくやすかた》少佐はそのおりに共に負傷した仲であり、谷は当時も鎮台司令長官だった。西南戦争にのぞみ、彼は次のような和歌を詠んでいる。

薩摩人　みよや東《あずま》の丈夫《ますらお》が　提げ佩《は》く太刀の　利《と》きか鈍きか

山川は戊辰戦争の際に家老を務めた旧会津藩士で、重囲下にあった鶴ヶ城に彼岸獅子を奏しながら新手の新政府軍を装って接近し、無傷で部隊を入城させるという奇計を演じた人物である。妻は大山巌の指揮する砲隊の弾丸で爆死し、開城後は斗南藩大参事として「挙藩流罪」の辛酸をなめるが、廃藩置県後にかつて日光口で戦った相手の谷干城に懇願されて陸軍に入隊し、少佐に任じられた。

緑川を渡った山川の選抜隊はそのまま前進し、鯰村《なまずむら》の西側で午前九時ごろに加瀬川に到達すると、対岸から薩軍の哨兵が射撃を加えてきた。山川が軍夫に背負わせてきた小舟を使って突撃を加えさせると、薩兵はあわてて遁走する。ここで山川は機敏に戦機を感じ取り、熊本城めざして無人の田畑を一気に駆け抜けさせた。昼過ぎに長六橋《ちょうろくばし》に達すると隊列を組みなおし、洗馬橋に向かって行進する。城兵が新手の薩軍と誤認して砲撃を加えてきたので、山川は「打ち方やめ」のラッパを吹かせ、将校に号旗を振らせて前進させた。選抜隊は練兵場に整列し、田部正壮《たなべまさもり》中尉（旧広島藩士。のち陸軍中将、広島市長）が城壁に歩み寄って「別働第二旅団山田少将の右翼指揮官山川中佐、選抜隊を以て賊を破り至れり。後軍も亦将《ま》さに継て至らんとす」と大声で呼びかけると、固唾をのんで見守っていた城兵からどっと歓声があがった。五四日ぶりに熊本城の包囲が解かれた瞬間である。病院にいた喜多平四郎は、次のように日誌に記している。

城兵負傷者に至るまで一同同音に思わず鬨声を発し、雀躍欣喜ここに顕れ、ただ今まで賊兵の在りし所に忽ち我が官兵の進み来れるは夢中に夢を疑うもののごとく思わざりき。今日ここに至らんとは、実に城兵蘇生の念いを為せり。

山川にとって谷は以前の上司で、児玉源太郎参謀らも旧知の間柄だった。彼らは単身で挨拶に入城した山川を歓待したが、山川は薩軍の再襲来に備え、城外で部下とともに長六橋を守って野営している。

なお、黒田参軍は熊本城への進撃は十五日と命令していたので、部下の「抜け駆け」に山田旅団司令長官は激怒して山川を面詰し、最低限の勲功しか認めなかった。長州と会津の確執を指摘し、山田の狭量を指摘するむきもあるが、山田は「小ナポレオン」の異名をもつ軍略家で、なおかつ司法大輔という地位にあり、のちに日本法律学校（日本大学の前身）を創設する彼としては、戦術は遅巧より拙速を尊ぶのが肝要とはいえ、山川の独断専行を許せなかった。城を囲んでいた池上四郎隊は、選抜隊が突入する直前に川尻陥落をみて健軍に後退し、すばやく逆包囲を免れているが、この見事な撤退戦術は山川隊の動きに対応したといえなくはない。

ちなみに山川は少将にまで昇進し、東京高等師範学校長および女子高等師範学校長という重職を務め、男爵に叙せられている。また、幕末会津藩に関する史書『京都守護職始末』の著者としても知られる。なお、弟の山川健次郎《けんじろう》はやがて東京帝国大学総長となる。妹の捨松《すてまつ》は津田梅子《つだうめこ》らとともにアメリカに留学しているが、帰国後にかつての敵方だった陸軍卿大山巌と結婚することとなる。山川が少将で予備役となったのは、義弟となった大山との縁故で昇進したとささやかれるのを嫌って自ら身を引いたためで、冷遇されたわけではない。

なお、正面軍に対しては萩迫—向坂の戦線が村田新八隊によって維持され、隈府から戦線を下げた桐野利秋隊も鳥ノ巣《とりのす》（合志市野々島）—竹迫《たかば》（合志市竹迫）の戦線で激しく第三旅団と戦闘を交えていたが、翌十五日の早朝に大いに黒煙と物音を立てて正面軍を驚かせ、その隙に木山方面に退却する。桐野隊に属した河東祐五郎は『丁丑弾雨日記』で、植木街道と合流後に撤退路は大渋滞となり、「一進一退其混乱名状すへからす」という状態で、さらに夜に入って大雨となり、「道路川を為し泥濘脛を没す」、「其間転倒幾十回裳衣皆泥土、雨湿身に透り冷寒困憊《こんぱい》共に堪へ難く、十二時きに戸島に着一宿す」と苦難の敗走を回顧している。

薩軍の包囲に失敗した政府軍は、戦線を再構築するのに五日間を費やした。薩軍はこの時間を活かして防御線を構築し、政府軍に対抗する。

城東会戦—関ヶ原以来の大会戦—

まず、四月十七日未明、坂元仲平の薩軍と佐々友房らの熊本隊あわせて一二〇〇名あまりの部隊が、八代方面で戦闘中の別府・辺見隊を援護する意図で御船を確保する。御船は別働第三旅団が熊本に引き揚げて無人となっていた。しかし、山県参軍は要地を放棄したのは失策と気づいて別働第三旅団に再占領を命じた。別働第三旅団は、熊本城に籠城していた綿貫吉直少警視と田原坂で抜刀隊を率いた川畑種長大警部に率いられて城外の春竹《はるたけ》に前進し、夜になって御船に突入したが、入佐清静警部の偵察隊が包囲されて大損害を受け、やむなく退却する。

薩軍はこうして十九日までに北側から、大津に野村忍助隊、長嶺に貴島清隊、保田窪に中島健彦隊、健軍に河野主一郎隊、御船に坂元仲平隊と、木山の薩軍本営を弓型に護るかたちで阿蘇外輪山の麓に戦線を構築した。薩軍の兵力は党薩諸隊を含め、約八〇〇〇名といわれる。各大隊の指揮長は貴島を除いて本営で統括し、熟練の小隊長が前線指揮するかたちに編成が改められていた。なお、西郷は護衛兵に守られてすでに浜町の酒造業備前屋（現在の通潤酒造）に退いている。

一方、政府軍も薩軍を囲むかたちで片川瀬に第三旅団（三浦少将）、竹迫に第一旅団（野津少将）、松雲院町に第二旅団（三好少将）、立田山に別働第五旅団（大山少将）、水前寺に熊本鎮台（谷少将）、川尻に別働第一旅団（高島少将）、隈庄に別働第二旅団（山田少将）、堅志田に別働第三旅団（川路少将）が配置され、さらに予備として熊本城に第四旅団が控えていた。第四旅団司令長官は大山少将が新設の別働第五旅団司令長官に異動したため、陸軍少将曾我《そが》祐準《すけのり》（旧柳川藩士。陸軍士官学校長。のち参謀本部次長、貴族院議員）と交代している。八代に待機中の別働第四旅団（黒川大佐）とあわせ、総兵力は三万におよぶ。

あけて四月二十日、関ヶ原の合戦以来といわれる大会戦が肥後平野を舞台に展開される。山県参軍が立田山から見下ろすなか、政府軍による攻撃の軸となったのは、木山の本営から熊本城を最短距離でうかがう健軍だった。午前九時、熊本鎮台は健軍神社前方の経塚を守る大島景保の延岡隊に総攻撃をかける。水前寺庭園の富士峯という築山を削って構築された砲台からの砲撃で胸壁を破壊し、第十三連隊第一大隊の山本中隊と第十四連隊第一大隊の志摩中隊が経塚に迫った。延岡隊は元家老の穂鷹久徴《ひさあきら》らを失って苦戦する。しかし、河野主一郎が増援を送ると一転して熊本鎮台は不利となり、志摩知寿大尉らが戦死。戦況をみていた樺山参謀長まで負傷する。熊本鎮台は御船攻撃の予備だった別働第一旅団の第一連隊第二大隊に支援を求め、大隊長永田貞伸少佐（旧鳥取藩士）は加藤中隊を送ったが、たちまち苦戦に陥る。岡本参謀長は急きょ中村中隊を送り、戦線をなんとか立て直して夜を迎えた。奮戦した延岡隊の戦死者は穂鷹以下一八名、負傷二五名で、西南戦争中最大の犠牲者を出した。延岡では現在でも慰霊祭が四月二十日に行われている。

健軍の北側の保田窪は中島健彦隊と山下兼蔵の福島隊が守っていた。別働第五旅団の上野大尉率いる大隊は午前五時に小磧橋より白川を渡り、台地上に展開した薩軍の堡塁を攻撃し、午後三時にようやく奪取した。しかし、貴島清隊がタイミングをみて長嶺から斬り込んできたため、左翼の木村少佐の大隊が総崩れとなり、上野大隊も後方をふさがれたが、血路を開いて新南部《しんなべ》まで後退している。別働第五旅団は一三二名の戦死者を出し、健軍を攻撃中の熊本鎮台との連絡も寸断された状態で夜を迎えた。逆襲隊に加わった河東祐五郎は『丁丑弾雨日記』で、「開戦以来今日始めて大勝を得て快云ふへからす」と記している。一方、日露戦争の際に第一連隊長として南山の戦いを指揮し、のちに少将となった小原正恒少尉（旧金沢藩士）は、この時に教導団歩兵第二大隊付として別働第五旅団に配置され、二十日は予備として弓削《ゆげ》村付近を守り、翌日になって保田窪の戦場を視察している。多くの死体は首を刎ねられ、腹部を裂かれ、あるいは手足を断たれており、「余は初めて戦場に臨み、斯る惨澹たる状況を親しく目撃し憤怒の念実に骨髄に徹したり」と自叙伝に記している。もっとも、熊本鎮台が薩軍を破った小関渡周辺では、薩兵の遺体に侮辱が加えられ、なかには男根を断たれて口中にねじ込まれたものもあり、日清・日露の戦地に赴いた経験のある小原は、「内国戦に於ては孰《いず》れの国民も等しく斯かる所為あらん」と困惑気味に回顧している（『小原正恒自叙伝』）。

薩軍最右翼の大津でも、野村忍助の薩軍と飫肥隊・中津隊が第二旅団と第三旅団の猛攻に持ちこたえており、北側から木山に打通するのは困難だった。さらに貴島隊は熊本城に突入する勢いだったので、山県参軍は総予備の第四旅団にも出動を命じたが、交戦にはいたらなかった。全体的には健軍から大津にかけての戦線は、薩軍がやや有利な状況となっていた。

しかし、御船方面では戦況が大きく動いていた。御船には十七日の再占領以来、坂元仲平の薩軍と熊本隊・協同隊・人吉隊の諸隊が駐屯していた。政府軍は別働第一旅団が御船の正面にある甘木《あまぎ》を抑え、別働第二旅団は中村重遠中佐の左翼隊が御船川と緑川の合流点付近の犬塚山を占拠。山川浩中佐の中央隊が辺場《へば》山に陽動をかけてこれを助け、さらに別働第三旅団も甲佐街道より妙見坂を攻めるという、三方合撃のかたちで部署を定め、午前七時より三個旅団で総攻撃を加えた。

御船の町と妙見坂を見下ろす盗人《ぬすと》塚山に設けられた砲台を守っていたのは、熊本隊の佐々友房だった。御船川を前に高地に砲台を置いて政府軍を迎え撃つというのが彼の作戦だったが、盗人塚山・駒《こま》返《かえり》山・白旗山という地名に縁起の悪さを感じたという。辺場山の一角が白旗山だったが、佐々はこの方面に守備兵を配置していなかった。山田旅団司令長官は突然の作戦変更で辺場山を緑川から奇襲することを山川中佐に命じた。文字どおりの決死隊だが、山川中佐はここが天王山と理解し、選抜兵に急流の緑川をひそかに渡渉させ、奇襲をくわえて一気に山頂を確保した。この結果、盗人塚にいた佐々らは三方から大軍に攻められ、瞬時に山から追い落とされる。逆に政府軍は盗人塚から御船を砲撃し、包囲された薩軍は総崩れとなった。指揮長坂元仲平が戦死し、敗残兵は木山や浜町をめざして潰走する。しかし、郡見坂を通って浜町に向かう矢部街道には水島中尉の狙撃隊が待ち伏せしており、脱出口を封じた。やむなく若宮渕から御船川を渡ろうとした者は浮鴨を射るように狙撃され、数十の死体で川は赤く染まった（宇野東風編『硝煙弾雨丁丑感旧録』）。橋本昌樹氏は『田原坂』で「辺場山を官軍に易々と占めさせたのが、薩軍の失敗であった」とし、八日前の奥大尉による半日がかりの辺場山攻略と対比して、永山弥一郎と佐々友房の戦術眼の優劣を論じているが、三つの旅団に攻められた薩軍の余力のなさが招いた敗退といえよう。

午前十時には御船は完全に政府軍の手に落ち、さらに木山の薩軍本営を背後から突く態勢に着手した。木山は御船から逃れてきた敗軍で大混乱になる。政府軍が迫るなかで、総指揮にあたっていた桐野は決戦の覚悟を固め、一気に熊本城へ全軍による突撃をかけて奪取することを主張した。しかし、野村忍介と池辺吉十郎はその無謀を説き、桐野はついに本営を浜町に移す決心をした。この結果、優勢だった大津・長嶺・保田窪・健軍の薩軍各隊も夜のうちに肥後平野から撤収し、関ヶ原と同様に会戦は一日で終わった。

3 退陣と終焉

浜町の軍議と人吉への難路

四月二十一日、木山を撤退して浜町に集結した薩軍幹部は、西郷が逗留していた備前屋で今後の方針を協議した。その結果、一〇個大隊の編成を解き、全軍が奇兵隊（野村忍介）・振武隊（中島健彦）・行進隊（相良長良）・雷撃隊（辺見十郎太）・干城隊

（阿多壮五郎）・常山隊（平野正助）・正義隊（河野主一郎）・鵬翼隊（淵辺群平）・勇義隊（中山盛高）の九隊に再編成される。また、別府隊と辺見隊が拠点にしている人吉にひとまず本営を移動して根拠地とし、薩摩・大隅・日向の三州に盤踞《ばんきょ》し、機会をみて再進撃することとした。

浜町から人吉に至るルートは次の通りであった。①現在の国道二一八号線にあたる日向往還に沿って馬見原《まみはら》（熊本県山都町）まで行き、国道二六五号線に入るかたちで五ヶ瀬渓谷をさかのぼって鞍岡《くらおか》（宮崎県五ヶ瀬町）に至り、八キロ先の本屋敷から胡桃峠（国見峠《くにみとうげ》、一一三七メートル）を越えて胡麻山《ごまやま》（宮崎県椎葉村）に到達。ここから下椎葉《しいば》、上椎葉へと向かい、耳川《みみかわ》上流の渓流を蔓の吊り橋で渡り、小崎峠（一一八六メートル）を越えて古屋敷（熊本県水上村）に至り、江代《えしろ》をへて人吉に至る胡麻山越。②本屋敷で胡麻山越えと別れて波帰より五ヶ瀬川の源流をたどり、向坂山《むこうざか》（一六八四メートル）と白《しら》岩山《いわやま》（一六四八メートル）の鞍部にある霧立越《きったちごし》を通って耳川源流を下り、上椎葉に至る間道。③矢部より九州横断林道に沿ったかたちで内大臣川をさかのぼり、三方山（一五七八メートル）と高岳（一五六三メートル）の鞍部にある椎矢峠（一四三四メートル）を越え上椎葉にいたる、最短距離ながらきわめて剣呑な杣道《そまみち》。いずれも標高一〇〇〇メートル以上の峠を越える険しい山道で、下界はすでに春とはいえまだ多くの残雪があった。

西郷は、村田・池上とともに二〇〇〇名の兵を連れて二十二日に浜町を出発している。政府軍の追跡を避けるためか、鞍岡まで馬見原を経由する本道を使わずに沢津《さわづ》の集落に一泊し、翌日は黒峰山

（一一八三メートル）近くの一之瀬越を通過して鞍岡の金光寺《こんこうじ》に宿泊している。鞍岡の地名は、椎葉に潜伏する平家の残党を追った那須大八郎宗久が山越えのためにここに馬を残したという伝説に由来するが、明治時代の落ち武者というべき巨漢の西郷は竹駕籠に乗せられ、金で雇われた住人が六人がかりで運んできたという。鞍岡から西郷が胡麻山越と霧立越のいずれを通ったのかは確定していないが、おそらくは間道である霧立越を選んだのだろう。二十四日は胡麻山の少し先にある仲塔に泊っている。久米清太郎はこの日に胡麻山越を越えて胡麻山の山元尚綱方へ宿泊しているが、「今晩喰物無し」だった。二十五日に西郷は上椎葉で休憩して小崎に泊り、翌二十七日に小崎峠を越え、江代を経て五日がかりで人吉に到着し、永国寺《ようこくじ》を屯所とした。この間、寺や民家に宿泊できたのは幹部だけで、多くの兵は極寒の山中で野営している。

再編成を終わった後続の薩軍各隊は、二十三日から桐野の総指揮で行軍を開始した。このうち熊本隊は浜町から少し離れた男成神社《おとこなりじんじゃ》で招魂祭と大宴会を開き、再起の決意を固めている。二十四日は雨となったが、薩軍は一人三升の焼米と餅を携行して浜町あるいは馬見原を出発した。二十五日に各隊は馬見原および鞍岡から胡麻山越あるいは霧立越を踏破する。馬見原は熊本と延岡を結ぶ日向往還と、椎葉に生活必需品を送る塩の道の分岐点で、地名のごとく駄賃つけの馬が多数飼われており、多くの軍夫と馬が調達された。三ヶ所《さんか》村《しょむら》の貝長捨太郎の日記には、「鎮台に陣を破られ候に付き、引陣にて御船に陣を構え、その時も又陣を破られ、大層な手負、討死人有是候に付、矢部町え陣構之候。其の時手負千人よう、馬見原、荻原までギッシリと送り来り候。其の時の夫肥後、鞍岡、三ヶ所、桑野内男別にて毎日馬見原より三田井迄、昼夜無しに相送り申し候」とあり、現在の五ヶ瀬町のかなり広範囲にまで動員があったことがわかる（『五ヶ瀬町史』）、傷病者の多くは三田井（高千穂町）、日之影をへて病院が置かれた延岡に運ばれた。七折村の宮水神社祠掌甲斐邊《ほとり》は、毎日五〇〇人以上の負傷兵が送られてきたと記録している（『日之影町史』）。熊本隊は馬見原から胡麻山越を進んだが、前日からの雨は暴風雨に変わった。佐々は山越えの厳しさを『戦袍日記』に次のように記している。

山又山、土坂峻絶、恰《あたか》も壁に攀《よじ》るが如く、一歩は一歩より高く、所謂《いわゆる》後人前人を戴て登るが如し。径広さ尺余に過ぎず、樹根巌尖路頭に突出し、羊腸を渉り馬鬣《ばりょう》に跨るの思あり。俯瞰すれば懸崖数千仭、老樹森鬱、唯遥に飛瀑の響を聞くのみ。人々心悸《おそ》れ、骨慄す。歩々意を用ゐざれば、忽ち陥《おち》て絶谷の鬼とならんとす。現に大小荷駄弾薬を運搬せる牛馬の陥死する、幾頭なるを知らず。其危険知る可きなり。

熊本隊には、帰る家を焼かれたうえ政府軍による報復を恐れて家族を連れてきた隊士も多く、「母は雨に泣き児は風に叫ぶ。観るもの凄然、涙下らざるなし」という惨状だった。ようやく峠を越しても、胡麻山の民家は先発の兵で充満しており、佐々は芋八重《いもがはえ》という集落まで進んでいる。『硝煙弾雨丁丑感旧録』も、「連日風雨、道路泥濘、深さ脛を没し、且つ高山にて残雪を見、衣褌全く濡《うるお》ひ、又寒気に冒され、頗る艱難を極む。山谷の間偶々茅屋あれども、固より大軍を収容するに能はず。露臥星宿するもの少なからず」と困難を記述している。二十六日に芋八重を出発した佐々らは上椎葉で休憩し、今は椎葉ダム湖の底となっている桑弓野《くわゆみの》まで蔓橋で渡って小崎に宿泊した。住民が鹿肉と焼酎をふるまってくれたが、立派な御馳走に勝る味がしたという。二十七日は小崎峠を越えているが、現在も林道しか通っていない。ここも胡麻山越に勝るとも劣らない急峻な山道で、「尺退寸進」しつつ進んだ。峠道を下り、古屋敷を過ぎたところで佐々は「奈須越」を進んだ北村盛純隊と出会った。北村は「奈須越八里の間、積雪数尺。絶て人家なし。蓋し胡麻山越企及する所に非ず」と語ったという。弾薬掛の山路唯顕は凍傷を負い、延岡の病院ですべての足指を切断している。椎葉地方は中世の領主に由来して那須とも呼ばれ、那須越という地名は五木村《いつきむら》にもあるが、北村が踏破した「奈須越」は椎矢峠と思われる。佐々は午後にようやく桐野が出張本営を置いた江代に到着した。当時の江代の集落は、現在は市房ダムの湖底となって残っていない。

四月二十八日、ようやく晴れたなか、人吉より三〇キロ手前の江代で軍議が開かれた。その結果、人吉を堅守して内線防御を図るとともに大口より水俣をうかがい、一方で鹿児島の確保に努め、さらに豊後にも派兵して政府軍を牽制するという方針が定められる。各方面の配置は次の通りだった。

豊後方面―奇兵隊（野村忍介）

鹿児島方面―振武隊（中島健彦）・行進隊（相良長良）

江代方面―正義隊（河野主一郎）・干城隊（阿多壮五郎）

大口方面―雷撃隊（辺見十郎太）
神瀬方面―常山隊（平野正助）
佐敷方面―鵬翼隊（淵辺群平）

人吉は鎌倉時代以来、相良家が領主として治めてきた球磨地方の中枢で、農業と球磨焼酎の酒造が盛んな土地である。地形は盆地で、どの方角からも険阻な山道を越えないと人吉に入ることができなかった。病院や弾薬工場が建てられ、政府軍の追撃も緩慢だったので、薩軍は十分な休養をとることができた。桐野は脱走兵や兵士の分を誤る者、住民に乱暴を図る者は切腹に処すと各隊に訓令して士気を高めようとし、士卒の疲弊も回復したので、二年はここで持久できるだろうと豪語し、そのうち土佐も呼応するだろうと楽天的に観測している。一方、西郷は護衛による「監視」下に置かれつつも兎狩りに明け暮れ、軍事は村田や池上が差配した。なお、桐野は江代の出張本営にとどまり西郷を避けている。両者は熊本再進出か豊後突出かをめぐって意見が相違しており、不協和音が生じていた。

政府の対応

九州で激戦が展開されるなか、東京では西郷挙兵に呼応する士族が各地で生じることを警戒し、旧藩主による説諭をすすめているが、同時に士族からの志願兵（壮兵）募集も行われている。徴兵令施行からまだ四年で、ようやく予備役の兵卒が現れだしたが、全国一般に行われたわけではなく、欠員の補充は旧藩兵からの壮兵に頼っていた。また、予算的制約と精選主義がとられた結果、定数は充足されていなかった。この結果、政府は鎮台兵のみならず北辺防備の屯田兵、教導団の生徒まで動員し、各地の兵営は空き家同然の状態となってしまう。これを憂慮した右大臣岩倉具視は、壮兵募集による対応を主張した。薩軍に対抗できる兵力を確保するとともに、無職化した士族を政府が先手を打って囲いこみ、薩軍への加担を抑止するという意図もあった。岩倉は薩軍と熊本鎮台が交戦する以前の二月十三日に、大久保らにこの策について相談しており、三月には私学校と友好的な旧鶴岡藩士族を抑制するため、米沢など近隣の旧藩士族を召募することを提案している。この案について、京都にいた木戸は「今士族其外無用の兵を募る、尤不可也」と反対し、「薩摩を討《たお》し一小薩摩を生ずるなり」と論じている。大久保も衝背軍上陸で戦争の帰趨は間もなく決着するとして猶予を求めたが、衝背軍上陸後も薩軍の掃討に手間取るようになると、政府は四月四日に壮兵募集に踏み切る。募集は山口県の旧近衛兵とカール・ケッペンからドイツ式の訓練を受けた和歌山の旧藩兵を中心に進められ、集まった人員は遊撃歩兵大隊に編成されて、順次各旅団や熊本鎮台に配備された。さらに五月二十九日に巡査として臨時召募した士族からなる新撰旅団が編成される。かつての君臣関係に依拠した旧藩主による士族への説諭も、徴兵制に抵触する壮兵の大々的な募集も、完全に時代に逆行しているが、それだけ政府は切羽詰まった状態だったといえよう。

島津久光が政府と西郷に休戦を勧告するために、息子の珍彦と忠欽を柳原勅使に同行させたことは先に述べたが、英国公使パークスも三月十九日に寺島宗則《てらしまむねのり》外務卿に西郷の恩赦を検討したらどうかと提案した。寺島は沈黙したが岩倉は賛同し、二十六日に熊本城との連絡回復と同時に西郷に寛典を施すことを検討するよう三条太政大臣に求めた。これを聞いた伊藤博文は大久保に「英公使建言と大同小異」とし、大久保は伊藤博文に宛てた書翰で「英公使御世話過ぎは面働《ママ》之事に候」と応じている（『伊藤博文関係文書　三』）。なお、木戸は開戦直前に西郷の説諭を買って出ようとしたが、三月一日に岩倉に送った書翰では、わざわざ朱書きして「西郷の所業甚だ悪《にく》むべし。雖然《しかりといえども》朝廷も反省なくんばあるべからず」とし、自分のように中央にあっても政府の姿勢を疑うことがあるから、地方の人はなおさらだろうとし、西郷についても「憐れむべき者なきにしも非ず」と結んでいる（『木戸孝允文書　七』）。そして、四月二十四日の日記で、そもそも大久保が鹿児島への対応を誤ったことに戦争の根本的原因があると批判している（『木戸孝允日記　三』）。木戸は九州の住民が戦争で塗炭の労苦に遭遇していることを憂憤し、戦争の早期決着を切望したが、四月下旬から病床につき、容体は急速に悪化した。意識混濁のなかで大久保の見舞いを受けた木戸は「西郷も大抵にせんか」とうわごとをいい、西郷が人吉を追われる直前の五月二十六日、鴨川を望む京都土手町夷川《えびすがわ》の別邸で、妻の幾松に見守られつつ没した。

政府は国事犯の扱いについて、征討総督に委任するとの通達を四月三日に発した。四月十八日に臨時裁判所が福岡に置かれ、前述した福岡の乱の首謀者を糾問のうえ処刑している。五月九日には正式に九州臨時裁判所が長崎に設置された。九州臨時裁判所では、薩軍の捕虜や加担者、さらに中原尚雄ら警視庁密偵の調査も行われ、中原らは無罪となる。一方、大山綱良など二二名の斬刑を執行している。

城東会戦終了後、政府軍は薩軍主力を追撃する態勢が整わず、人吉を策源地とする薩軍に対して外線を据えるために各旅団の補充や配置転換に時間を割いたが、薩軍の根拠地である鹿児島の確保は最優先で実行される。

政府軍の鹿児島占拠

鹿児島には前述のように三月八日に海軍に護衛された勅使柳原前光と陸軍護衛兵が入り、薩軍に協力的だった県令大山綱良を拘束し、弾薬製造工場や船舶を破壊し、備蓄されていた武器を焼き払って根拠地機能に大きな打撃を与えたが、占領はせずに長崎に退去していた。海軍の伊東祐麿指揮官は三月十四日に長崎に帰還すると、軍艦による警戒のみでは不十分で、陸軍部隊を駐屯させるよう参軍川村純義海軍中将に意見具申した。

四月十五日に熊本城が解囲されると川村参軍は鹿児島上陸を決心する。城東会戦終了後の二十三日、川村を総司令官とし、別働第一旅団（高島鞆之助少将）六個大隊と別働第五旅団所属の召募士族の遊撃別手組（大山巌少将）、別働第三旅団二個大隊（田辺良顕中佐兼少警視）からなる九個大隊の鹿児島上陸軍が編成された。上陸軍は百貫石（熊本市西区）および松合《まつあい》（宇城市）から高雄丸など九隻の輸送船で出港し、装甲コルベット艦龍驤《りゅうじょう》など四艦に護られて四月二十七日に鹿児島に入港した。薩軍は海岸も市衛も全く防御策を講じておらず、無血上陸となる。募兵や補給の用務のため鹿児島に滞在していた桂久武らは脱出した（『丁丑擾乱記』）。

上陸した川村は「人民の安寧を保護」するとの征討総督令を通告し、県内の警官を解職した。大山県令の拘束後は田畑常秋大書記官が県政を仕切っていたが、政府は田畑の官位を剝奪し、岩村通俊《いわむらみちとし》(旧土佐藩士。のち北海道庁長官、農商務大臣)を新県令に任命する。これを知った田畑は十四日に自決しており、政府軍上陸とともに県官たちも四散して県庁の機能が麻痺していたため、仁礼《にれ》景範《かげのり》大佐(のち海軍中将、海軍大臣)が一時的に県政を担当し、五月三日に岩村県令が上陸すると事務を掌握した。さらに川村は甲突川《こうつきがわ》左岸と多賀山(戦国期の東福寺城跡)、さらに城山から岩崎尾根、夏陰城跡にかけての高地に胸壁や堡塁を設け、西田橋や新上橋の橋頭堡には軍艦から揚げたガトリング式連射砲を設置し、さらに第四旅団(曾我少将)の増援を得て、根拠地奪回を図る薩軍に備えた。

島津久光と忠義はそれぞれ鶴丸城二の丸と磯邸に居住していたが、戦争に巻き込まれることを恐れて桜島に疎開している。なお、平安末期以来の島津家伝来の古文書は岩崎谷の六ヶ所御蔵に保管されていたが、兵火にかかる危険があったので御邸警備員が運び出すこととなった。しかし旧厩にいた警備員が「家令にても参らざれは可否し難《がたし》」と通行を許さないので、家令東郷重持は本営の川村を訪ねた。川村は島津家旧臣だけに、古文書の重要性を認識しすぐに鑑札を下したが、旧厩の警備員は東郷にも頑固な態度をとり、「斬る」とまで言った。東郷は「斬るべければ斬られよ。余は決して身命を惜む者に非ず。島津家の文書を惜しむものなり」と応酬し、任務を全うできなければ不忠の臣になる。官軍に殺されようが薩軍に殺されようが本望なのでここを去らないと傍らの石に座り込んだ。しばらくして塁営に案内され、隊長からの許可が下り、ようやく七九個の文書箱を海岸まで運び出すことに成功した。古文書は桜島まで運搬されて無事に保全される（『磯島津家日記』）。こうして島津家文書（東京大学史料編纂所所蔵）は今日に伝わり、国宝の指定を受けている。

鹿児島失陥に驚いた薩軍本営は、中島健彦・貴島清の振武隊と相良長良の行進隊を派遣し、別府晋介の指揮で五月四日未明に玉里から夏陰城や岩崎尾根を背後から攻めたが、堡塁を固めた政府軍に阻止されて北側の冷水《ひやみず》まで撤退した。六日には甲突川河口から突破しようと図ったが、増水で渡渉が難航しているところを猛射され、大損害を受けて上流の伊敷に退却している。この間に鹿児島の武家屋敷地区は、残留していた士族が立て籠もれないように焼き払われた。勝つためとはいえ、生まれ故郷を焼いた川村・大山・高島らの心境はいかばかりだっただろうか。

上陸軍の堡塁に侵入を阻まれた薩軍は強硬突破を断念し、催馬楽山《せばる》（鹿児島市玉里団地三丁目。戦国期の矢上城跡）など高地に大砲を据えて市内を砲撃し、軍艦がこれに応戦している。なお、川村は守るだけではなく、十四日には谷山の硝石工場を襲撃して破壊し、十七日には軍艦と上陸隊を福山（霧島市）に派遣し、薩軍の糧秣庫を焼き払って引き揚げている。ただし、磯山（鹿児島市吉野）や武村（鹿児島中央駅付近）方面の攻撃は成功せず、大口方面からの第三旅団と出水からの別働第三旅団が接近するまで持久する。川村は海軍に属するだけに海上機動作戦が巧みで、六月二十二日には重富《しげとみ》（始良市）に部隊を上陸させて磯山の薩軍を後方から脅かした。さらに二十四日には脇田（鹿児島市宇宿）

に上陸隊を送り、甲突川をはさんで対抗していた薩軍の背後を襲って紫原《むらさきばる》・涙橋で激戦となる。政府軍は二一一名、薩軍は六六名と鹿児島方面での最大級の死傷者を出したが、薩軍は甲突川右岸の戦線を支えきれずに吉野方面へ敗走する。『丁丑弾雨日記』の筆者河東祐五郎もこの戦いで重傷を負い、斬られそうになったところを別働第三旅団の将校に命を助けられ、のち友軍に収容されて病院に送られている。ただし、脅迫されて不本意に従軍した郷士には、隊を離れてそのまま帰宅してしまう者も少なからずいた。

明くる二十五日、別働第三旅団第五大隊は催馬楽山を北側から攻めて薩軍を蒲生《かもう》・加治木へと駆逐し、鹿児島上陸軍との連絡に成功した。喜多平四郎の属する第四大隊は入来《いりき》から進撃し、新上橋から市内に入った。喜多は「城下の近傍また賊なし。皆ことごとく四、五里外に退散せり」と日誌に記している。戦勝の祝賀と将兵の慰問のためか、二十七日夜には新波止で花火の打ち上げがあり、軍楽隊の演奏も行われた。喜多は「実に愉快」だったと日誌に記している。鹿児島の戦いは終結し、早くも二十九日には別働第一旅団が薩軍を追撃するため都城にむけて出発した。

この晩に鹿児島の下町が不審火で炎上している。五月の政府軍上陸以来、あわせて九七七八戸が焼失し、城下の大半は熊本・人吉などに続いてほぼ焼け野原となった。河東祐五郎『丁丑弾雨日記』によれば、旧主種子島久尚は旧藩主に続いて桜島に避難したが、城下の邸宅は兵火に遭遇し、家臣がようやく持ち出した劉松年の画と短刀一口以外、重代の宝物・珍器は悉く灰燼に帰したという。三ヵ月

27── 西南戦争直後の桜島と鹿児島市街

後の八月三十一日に湊川神社宮司の折田年秀は、郷里の形状を見るために鹿児島へ入ったが、前浜一帯は焦土と化していたうえに五日前の台風で小屋掛けも吹き倒され、「惨状の状、心中如焚《やくがごとし》、嘆又一嘆」と日記に記している。さらに高麗橋を渡ると、武村から荒田や中村の一帯も焼き払われ、海が間近に望めた。折田は谷山まで人力車を雇ったが、車夫から「賊軍にて官軍を殺せし事、麻を乱せるが如く、賊軍一名斃れは、官軍は十名死す」といった戦状を聞いている。ようやく避難中の母親と再会できた折田は、「歓極つて却て惨然、涙下り吾暫く言止む、嗚呼残酷之際、御苦心之程如何を奉想像《そうぞうたてまつり》、情実筆を揮ひ難し」と万感の思いを記している。城下の屋敷にあった貴重品を入れた長持はついに運搬できず、焼けたのか略奪されたのかも不明と聞き、折田は自然に涙が流れた（湊川神社編『折田年秀日記　一』）。ちなみに、西郷の妻糸子と寅太郎らは武村の自宅を離れ、西に五キロほど離れた西別府（鹿児島実業高校付近）の野屋敷に避難していたが、重臣二階堂家の邸宅を移築した御殿風の建物は焼失した。廃仏毀釈による破壊で鹿児島県内に残る仏教美術は僅少だが、西南戦争の際にもおびただしい文物が烏有に帰した。県内に残る国宝は、島津家に伝来した備前三郎国宗の太刀のみである。

鹿児島上陸軍との連絡作戦成功後、川路利良は別働第三旅団司令長官の任を解かれて大山少将と交代し、喜多の大隊も引揚を命じられた。喜多らは七月三日に鹿児島を出港し、六日に鍛冶橋の警視本署に凱旋した。緒戦以来四ヵ月の連戦で「ズボンはことごとく廃《す》てて、紺股引きに脚絆草鞋を穿ち、腰に用意の草鞋を付け、銃器を担い、整列押軍」という有様だった。川路が更迭されたのは、大警視という首都治安の責任者という本来業務への専念ということもあるが、戦線が日向を含む鹿児島県内にほぼ集約された結果、薩軍に開戦の元凶と見なされている彼が前線指揮に立つのは不穏当と判断されたからである。

人吉陥落

城東会戦後に編成を再編した政府軍は、次のような方針をたてた。人吉攻略の主軸を別働第二旅団（山田顕義少将）とし、佐敷から別働第四旅団（黒川通軌《くろかわみちのり》大佐）が神瀬（球磨村）方面に助攻を加える。後述するように豊後竹田に突出してきた野村忍介隊に対しては熊本鎮台（谷干城少将）と第一旅団（野津鎮雄少将）が応戦する。そして、別働第三旅団（川路利良少将）は佐敷から鹿児島県に入り大口・出水をめざす。第二旅団（三好重臣少将）は川尻、第三旅団（三浦悟楼少将）は阿蘇の高森《たかもり》でそれぞれ予備に回り、また別働第一旅団（高島鞆之助少将）と第四旅団（曾我祐準少将）は前述のように上陸した鹿児島の確保に専念する。

球磨川沿いに人吉に至る道筋の咽喉にあたる神瀬は、別府隊・辺見隊が八代をうかがって以来、薩軍が拠点を置いていた。別働第四旅団は鹿児島県内に進出した別働第三旅団に代わって佐敷・日奈久に展開し、五月九日に伊高瀬・後屋敷（球磨村）、才木《さいき》・市ノ瀬（芦北町）をめざして攻撃を開始したが、大野に本営を置いた淵辺群平の鵬翼隊は猛然と逆襲し、十二日には佐敷に突入した。高島少佐の部隊は苦戦したが第三旅団の応援を得て撃退に成功している。以後は薩軍の士気が徐々に低下し、二十日には神瀬の前面にある屋敷野越を守っていた破竹隊二番半隊長吉留盛喜ら四人が降伏し、翌日に彼らの説得で九八人が政府軍に帰順した。彼らは蒲生（始良市）の郷士で、私学校には同調していなかったが強制的に動員されていた。二十二日には別の場所にいた中隊長の赤塚源太郎らが投降している。帰順した蒲生郷士は附属隊として別働第二旅団に属し、赤塚が取締となる。

なお、十五日に別働第四旅団は別働第二旅団に統合された。かわって第三旅団は大野（芦北町）の拠点を抜くために南側の札松峠および掃部越から攻撃し、二十二日に大野と鏡山を占領する。翌日に屋敷野を攻めた山地中佐の部隊は神瀬をも奪取した。一方、別働第二旅団は甲佐・小川（宇城市）・八代から以下のルートで北側から球磨盆地に迫っている。

五家荘道（中村重遠中佐）　甲佐—五家荘—水無—不土野峠—江代—人吉
五木越道（山川浩中佐）　小川—五家荘—宮園—五木—田代—川辺—人吉
種山道（中村尚武中佐）　八代—中村—仰烏帽子山—人吉
万江越《まえ》（堀基准大佐）　八代—肥後峠—大川内—神国—人吉

照岳道（今井益利中佐）　八代―国見峠―大槻―照岳―人吉

このうち堀大佐の部隊ははるばる札幌の琴似《ことに》・山鼻《やまはな》から送られた屯田兵で、本部長の堀のほか、大隊長永山武四郎少佐など五〇〇名近い兵力だった。薩軍は球磨川を下って八代に至る球磨川道と、前述の佐敷方面の防衛に重点を置いていたが、別働第四旅団を統合して統一指揮が可能となった別働第二旅団の山田司令長官は、神瀬を検分して早期突破は困難と判断し、球磨川と五家荘《ごかのしょう》（八代市）で薩軍を牽制しつつ、他の間道から一気に人吉に迫ることとした。

すでに薩軍は鹿児島奪還に四〇〇〇名、豊後口に二五〇〇名、さらに大口方面に入ってきた別働第三旅団に対抗するため一五〇〇名の兵力を割いている。人吉周辺は現在でも九州自動車道を別にすれば、「酷道」と呼ばれる対向困難な一般国道や未舗装の林道が多く、兵力があれば内線防御に適した地形といえよう。しかし兵力で劣る場合は、会津戦争の際に板垣退助と伊地知正治の新政府軍が間道の母成峠を抜いて鶴ヶ城に迫ったように、一点を抜かれると総崩れになる危険性もあった。

五木の入り口である宮園《みやぞの》や村の中心地の頭地《とうじ》、仰烏帽子岳《のけえぼしだけ》（一三〇二メートル）、八原岳（一一四九メートル）などもわずかな守備兵しか配置されておらず、続々と破られた。久米清太郎の日記には、人吉の病院では負傷者をまかなえず、飯野《いいの》や吉田（宮崎県えびの市）に送られたことが記述されている。二十九日に別働第二旅団は総攻撃の部署を定めた。清太郎の弟清之丞は前日に常山隊に属して万江川（相良町）で戦ったまま消息を絶ち、この日の清太郎の日記は衝撃を受けたためか空白となって

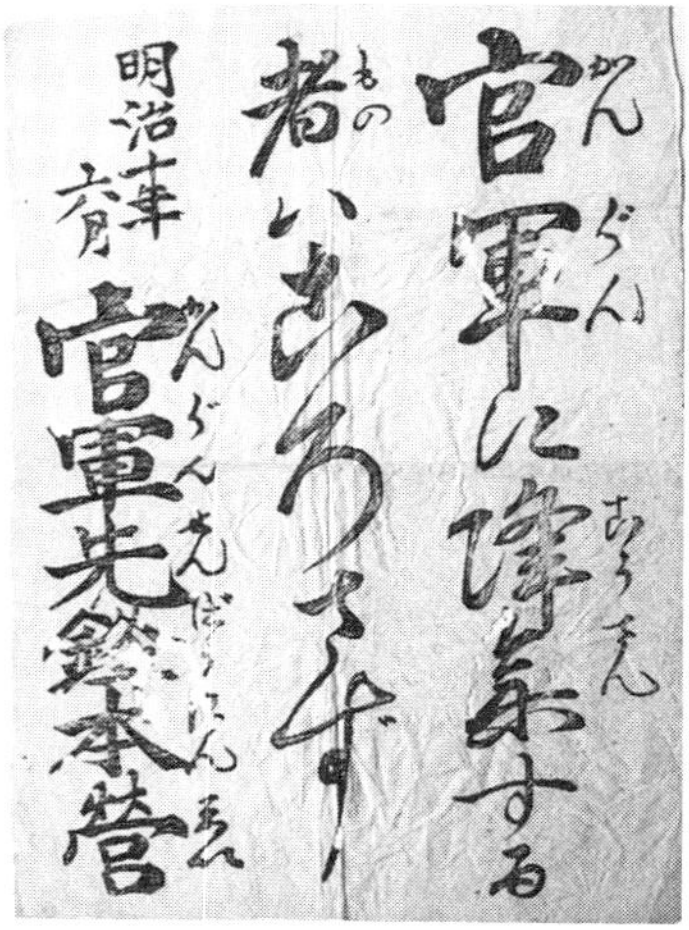

28―政府軍の投降勧告ビラ

いる。三十日に諸道から進出してきた別働第二旅団の各部隊は多方面から人吉に迫ってきた。すでに桐野は宮崎に入って新たな拠点の構築に着手していたが、西郷も二十九日に宮崎の軍務所に向かって人吉を離れ、その夜は小林の時任為英宅に宿泊している。淵辺群平と河野主一郎は球磨川の鳳凰橋を破壊して防戦しようとしたが、淵辺は重傷を負い、搬送された吉田で死亡した。

山田旅団司令長官は神瀬の正面にいた山地元治中佐に、部隊ごと照岳（山江村）に移動し、助攻と思われている照岳道から主攻撃をかけるように命じた。六月一日の早朝、照岳道を進んできた山地中佐の部隊は人吉城の二キロ北にある村山台地（JR人吉駅裏）を確保し、ここから球磨川南岸の城下を山砲で攻撃した。薩軍は村田新八の指揮により、人吉城二の丸から応戦したが次第に圧倒され、一五年前の助寅火事からようやく立ち直った城下は再び火につつまれる。「武者返し」で知られる人吉城に立て籠もる余裕もなく薩軍は城外に退く。翌日、薩軍は大畑《おこば》に集結し、防戦を図ったものの政府軍の勢いを止められず、村田らは堀切峠（加久藤峠）を越えて飯野まで退却した。

政府軍が敗残の薩軍に捕虜を使って投降を呼びかけると、常山隊五番中隊長の満尾勘兵衛など応じる者が続々と現れた。六月四日には人吉隊副隊長の犬童治成が二八〇名の隊員を引率して別働第二旅団本部に降伏する。この頃から政府軍は次のような勧告ビラを戦場で使用している。

官軍《かんぐん》に降参《こうさん》する者《もの》はころさず

明治十年六月　官軍先鋒本営《かんぐんせんぽうほんえい》

投降兵には「賊軍」への加担を悔悟し、政府軍に協力する者も少なくなかった。この後、薩軍は大敗するたびに多くの降伏人を出すようになる。そして、戦闘員、武器・弾薬はもちろん金穀にも欠乏をきたすようになり、軍票（西郷札）が作られるようになる。すでに薩軍は軍事組織として崩壊しかかっていた。

水俣・大口方面の戦い

別働第三旅団は守備地だった佐敷を別働第四旅団に委ね、熊本県南端の水俣から県境を越え、大口（鹿児島県伊佐市）を攻略して人吉を抑制しつつ、鹿児島上陸軍との連絡を図る作戦に着手した。三間正弘少佐兼少警視（旧長岡藩士。のち初代憲兵司令官、石川県知事）に率いられた部隊は五月四日には山野《やまの》（伊佐市）を占領し、六日には牛尾《うしお》川で薩軍と戦っているが、大口には侵入できなかった。薩軍本営は斬り込み隊長というべき辺見十郎太を人吉からこの方面に急派し、辺見は十日に雷撃隊約一三〇〇名を率いて猛攻撃をかけた。撃破された別働第三旅団は水俣近郊の深川まで二〇キロ近くも敗走している。辺見は久木野《くぎの》（水俣市）、鬼岳《おんだけ》（七三五メートル）、雉山、矢筈岳（六三七メートル）に防衛拠点を築き、あわせて大野より佐敷に迫っていた淵辺群平が率いる鵬翼隊との連絡も確保した。十二日の鵬翼隊による佐敷攻略は失敗したが、全体的に薩軍が優勢であり、これをみた参軍山県有朋は第三旅団を八代から佐敷に前進させ、八代には総予備の第二旅団を送っている。

五月二十二日に大野が第三旅団に攻略されて水俣への圧力が軽減されると、別働第三旅団は攻勢に出た。二十五日には薩摩和銃隊が守っていた矢筈岳が占拠される。出水に通じる矢筈峠をはさんで雉山を守っていた熊本隊は、矢筈岳奪還を企図し、翌日未明に夜陰に乗じて斬り込んだ。警視隊相手に刀剣を用いた白兵戦となったが、佐々友房は『戦袍日記』に「田原激戦よりも甚し」と記している。熊本隊は小隊長鳥居数恵（のちに朝日新聞主筆となる鳥居素川《そせん》の兄）ら五名が戦死、戦傷二四名という損害に対し、別働第三旅団も三〇名あまりの死傷者を出したが、熊本隊は相手に増援が加わったのをみて撤収している。

六月一日に人吉が陥落したため、大関山と久木野の雷撃隊に対する第三旅団の圧力はさらに強まり、三日には前後五回にわたる攻防戦の舞台となっていた大関山が陥落。五日には大雨の雲霧を活かした奇襲で鬼岳が落ちた。熊本隊はやむなく雉山を捨てて大口方面に撤収している。七日には久木野が陥落し、薩軍は県境の小川内に退却したが、政府軍の追撃は激しく、十三日には山野が陥落する。

なお、別働第三旅団は十日に喜多平四郎の属する第四大隊と第五大隊を出水《いずみ》に進撃させ、翌日に占拠している。勇猛で知られる出水郷士たちは逃亡していたが、十九日に小隊長前田恭助はじめ六〇人が降伏し、各所でも投降があいついでいると喜多は日誌に記している。中山盛高は本営からの指令で、「二番立」に続く諸郷からの募兵で二〇小隊からなる勇義隊を編成していたが、このうち出水郷士の六小隊を率いていた伊藤祐徳は部隊ごと政府軍に帰順した。伊藤は水俣で取り調べを受けたのち帰宅を許され、戦後に郡長になる。彼は勝ち目のない戦争に意地を傾けるより、地域の保全を図ったといえよう。こうした帰順者の続発で北薩戦線は瓦解した。別働第三旅団は二十一日に宮之城《みやのじょう》（さつま町）で勇義隊主力を撃破し、さらに入来《いりき》と川内《せんだい》を抜き、前述のように鹿児島上陸軍との連絡に成功している。

一方、山野から撤退して大口に集結した薩軍は、辺見十郎太の雷撃隊が坊主石山に、池辺吉十郎の熊本隊と協同隊が高熊山（四一二メートル）に拠点を構え、大口の防衛を図った。六月十七日、山県参軍は八代で山田・三浦・川路・三好の各旅団司令長官と作戦会議を開き、大口攻略についての部署を定めた。まず、①人吉を占拠した別働第二旅団（山田少将）は小林を攻略し、つづいて霧島山麓を南東に進んで都城を攻める。②第二旅団（三好少将）と第三旅団（三浦少将）は大口を攻略後、栗野・横川（霧島市）を抜いて南下し、錦江湾に面した加治木・国分に進出する。③別働第三旅団（川路少将）は大口攻略後、南西に進んで宮之城を抜き、鹿児島上陸軍（高島少将・曾我少将）と連絡するとともに加治木・国分で第二旅団・第三旅団と合流する。

十八日に開始された三個の旅団による大口総攻撃は激烈をきわめ、久七峠《きゅうしちとうげ》を越えて人吉から進撃してきた高島少佐が率いる別働第二旅団の支隊によって坊主石山は落とされた。高熊山はこの日は持ちこたえたが、翌日にあらゆる方向から攻撃を受け、熊本隊は弾薬がなくなっても投石や白刃で対抗したが、ついに退いた。伊佐市の中心地を見下ろす高熊山には、現在も弾痕石や塹壕の跡が残り、熊本隊の関係者団体である丁丑感舊会の寄付により「池辺吉十郎・辺見十郎太奮戦の地」の碑が建てられている。

大口を奪われた雷撃隊と熊本隊は菱刈《ひしかり》に撤退した。敗走した辺見は、敵の手に落ちた高熊山を振り返りつつ松並木にもたれかかって悔し泣きしたというが、「涙之松跡」の碑が街外れに建立されている。雷撃隊は菱刈で防戦したが、ここも支えきれず、鹿児島奪回を断念した相良長良の行進隊および中島健彦率の振武隊と国分で合流し、都城へと後退していった。

豊後口・高千穂方面の戦い

先に述べた通り、肥後平野撤収後の四月二十八日に江代で開かれた軍議において、人吉を中心に内線作戦を実行する一方、政府軍を牽制し、あわせて四国との連絡路を確保するため、豊後口突出が決定された。このため兵力二五〇〇名の奇兵隊が編成され、野村忍介が指揮長につく。豊後突出は野村の持論だったが、緒戦の二月段階でたとえば貴島清隊が日向諸隊を糾合して大分に進出したならば、征討軍団は高瀬方面に兵力を集中できず、苦境に立たされただろう。

四月三十日に江代を出発した奇兵隊は椎葉山を越えて延岡に進出し、一部を現在の日向市にあたる富高《とみたか》新町および細島《ほそしま》港、美々津《みみつ》、宮崎の警備にあてた。さらに、奇兵隊の増援として約一〇〇〇名の池上四郎隊が送られ、一部が三田井（高千穂町）の防御に当たっている。

五月十日、奇兵隊は八個中隊約一八〇〇名で延岡を出発した。隊には飫肥隊や中津隊も含まれている。県境の宗太郎越を経て大分県に入り、十二日に重岡《しげおか》（佐伯市）を占領した。翌日には三〇キロ先の竹田も確保した。竹田は岡城主中川家七万石の城下町だったが、地元士族は傍観のかまえだった。しかし、堀田政一らが恫喝を加えて兵力六〇〇名の報国隊を結成し、薩軍に協力している。勢いを得た奇兵隊は、さらに大分に迫り、十六日に旧府内城に置かれた県庁を奪取しようとしたが、軍艦孟春《もうしゅん》と浅間の陸戦隊や巡査に阻止された。

一方、浜町に駐屯中の熊本鎮台は重岡警察分署の藤丸宗造十等警部からの通報を受け、五月十五日に竹田を奪回するために出動を開始し、三田井の駐屯軍も加えて二十日から城下の入口にある鴻巣台や蛇塚などで激戦が展開された。のちの「軍神」広瀬武夫《ひろせたけお》の生家も焼失し、彼は郷里を離れている。また藤丸警部は薩軍に捕らえられ、稲葉川で斬首された。現在、慰霊碑と銅像が市内に建てられている。二十九日の奇襲攻撃により岡城が陥落し、薩軍は竹田から緒方に撤退した。もともと参戦に積極的ではなかった竹田士族の半数はこのときに降伏している。その後、奇兵隊と報国隊の残り半数は三重町《みえまち》（豊後大野市）で別働遊撃隊を破り、臼杵《うすき》をめざした。

臼杵は外様大名稲葉家五万石の城下町だったが、八〇〇人あまりの士族たちは薩軍に抗戦する意思を固めて臼杵隊を結成し、大分からも警視隊が送られた。臼杵隊は六月一日に武山で薩軍を迎撃したが、小銃はわずかしかなく、あっけなく撃破されて臼杵城に潰走した。しかも城もすぐに破られ、臼杵隊は四三人、警視隊は二〇人の戦死者を出している。土佐の立志社と薩軍が連絡を図っているとの風聞もあり、山県参軍は四日に山田顕義に送った書翰で「兎角豊後之動揺をして四国に影響を生ぜしめ、其機に乗じ漁船にて四国に向ひ候目的なるべし」と警戒を促した（『山田伯爵家文書　二』）。

実際、立志社内には林有造《はやしゆうぞう》や大江卓《おおえたく》など、この機に乗じ「大久保政権」を転覆して国会開設を断行しようとクーデターを画策する者がおり、陸奥宗光もこれに加担していた。一方、桐野は土佐出身の三浦介雄を幡多《はた》郡沖ノ島（高知県宿毛市）に潜行させ、古勤王党の桑原兵八らと接触して協力の約束を得たが、立志社には連絡がなかったので、林らは藤好静・村松政克《むらまつまさかつ》を密使として九州に送った。藤好らは五月十六日に江代の出張本営で桐野に面会して高知に戻ってきたが、密偵に察知されて六月十四日に警察に拘束され、さらに林有造や片岡健吉《かたおかけんきち》、陸奥宗光らも捕縛される立志社の獄へとつながっていく。

熊本鎮台は奥保鞏少佐ら率いる五個大隊の兵力を送り、六月八日から臼杵の薩軍を攻撃する。日進と浅間も海上から援護した。三日間の戦いのすえ薩軍は津久見を目指して撤収した。さらに六月十七日には三重町三国峠と旗反峠が陥落し、重岡も奪われる。野村は翌日に本営を熊田（延岡市北川町）に移動し、以後は大分と宮崎の県境に沿った黒土峠・赤松峠・陸地峠・宗太郎峠周辺で熊本鎮台と持久戦を展開した。この戦線では延岡の農兵も奮戦し、八月中旬まで一帯を守り抜き、宮崎方面から敗走してきた薩軍を迎え入れることとなる。

一方、人吉と豊後、延岡と熊本の連絡線である高千穂高原でも、激しい攻防戦が展開された。五月四日、高城七之丞《たきしちのじょう》指揮の正義隊一〇〇〇名が江代を出発する。この部隊には佐土原隊や中津隊、さらに延岡隊の主力が配置され、人吉と延岡の交通路にある三田井（高千穂町）を警備しつつ、馬見原に進出した政府軍と対峙し、豊後口を転戦する奇兵隊の支援にあたるという任務を与えられた。正義隊は五月十四日に大石越から馬見原を見下ろす鏡山の熊本鎮台警備隊を襲撃し、追撃して馬見原に進出した。しかし、政府軍が増援を送ったため鞍岡へ敗走している。政府軍は熊本鎮台を豊後口に前進させて奇兵隊を追撃する一方、高千穂方面には第一旅団を送った。五月二十五日、第一旅団は小坂越を突破して三田井を占領する。しかし、六月一日に薩軍は大菅・中村・大楠（日之影町）の線で第一旅団の攻勢を阻止した。日之影川と五ヶ瀬川が合流する大楠には弾痕石があり、激戦をいまに伝えている。七月二日に第一旅団は日之影川を突破したが、延岡隊をはじめとする薩軍は綱ノ瀬川と五ヶ瀬川が合流する槇峰（延岡市北方町）や菅原《すげばる》、鹿川渓谷《ししがわ》で防衛線を再構築し、延岡方面への第一旅団の進出を一ヵ月近く阻止する。

日向路敗走

大口を攻め落とした第二旅団・第三旅団は七月一日に横川を占領し、七月三日に加治木で鹿児島から進んできた第四旅団・別働第三旅団と合流した。喜多平四郎が属した第四大隊など別働第三旅団の緒戦以来の主力は川路大警視とともに帰還し、残余は加治木で第四旅団の指揮下に組み入れられている。方向を変えて加久藤に進んだ第二旅団は、大畑より堀切峠を越えた別働第二旅団と合流して飯野《いいの》を落とし、七月十日には小林を攻略した。また、別働第一旅団は鹿児島を発ったのち六月二十九日に垂水《たるみず》と高須《たかす》（鹿屋市）に上陸して高隈（鹿屋市）に本営を置き、大崎・串間《くしま》・志布志《しぶし》など大隅半島基部の掃討に着手しつつあった。こうして七月上旬までに、政府軍は三方向から薩軍の次なる拠点となった都城に迫る態勢をつくりあげていく。

一方、人吉に続いて大口と鹿児島を喪失した薩軍は、霧島連山と鰐塚《わにつか》山地に囲まれた盆地にあり、十二砦の要害に守られた都城を拠点とし、高原《たかはる》と庄内・財部《たからべ》（曽於市）に破竹隊、恒吉《つねよし》（曽於市大隅町）に振武隊・奇兵隊、大崎（大崎町）に行進隊・雷撃隊を展開させた。

都城北方の高原で持久戦が展開される一方、大隅半島の丘陵地帯では別働第一旅団との間で果敢な奇襲戦が展開された。七月八日に振武隊の中島健彦・貴島清らは恒吉から百引《もびき》（鹿屋市）の政府軍を襲撃して撃破し、大砲二門など多数の武器・弾薬・捕虜を得た。十二日には加治木隊の越山休蔵《こしやまきゆうぞう》・別府九郎《べっぷくろう》・神宮司助左衛門らが大崎を奇襲し、政府軍を串良《くしら》にまで敗走させている。彼らは十五日にも通山《とおりやま》（曽於市末吉）から福山原を攻めたが、越山が負傷したため撤退した。二十三日には辺見十郎太・相良長良らが岩川（曽於市）まで北上してきた別働第一旅団と激戦を展開したが、結局は末吉《すえよし》に退却している。薩軍は局地的には善戦していたが、包囲網は徐々に縮小されていた。二十日に山県・

川村の両参軍と三浦第三旅団司令長官、曾我第四旅団司令長官、大山別働第三旅団司令長官による作戦会議が国分で開かれ、総攻撃の部署が定められる。

七月二十四日、別働第三旅団は粟谷から財部を攻略した。敗走する薩軍を追って上田良貞中尉の一隊が午前十時に都城に突入し、一番乗りを果たしている。また、第三旅団は河野主一郎隊を撃破して庄内を占領した。第四旅団は通山を攻撃し、中島健彦の振武隊との間で激戦となった。別働第一旅団は岩川から末吉を攻め、辺見十郎太の雷撃隊、相良長良の行進隊の抵抗を排除して占領した。庄内と財部を落とされ、都城にも政府軍が突入した結果、通山や末吉の薩軍は後方を遮断され、総崩れとなった。辺見は「我軍何ぞ此の如く怯惰なるや、我契《ちぎり》て之を退けん」と悲憤慷慨し、単身敵陣に斬り込もうとして周囲に押しとどめられている。薩軍は山之口と三股で敗軍を収容し、宮崎方面への政府軍進撃を防ごうとしたが、二十七日には清武《きよたけ》と飫肥が陥落した。都城陥落で薩軍の敗色は決定的となる。人吉に続く大敗は薩軍の士気を阻喪させ、飫肥隊八四〇名、薩軍八〇〇名と大量の投降者を出した。

一方、霧島方面では第二旅団が七月十四日に高原を占領した。以後、薩軍破竹隊は数度にわたって奪回を試みるが成功せず、二十二日には野尻も落とされて高岡（宮崎市高岡町）まで後退している。しかし政府軍の追撃は速く、二十八日には辺見十郎太・中島健彦・河野主一郎・相良長良らの必死の防戦を紙屋《かみや》で破り、第二旅団と別働第二旅団が高岡を占領した。

七月三十日、第三旅団は国見峠を越えて高岡の第二旅団との連絡を維持しつつ倉岡へ進出。清武を落とした第四旅団は城ヶ崎《じょうがさき》へ。別動第三旅団は穆佐《むかさ》を経て倉岡に至り、大淀川に進出した。西郷および薩軍本営はこの日のうちに宮崎から佐土原へ移動したが、第二旅団が接近してきたので、さらに高鍋へ後退している。

七月三十一日、第四旅団は大淀川南岸の中村で薩軍と交戦したが、第三旅団と別働第三旅団は薩軍の油断を突くかたちで大雨により増水した大淀川を一気に渡河し、宮崎市街へ突入した。この結果、薩軍は無抵抗のまま佐土原に向けて撤退した。しかし第二旅団により佐土原も攻略され、西郷が本営を置いていた高鍋まで退いている。

八月一日、新たに送られた新撰旅団が宮崎へ到着し、ただちに前線に配備される。新撰旅団は歩兵第四連隊（仙台）と第五連隊（青森）の各一個大隊に士族から臨時召募された巡査を加えて編成され、陸軍少将小松宮嘉彰親王《こまつのみやよしあきしんのう》が司令長官となっていた。東北の部隊が基幹で、戊辰の雪辱を晴らそうとする士族も多数含まれている。参謀には陸軍中佐長坂昭徳（戸山学校長代理）、陸軍少佐兼内務少書記官千坂高雅《ちさかたかまさ》（旧米沢藩士）、陸軍少佐立見尚文《たちみなおぶみ》が当てられた。立見は旧名鑑三郎で旧桑名藩士である。北越戦争の際、雷神隊を率いて朝日山で長州藩奇兵隊を破り、参謀の時山直八《ときやまなおはち》を討ち取るなど、長岡藩兵を指揮していた河井継之助《かわいつぐのすけ》とともに各地を転戦している。長州出身者にとっては山川浩とともに、あまり面白くない人物といえよう。廃藩置県後に判事に採用されたが、武人としての器量を買われて動員された。こののち陸軍に身を置き、日露戦争の際は第八師団長（弘前）として黒溝台《こっこうだい》の戦いを指揮し、陸軍大将となっている。一方、別働第三旅団は解団し、警官たちは大量発生した捕虜に対応することとなった。なお、ながらく京都に滞在していた明治天皇は七月二十八日に京都を出発し、三十日に東京に還幸している。大久保内務卿は八月二十一日に開かれる内国勧業博覧会の準備に奔走しており、新規の新撰旅団派遣は中止となり、もはや平時であることが強調された。

政府軍は、佐土原方面から海岸沿いに右から第四旅団、中央に第三旅団および新撰旅団、さらに西都方面に第二旅団と別働第二旅団を、それぞれ一ノ瀬川に沿って配置した。ちょうど現在の航空自衛隊新田原《にいたばる》基地を囲むようなかたちである。八月二日、別動第二旅団が一ノ瀬川を渡って熊本隊を破り、これに呼応して全軍が高鍋に殺到した。熊本隊の池辺吉十郎隊長は行方不明となり（敵中に潜伏し落伍）、佐々友房も重傷を負った。薩軍はさらに北の美々津や山蔭《やまげ》（日向市）へと後退し、本営は延岡に移された。西郷は城下から少し離れた大貫《おおぬき》の山内善吉家に宿陣している。そして、国境山岳地帯に勢力を張る野村忍助隊との合流で勢力を回復しようとした。八月五日前後は台風で暴風雨となったため、両軍とも行動を控えているが、西郷は次のような各隊長宛の回文を作成し、全軍を叱咤激励している。

諸隊尽力の故を以て既に半年の戦争に及び候。勝算目前に相見得候折柄、遂に兵気相衰え、終に窮迫余地なきに至り候儀は遺憾の至りに候。兵の多寡強弱においては差異これなく、一歩たりとも進んで斃れ尽し、後世に醜辱を残さざる様御示教給うべく候也。（『西郷隆盛全集　第三巻』）

政府軍は八月七日に再び総攻撃を開始する。第二旅団・第三旅団・第四旅団・新撰旅団は高鍋から正面を北上する一方、別働第二旅団は山蔭から迂回攻撃を加え、九日に耳川を渡って富高新町および細島を占領した。この攻撃には五月十五日に球磨川の屋敷野越で降伏した赤塚源太郎ら蒲生郷士の帰順隊も加わっている。薩軍は拠点を門川《かどかわ》に移動し、さらに本営・火薬製作所・病院等を延岡から奇兵隊本営のある熊田《くまだ》（延岡市北川町）に移した。

この時期、二ヵ月近く膠着していた五ヶ瀬川方面の戦線も動き出す。七月三十一日に薩軍は鹿川《ししがわ》（延岡市北方町）と荒平《あらひら》（美郷町）で南北から第一旅団に反撃したが成功しなかった。これに対し、第一旅団は高鍋に集結した各旅団と協調し、八月五日に総攻撃を予定していたが、台風の影響で五ヶ瀬川が氾濫し中止となる。そして十一日に総攻撃を開始し、槇峰にいた延岡隊は藤ノ木まで一〇キロ近く後退した。

八月十二日に政府軍は門川および五ヶ瀬川方面より、六個旅団による延岡攻略を開始した。日向灘からは日進・丁卯・鳳翔・清輝の各艦がこれを援護している。そして十四日に別働第二旅団が延岡に突入した。薩軍は中瀬川の橋を壊して撤退し、北川の入り口である和田越方面に陣地を構築している。薩軍が延岡の街を焼かなかったのは、区長塚本長民《ながひと》の懇願に野村忍助が応じたからで、ながらく兵站と医療を支えた住民への配慮だった。なお、延岡に入った政府軍は、城下の人々に時を告げていた延岡城の太鼓櫓を焼き、沖合の軍艦への合図にしたが、これは地元住民の恨みを買った。遅れて延岡に入った第二旅団に属した小原正恒少尉は、八インチ砲二門が遺棄され、覚悟を固めて門前で割腹した薩兵を延岡で目撃している。この日、大島景保ら延岡隊は、郊外の野田で最後の戦闘を行うが、薩軍の撤退を知って、隊をあげて降伏した。延岡隊の戦死者は総数七八人、負傷者は九〇人という。

和田越決戦と可愛岳突破

八月十一日に延岡の原時行邸から退去した西郷は船中で一泊し、北川を遡行して可《え》愛《の》に上陸、現在は西郷茶屋というドライブインが建つ児玉安治宅で休憩したのち、川内谷の吉祥寺に泊まり、十三日からは笹首にある小野彦治宅に宿泊している。十四日に延岡から退却してきた桐野・村田ら諸将との軍議が開かれ、翌八月十五日に延岡の奪回が図られた。薩軍は長尾山一本松から前日に政府軍に奪われた無鹿《むしか》山に連なる丘陵に三五〇〇名の兵を配置し、中央の和田越に西郷は本営を置いて自ら督戦に努めた。「監視」されていた西郷は、終末にあたり自分の意志をようやく公然と示すようになる。

29――可愛岳と西郷の宿陣地

和田越に臨んだ政府軍は第二旅団・第三旅団・第四旅団・別働第二旅団・新撰旅団の五個旅団で、日進・丁卯・鳳翔・清輝の四艦が沖合を遊弋していた。戦闘の主軸となったのは和田越正面を抑える別働第二旅団と無鹿山を奪った第四旅団で、参軍山県有朋は和田越から二キロ隔てた樫山の別働第二旅団本営から、西郷従道や大山巖とともに戦況を見守ることとした。

この日は早朝から濃霧だったが、午前八時ごろに霧が晴れるとともに戦闘が開始される。一進一退の攻防が続いたが、しだいに薩軍の弾薬が尽き、艦砲射撃も受けるようになる。第四旅団は和田越東部の尾根に攻撃の重点を置いた。守備に当たっていた熊本隊は池辺に代わって隊長となっていた山崎定平が重傷を負うなど苦境にたち、小倉処平と野村忍介が援護したが、ついに突破される。長尾山一本松と小梓山も昼ごろに攻め落とされ、小梓峠から河野隊・貴島隊の攻勢を受けていた別働第二旅団は守勢から攻勢に転じる。方財島《ほうざいじま》から河口を渡った新撰旅団も北川左岸に進出し、薩軍の退路を断つ行動を開始した。西郷は弾丸雨注のなかで仁王立ちし、政府軍の戦いぶりをみて「もう日本も大丈夫ぢや」とつぶやき、和田越を動こうとしなかったが、周囲の者に担がれて山から下ろされ、俵野《ひょうの》の児玉熊四郎宅に退いた。午後二時頃には薩軍は長井方面に退却し、政府軍の圧勝のうちに戦闘は終わった。

政府軍は長井村の薩軍を包囲する態勢をとる。第四旅団・別働第二旅団・新撰旅団は南から迫り、大分県境を越えた熊本鎮台もすでに野村が長らく本営を置いていた熊田を奪っている。背後の可愛岳には第一旅団と第二旅団が陣を構えており、まさに袋の鼠だった。薩軍は投降や逃亡で二〇〇〇名にまで減っている。もはや戦闘を続ける余力はなかった。十六日午後、西郷は「我軍の窮迫此処に至る。今日の事唯一死を奮つて決戦するにあるのみ。此際諸隊にして降らんとするものは降り、死せんとするものは死し、士の卒となり卒の士となる、唯其の欲する所に任ぜよ」との告諭を書き、行動の自由を認めて全軍を解散した。

龍口隊を率いていた中津《なかつ》大四郎《だいしろう》は、西郷のいる本営、同郷の熊本隊・協同隊を訪れて別れの挨拶し、そののち従容と自決する。辞世の句は次の通りである。

義を立てし　身はこの山に捨てて名を　すえの世にまで　遺すうれしさ

十七日午前までに熊本隊・協同隊・佐土原隊・高鍋隊など党薩諸隊は続々と政府軍に降伏する。薩軍本営では前日から降伏・決戦・突囲で激論が交されていたが、降伏は論外、決戦も兵力差が大きすぎて無益ということになり、突囲に傾いた。ただ、目的地を熊本とするか豊後か鹿児島かで桐野と野村、別府の間でまる一日討論となる。午後四時ごろ、西郷は可愛岳（七二八メートル）を夜間に突破し、とりあえず三田井を目指すという決断を下した。ただちに精兵の選抜と編成が準備される。傷病兵は中山盛高に委託して病院に残し、医師も全員残留を命じられた。西郷は重要書類と陸軍大将の軍服を自ら焼却し、病院にいた息子の菊次郎に従僕の永田熊吉を付けて降伏を命じ、二頭の愛犬を放つなど、身辺を整理している。

ささやかな訣別の宴が開かれたのち身なりが整えられ、午後十時過ぎに前軍に相良長良・貴島清、中軍に桐野利秋・池上四郎、後軍に中島健彦という隊列で、ひそかに俵野から出発した。佐土原隊長島津啓次郎、高鍋隊長秋月種事《たねこと》、福島隊長坂田諸潔《もろきよ》、中津隊長増田宋太郎らは、自分の隊に降伏を命じたうえで西郷に同行している。佐賀征韓党幹部で鹿児島に亡命していた石井貞興《さだおき》も加わっていた。猟師が道案内し、樵夫が藪や灌木を刈り、先頭隊は木の枝に白紙を巻きつけて後続隊の目印とし、発砲や談話、煙草は厳禁とされた。西郷は篭に乗せられたが、所々は歩き、「夜這いのようだ」と戯言を発している。夜通しの登山でザレの頭というピークを越え、十八日未明には前軍一五〇名が頂上に近い中ノ越の稜線に到達したが、四時半ごろに六首山で第二旅団の一部に遭遇し敗れている。一方、北斜面のテラス状の尾根では第一旅団と第二旅団の本営が野営していた。彼らは可愛岳から俵野を瞰射して薩軍を全滅させることを期して総攻撃を予定していたが、警戒が薄いことに気がついた中軍の河野と辺見は、午前六時頃に突撃を加える。

熟睡中に不意打ちを受けて両旅団は大混乱となり、野津・三好両司令長官はそれぞれ身ひとつで麓の橋岸村および六首山方面まで脱出した。本営には三味線や女物の駒下駄が残っていたという。田原坂以来無傷で奮戦してきた第一連隊第一大隊長迫田鉄五郎少佐が救援に駆け付けたところ、眉間に銃弾を受けて戦死したほか、両旅団で戦死者六四名と戦傷者一二七名を出した。『征西戦記稿』は「第二旅団の死傷・失亡は、熊城連絡以来未だ今日の如きあらざるなり」と記している。

第二旅団に属していた小原正恒少尉らの教導団第二大隊は、城東会戦後に「鎮火後の消防組」のような扱いをうけ、スナイドル銃をエンピール銃に交換させられていたが、七月に入って別働狙撃隊に改組のうえ、ヘンリー・マルチネ銃に再交換させられた。小原の回顧によれば、この銃は弾道こそ正確だが遊底に欠陥があり、数発の発射で油気が欠乏し不作動を起こすという、一種の欠陥商品だった。その結果、同僚の吉松寧爾少尉が指揮する半中隊は、和歌山からやってきたツンナール銃装備の遊撃隊ともども大損害を受けたと恨めしげに回顧している。一方、可愛岳を抜いた薩軍は政府軍から銃弾約三万発、多数のスナイドル銃と、大砲一門、食糧を奪い、「西郷越」といわれる地点から大台場山を越えて祝子川《ほうり》に下り、地蔵谷で野営した。

なお、俵野に残っていた薩軍の残余は十八日に熊本鎮台に降伏している。のちに外務大臣になる小村寿太郎に薫陶を与え、飫肥隊の一部を率いて豊後口を転戦した小倉処平は、和田越決戦の際に重傷を負っていたため西郷を追うことを断念して自決した。西郷の子の菊次郎は従僕熊吉に背負われて叔父の従道に降伏し、ただちに政府軍の病院に送られている。

十九日に地蔵谷を出た薩軍は下祝子川の田下・荒茂で川崎少佐率いる第一旅団の遊撃隊を破り、西郷は上祝子村の小野熊治宅で宿泊した。喜多平四郎『従西従軍日誌』は「下堀川口」で池上四郎に捕えられた広島出身の兵士の証言を収録しており、西郷が所属や出身地、召募を担当した船越衛《ふなこしまもる》（山城屋和助事件の際、陸軍省会計局長を免官。内務省戸籍局長）の様子など直接尋問に当たったことが記されている。人家に宿泊して英気を養った薩軍は、翌二十日は山手谷から大崩山《おおくえ》近くの鹿川越《ししがわごし》（一一〇三メートル）を通り、鹿川（日之影町）、鹿川峠（山浦越）、湾洞越《わんずごし》を経て天岩戸神社で知られる岩戸（高千穂町）に至ったが、香春建一『大西郷突囲戦史』によると、西郷は後軍とともに鹿川峠で野営している。西郷たちを追跡した第八連隊に属する小原正恒の別働狙撃隊も、鹿川越の「行動長径頗る延伸す。毒虫殊に多」という行軍に苦労し、他隊との間で軍夫が運び入れた握り飯を奪い合っている。

八月二十一日、西郷は岩戸村の小河内に達し、日之影川を渡って湾洞越を登り、岩戸村の土持信義宅で休息後、三田井で全軍と合流した。薩軍の先遣隊は無警戒だった陸軍運輸部の軍吏を斬って大量の金穀と弾薬を奪っている。西郷はここで鹿児島帰還の決心を伝えた。二十二日に政府軍の追跡を避けつつ三ヶ所村（五ヶ瀬町）に入り、西郷は専光寺に宿泊する。二十三日に三ヶ所村を発した薩軍は、現在「西郷隆盛退陣路」の碑が建てられている飯干峠《いいぼしとうげ》を越えて七ツ山（諸塚村）に下り、政府軍の哨兵を撃退して松ノ平に宿泊した。

二十四日は耳川を渡り、山瀬（美郷町西郷区）より清水岳（一二〇五メートル）を越えて神門《みかど》（美郷町南郷区）に達する。神門は百済王の亡命伝説で知られる神門神社で知られる土地であるが、松浦少佐率いる別働第二旅団の二個中隊が拠点を構えており、正午過ぎに激しい遭遇戦となった。午後四時頃より暴風雨となり戦闘は中止され、西郷は鬼神野《きじの》に入って下田民弥方で休息する。その際、人吉の病院を延岡に移すための用務で万鷲寺に滞在していた軍医石坂篤保（のち軍医監）らを捕虜にし、負傷兵の治療を依頼している。薩軍は政府軍の追跡をさけるために鬼神野で夜を明かすことなく、深夜に大雨の峠道を米良《めら》に向かって進んだ。茶屋峠を越えて上渡川を渡り、五郎ヶ越を踏破し、征矢貫で政府軍の斥候を倒して夕方に銀鏡《しろみ》（西都市）に到着し、西郷はのちに東米良村長となる浜砂重言宅に泊まった。

二十六日も暴風雨だったが、薩軍は銀鏡から赤髭山近くの棚倉峠（七五二メートル）に登り、政府軍の哨兵を駆逐して小川城址や米良神社のある小川に下り、さらに七月二十二日に阿多壮五郎隊と別働第二旅団との間で激戦があった天包山《あまつつみやま》（一一八八メートル）を越え、西米良村の村所《むらしょ》に到着した。村所には人吉藩相良家の付傭ながら幕府から交代寄合に準じる家格を与えられた米良家の陣屋があった。幕末期の当主則忠は、家臣の甲斐大膳とともに尊王攘夷運動を起こし、また中世肥後の領主で南朝方に属した菊池氏の末裔を称していたが、明治政府によって菊池への復姓が許され、華族に叙せられている。当時、菊池則忠は避難していたが、鹿児島にも頻繁に往復しており、三月には河野義俊ら八〇名を熊本に送っているので、村所は薩軍に友好的な土地柄だった。なお、西郷も菊池家の末裔を称していたので、感慨深いものがあったと思われる。この日、西郷は菊池家旧臣の児玉愛平方に泊まっている。

二十七日、天気はようやく快晴となり、さらに児玉などが案内に立った。薩軍は板谷峠を越えて熊本県に入り、下槻木《つきぎ》（熊本県多良木町）で大淀川に通じる槻木川を渡ろうとしたが、連日の大雨で濁流となっており、杉の大木を倒して橋を構築した。通過後も村人の便宜のため撤去せず、昭和初期まで残っていて西郷橋と称された。ここから現在の県境を越えて須木村《すきむら》（小林市）に達した。堂屋敷かららは霧島連峰が眼前にそびえている。山中の彷徨を経て郷里の山を目の当たりにした西郷たちの歓喜はいかばかりだっただろうか。ここで西郷は児玉らに菊池家への謝辞を与えて村所に返し、中藪の川添源左衛門方に泊まった。

二十八日、薩軍は小林に入る。西郷は人吉から落ちてきた際にも宿泊した時任為英方に泊まり、翌日はいよいよ大隅に入った。この日は吉松《よしまつ》（湧水町）に宿泊し、三十日には栗野《くりの》に達して横川（霧島市）から溝部《みぞべ》を経て加治木に入ろうとしたが、重富に上陸した第二旅団がすでに深川で待ち構えていた。やむなく牧園《まきぞの》に方向を変えたが、笠取峠で政府軍と戦っている。三十一日未明に笠取峠から三縄《みなわ》に下った薩軍は山田に入ったが、加治木方面は第二旅団に封鎖されていたので蒲生（始良市）へと方向を変え、佐山峠で政府軍を破り、西郷は質屋淵上休右衛門宅に宿泊している。この間、遭遇した哨兵や巡査、政府軍に協力した戸長らは容赦なく処断された。

九月一日、蒲生を発し、吉田（鹿児島市本城町）を通過した薩軍は川上の小立山《こたつちやま》で政府軍と衝突した。前軍（辺見）と中軍（河野・貴島）はそのまま吉野に進み、帯迫（鹿児島市吉野町）に集結した新撰旅団からの攻撃を中軍が排除する間、先鋒の辺見らは城山を確保して岩崎谷を駆け下り、午前十一時ごろに県庁や私学校を奪回した。後軍は花棚《けだな》（鹿児島市川上町）から伊敷あるいは多賀山へと分散迂回し、二日未明までに全軍が鹿児島に到達する。俵野を発してから一四日を経て、西郷はついに郷里に帰還した。

参軍山県有朋以下政府軍首脳は、八月十八日に薩軍本営に対する殲滅戦を行って戦争を終わらせるつもりだっただけに、西郷たちの可愛岳突破に強い衝撃を受けた。とりあえず第一旅団に三田井方面へ追撃を命じたが、電信線のない九州脊梁山地に奥深く入り込んだ西郷たちの消息は杳《よう》として知れなかった。そもそも薩軍自体、三田井までは豊後口・高森・熊本・鹿児島と目的地を決定しておらず、いずれかの要衝に突出してくるのか、四国に渡るのか、山中に割拠するのか予測困難だった。このため、山県参軍は別動第二旅団を椎葉・人吉方面に送り、第三旅団は佐土原から小林に前進させる。宮崎から都城方面には第四旅団を派遣。別動第一旅団と第二旅団は海路を経て熊本と鹿児島方面まで移動させるなど、各旅団を多方面に分散させて警戒にあたっていた。しかし、鹿児島城下には新撰旅団兵約四〇〇名、巡査三〇〇名あまり、海軍兵約一〇〇名と少数の兵しか置いておらず、龍驤艦は二十六日の台風のため祇園洲《ぎおんのす》で座礁していた。この結果、薩軍に根拠地の奪回を許してしまうという失敗を山県は犯すこととなる。

城山の戦い

三十日にようやく第二旅団が西郷たちを発見したが、捕捉に失敗して九月一日に鹿児島への突入を許したのは先述の通りである。岩村県令ら県庁幹部は書類や公金を携えて船で長崎に一時避難し、私学校に駐屯していた新撰旅団の輜重隊は遁走したが、糧米を蓄えた米倉（鹿児島市役所付近）は綿貫吉直中佐兼小警視の新撰旅団や海軍陸戦隊、巡査の混成部隊が防備を固めた。鹿児島は再び火に包まれ、三十一日から谷山に帰省していた湊川神社宮司の折田年秀は、「夜に入り、猛火点を焦し、三里間谷山郷にても、殆白日の如し。時に大小銃の発声終宵絶ゑず、夜明くるに随て益烈し」と日記に記している。

ようやく西郷の消息をつかんだ各部隊は続々と鹿児島に接近したが、薩軍は全軍で三五〇名あまりにすぎず、市内全域を防御することは不可能だった。九月二日には別働第一旅団が騎射場に上陸し、武村の薩軍を襲って甲突川から駆逐し、松原神社まで進んで米倉の部隊と連絡している。さらに三日には前日に鳥越山を確保した第二旅団主力が多賀山から攻めよせ、福昌寺《ふくしょうじ》山・浄光明寺《じょうこうみょうじ》山・上の原などを確保するなど、包囲網が構築されつつあった。西郷は帰還した夜は上一ツ橋（玉龍高校前近く）の田中七之丞宅に泊まったが、二日に岩崎谷へ移動している。

九月四日未明に貴島清ら決死隊約七〇名が米倉を夜襲したが、第二旅団からの増援に阻まれ、貴島と増田宋太郎ら三〇人あまりが戦死して攻撃は失敗に終わった。薩軍決起に当初は加わっていなかった貴島が出撃に際して「吾人を疑ふ者あらば、請ふ之を聞かん」と問うと、桐野が「今日、誰か足下を疑ふものぞ」と答え、さらに「湊川の楠公」に例えると、貴島は欣然として辞したと『西南記伝』は伝える。また増田は中津隊が解散した後も「一日先生に接すれば一日の愛生ず。三日先生に接すればば三日の愛生ず。親愛日に加はり、去るべくもあらず。今は善も悪も死生を共にせんのみ」と述べて西郷に従っていた。

折田年秀は四日に市中に入ったが、薩軍突入の際に逃げ遅れて斬られた巡査や官員の死体が方々に散乱し腐臭に満ちていたという。また、高見馬場から東の石灯籠《いづろ》、松原神社あたりは三十一日まで無事だったが、旧御臼屋に駐屯していた警官が退去する際に火を放ち、これが延焼して焼け野原となっていた。折田は「嗚呼、此挙に至り、官軍及び警察官吏之放火を縦《ほしいまま》にして、無罪之良民を殺害、残虐するに忍びず。故に頑民動すれば、西軍之勝利を歓び、官軍の勝利を忌み、専ら官を疾視する之情状、婦女子に至る」と批判的に記している。また、西郷については「其の尋問を問はず、官位を剝奪し、賊名を天下に鳴らし、如斯《かくのごとく》鏖戦国家有用の壮士を内乱に矢亡《ママ》せしむる。吾輩、眼を拭て公論を待つのみ」とやや同情的に論じている。

米倉奪取に失敗した薩軍は、以後の出撃を断念し、私学校および城山と岩崎尾根に立てこもり、本営も城山山頂から西郷の籠る岩崎谷の洞窟（西郷洞窟）に移された。突囲当時六〇〇名あまりを数えた薩軍も戦死や落伍で半減し、最後まで残った兵力は加勢を含めて三七二名（隊士二九二名、西郷および大幹部六名、軍夫・従卒七四名）に過ぎなかった。しかし、五月に政府軍の上陸部隊が構築した堡塁は堅固で、薩軍はそれを逆利用した。私学校にあった輜重部からは大量の弾丸と大砲が押収され、食糧が不足して朝夕は粥をするとはいえ、士気は高かった。喜多平四郎の『征西従軍日誌』に収録された、八月十九日に下祝子で捕虜となった広島出身の遊撃隊兵士の目撃談によると、洞窟内の幹部たちの様子は次のように分裂した状況だったという。

桐野嘆じて曰く、僅々の募兵を待ち、遂に再衝の機を失せりと。本窟中、屢議論あり。激沸喧噪、

30――薩軍に奪取された政府軍堡塁・竹矢来構築跡

西郷は常に肱して言わず。時有りて大笑を発し、仰ぐのみ。辺見が如きは頗る不平、時々西郷を睨すという。

山県参軍は九月八日に鹿児島に入り、多賀山に本営を置くと「我が主として目的とする所は独り守備を先にするにあり」と訓示し、可愛岳の二の舞にならないように徹底した包囲を命じた。九州各地の哨戒線から駆けつけてきた七個旅団と熊本鎮台による包囲網は、十四日までに完成する。柵を何重にもめぐらし、蟻のはい出る隙間もない警戒線を引き、砲台および錦江湾に展開した艦隊から昼夜にわたり猛砲撃を続けた。西郷は諸郷に檄文を送って加勢を命じたが、厳重な警備と厚い包囲環を越えるのはきわめて困難で、早い段階で近郊の谷山からの数十名が薩軍本営に合流できたのみであった。山県は十九日に各旅団・鎮台の司令長官および参謀と会同して攻撃の部署を定め、各旅団は一ないし二中隊からなる攻撃隊の選抜に着手する。

この間、薩軍の内部では西郷の助命を請うことが辺見十郎太と河野主一郎らによって検討され、西郷も黙認したので、二十二日に河野と山野田一輔が軍使として別働第一旅団の守線に入り、翌日に参軍川村純義海軍中将に面会した。川村は、二月に自分と西郷との面会を私学校が阻止したのが征討の原因で、命乞いも都城陥落当時ならともかく今となっては遅い。明朝四時より総攻撃を加える予定だが、西郷にいうべきことがあれば午後五時までに回答するようにと伝え、なおかつ山県参軍の書状と、菊次郎が病院に収容されて無事であるとの伝言を山野田に託して西郷のもとに帰し、河野は拘束した。西郷はこれを聞き、回答の要なしとのみ答えている。すでに前日、西郷は各隊に檄文を回し、河野と山野田は法廷で大義のために斃れるので安心するようにと伝え、「此の城を枕にして決戦致すべく候に付き、今一層奮発し後世に恥辱を残さざる様に覚悟肝要にこれあるべく候」と決死の所存を示した。ちなみに、山県の書状は「願くば君早く自ら図り、一は此挙の君が素志に非ざるを証し、一は彼我の死傷を明日に救ふの計を為せよ」と西郷に自決を望み、「君幸に少しく有朋が情懐の苦を察せよ、涙を揮ふて之を草す。書意を尽さず」と結んでいる。この美文は福地源一郎に書かせたともいわれ、四月末に捕虜を釈放して薩軍本営に届けさせたはずであるが、山県は到着の有無を問い合わせたのである。川村が河野を留めたのは、せめて一人ぐらいは助けようという同郷人としての温情だろう。

河野は明治十四年（一八八一）に恩赦で出獄すると三洲社を起こして政治活動を行うが、川村純義・樺山資紀・松方正義らのてこ入れによる郷友会に圧倒され、官途を求めて東京に去るという二度目の挫折を味わうこととなる（小川原正道『西南戦争』）。一方の川村も参議兼海軍卿に就くものの、黒田清隆・大山巌・西郷従道と異なって元老になることはなかった。

その夜、岩崎谷では西郷と諸将により訣別の宴が盛大に開かれた。薩摩琵琶が奏でられ、村田新八はアコーディオンを演奏したという。一方、政府軍もこの晩は発砲をとどめ、武岡より花火を打ち上げ、海軍軍楽隊による演奏を行って英気を養った。しかし薩軍が宴を閉じ、幹部が守備位置に戻る午前一時頃には、政府軍の攻撃諸隊はひそかに薩軍陣地に肉薄していた。

九月二十四日午前三時五十五分、三発の号砲を合図に政府軍は総攻撃を開始した。五万対三〇〇の戦いとする書も多いが、実際に掃討に着手したのは一五〇〇名あまりの攻撃隊で、砲兵がこれを支援し、大半は薩軍が万が一にも脱出しないように見守った。

米倉を守り抜いた新撰旅団は立見少佐指揮のもと、私学校に進んで激戦の末に打ち破った。私学校跡には石垣に現在も無数の弾痕が残っている。さらに旧本丸（現在の鹿児島県立歴史資料センター黎明館）を攻略して倉庫を焼き、城山に駆け上がって南側から岩崎谷に迫る。一方、第二旅団は冷水谷からひそかに岩崎山をめざし、号砲とともに銃剣突撃で守備隊を蹴散らした。また別働二旅団は夏蔭山の堡塁を抜き、第二旅団と合流している。第一旅団・熊本鎮台・別働二旅団は甲突川方面の新照院《しんしょういん》越などから城山の山頂を攻略し、第三旅団は二の丸の島津久光邸（現在の県立図書館）を攻撃して火をかけ、照国神社《てるくにじんじゃ》の裏にいた薩軍を駆逐した。邸宅を焼き打ちされた久光は、玉石混交の振る舞いだと激怒して山県や川村に抗議するが、多くの城下住民同様に被災者となる。彼は一年ほど指宿に疎開したのち、やはり焼失した玉里別邸を再建してここで余生を過した。のちに公爵となった彼の系統が玉里島津家といわれるゆえんである（芳即正『島津久光と明治維新』）。

こうして午前六時までには城山陣地の薩軍は殺戮されるか、敗走あるいは降伏し、岩崎谷に攻撃が集中した。石垣で作られた岩崎谷入口の薩軍大堡塁に第四旅団は苦戦していたが、左右の尾根に新撰旅団と第二旅団の兵が展開すると、弾雨は三方から降り注いだ。西郷隆盛は桐野利秋・桂久武・村田新八・池上四郎・別府晋介・辺見十郎太ら将士四〇余名を整列させ、岩崎谷正面の政府軍陣地に向かって屈曲した路を突進する。小倉壮九郎はいち早く自刃し、桐野に死に急ぎをなじられた。弾雨のなかで桂久武が倒れ、さらに西郷隆盛も腹と股に銃撃を受けて島津応吉邸門前の路上に倒れ、歩行不可能になった。

西郷の最期については、辺見十郎太が自決を促すが西郷は悠然と「まだまだ」と前進を続け、被弾した後に「晋どん、もうこの辺でよか」と別府晋介に述べて、東天を仰ぎつつ介錯されたというのが、黒龍会編『西南記伝　中巻二』が語る薩軍側の「正史」である。しかし当時の新聞は、新撰旅団の安村治孝中尉兼二等大警部（旧長州藩士。市ヶ谷集獄署長。のち樺戸集治監典獄）が西郷に飛びついたが、薩兵に撃たれてピストルだけを確保して引き下り、別府晋介が西郷を介錯したと報じている（『東京日日』、九月二十七日）。また、喜多平四郎『征西従軍日誌』にある先述の広島出身遊撃兵某の目撃談によると、「西郷徐々、地に跪《ひざまず》くの状をなす。桐野剣を抜きて進む」という状況になり、周辺は桐野が例の斬り込みをかけるのかと思いきや、「乍《たちまち》ち桐野剣一揮、西郷の首を斬り、従者に命じて隠埋せしむ」と西郷の首を刎ねた。周囲の人々は「桐公、先生を斬れりと。皆狂奔」、大堡塁に逃げ帰ったとある。真実は不明だが、西郷が敵に捕えられたり殺害されるのを恐れた別府か桐野によって、彼は止めを刺されたのだろう。こうして西郷は五一歳の生涯を終えた。

岩崎谷入口の堡塁に戻った大幹部たちは、まず村田新八が西郷の死を悲嘆して立ったまま腹を切り、戦傷で足が不自由になっていた別府晋介と辺見十郎太は刺し違えた。しかし、桐野利秋は大堡塁の上に立って敵兵を「当たった」、「外れた」と狙い撃ちし、接近した兵を斬り倒して銃を構えた瞬間に至近距離から撃たれ、顔面が破裂した状態で斃れた。野村忍助らは降伏し、午前七時には城山一帯は静まり返る。天気は一転して豪雨となり、流血や戦塵を洗い流し、ここに西南戦争は終結した。

薩軍諸将の遺体は続々と浄光明寺山にあった山県参軍の本営に運ばれたが、西郷の遺体のみ首がなかった。政府軍の将校はあいついで薩軍幹部の遺体の検分に訪れる。小原正恒は、縞紬の単衣に黒の兵児帯を締め、他の諸将より十分に整った西郷の遺体を目撃した。

午前九時ごろに第四旅団遊撃隊の兵士が折田正助宅付近で西郷の首を発見し、本営に届ける。山県は丁重に首を捧げ、「余を知る、翁に若くはなく、翁を知る余に若くはない」とつぶやいたという。小原も本営を再度訪れて西郷の首を確認した。

首は腹の上に乗せられ其の上に二三枚の笹を置かれたり。其の顔は「ふっくら」と丸々肥へて色白く、口は一文字に締り、眼は安眠し居るが如く静かに閉ぢて少しも愁苦を浮べず、髯は濃くなく二三分伸びて洵《まこと》に仏の相を顕はせり。斯の如き人は存命中唯黙し居つても、衆人より尊敬を享くる高徳自然に備はりて居るものなりと深く感じ、図らずも一礼せり。なお、小原は別府の介錯について「其の腕利きには大いに感服したり。何となれば、かの太き首を型の如く立派に切りありたればなり。首は容易に切れるものに非ず」と称賛している。一方、桐野の死相は銃弾と銃床で額を砕かれ、「一眼は上他眼は下を睨みて瞑目せず、遺恨万々として実に物凄き形相なりき」と記している。薩軍の戦死者は一五九名、降伏は野村忍介・坂田諸潔など二〇〇名あまりだった。『薩南血涙史』は傷病兵や投降兵が虐殺され、軍夫が遺体から衣類を争って剝ぎ取った様子を克明に記している。西郷以下薩軍幹部の遺体は県令岩村通俊が第四旅団から引き取り、浄光明寺跡で丁重に葬った。他所に埋葬された薩軍関係者の遺骨ものちに集約され、現在の南洲墓地となる。

西南戦争を通じての政府軍戦死者は六八四三名、そのうち即死者は四六五三名、戦傷で死亡した者は二一九〇名とされている。薩軍の戦死者数は諸説あるが、ほぼ政府軍に匹敵しているのは間違いない。

西南戦争の経験　エピローグ

民衆の視点に立った場合、西南戦争は大義を見いだせない戦いだったと猪飼隆明氏は『西南戦争』（吉川弘文館、歴史文化ライブラリー）で論じている。強制的に動員された諸郷の郷士たちも同様だろう。銃後の惨状や戦地の実相は右書を参照されたい。

ところで、本書でたびたび引用した喜多平四郎は、次のような風聞を『征西従軍日誌』に記している。

賊将某帰県して兵を募るに、壮兵殆ど尽きるに至り、老幼を撰ばずこれを率いて、衝背軍川尻・宇土・八代等の官軍の防衛に当たらしむ。隆盛これを聞きて怒声放言して曰く、幼若の男子、前途国家に尽くす有らんとするの人、何ぞ一戦争に命を損さあしむるを為さんやと。悉くこれを放還帰国せしむと。

三月二十六日に九番大隊と十番大隊が編成された当時の話と思われるが、虚実は不明である。一方、三月二十四日の『東京日日新聞』は福地源一郎による次のような記事を掲載している。

西郷隆盛終焉の地碑

賊の手帳を得て一見せしに、西洋の手帳にて邦文と英文とを取り混ぜにて認めたり。其姓名は知れねども、十八年十ヶ月の少年書生にて、去年東京に来り海軍生徒の試験を経たるに、国許容易ならぬ形勢なりと聞き、昨十二月十七日に鹿児島に帰り、西郷に附属して出張せし事を記せる。敵ながらも可程に英学も相応に出来《でき》る少年が賊となりて死せし事可憐《あわれむべし》。

三月十四日に田原坂で拾われた舶来の手帳の持ち主は、村田新八の長男岩熊とされるが、記事が書かれた時点ではまだ戦死していない。岩熊は「右手《めて》に血刀、左手《ゆんで》に手綱、馬上豊かな美少年」で知られる昭和初期作曲の民謡「田原坂」のモデルの一人ともいわれる。JR植木駅近くには、萩迫の戦場で倒れた東野孝之丞の墓があり、地元では美少年墓と呼ばれているが、東野は庄内（都城市）出身でまだ一五歳だった。遠く山形県鶴岡から私学校に派遣された伴兼之（二〇歳）と榊原政治（一八歳）はいずれも戦死し、南洲墓地に葬られている。南洲墓地には松橋で戦死した伊地知末吉など一四歳の少年四人の「少年烈士」の墓石もある。墓地の入り口には、勝海舟による次のような歌碑が建てられている。

ぬれぎぬを　干そうともせず　子供らが
なすがまにまに　果てし君かな

私学校生徒の暴発を抑止できなかったのが戦争の原因とはいえ、現在の高校生や中学生にあたる年齢の少年までが戦場で散ったことを、「前途国家に尽くす有らん」と「幼若の男子」に期待したとされる、かつての「二才頭《にせがしら》」西郷はどのように感じたのだろうか。一方、政府軍にもほぼ同年齢の教導団生徒が動員されていた。可愛岳を突破した薩軍を追跡した教導団歩兵大隊の小原正恒は、「賊軍の所在不明なるも、我隊は食はず休まず命令に従ひ行軍を継続す。然るに生徒の年齢は十六歳乃至十八歳の者多数を占め、忍耐力と行軍に慣れざるとに因り、行軍長径著しく延伸し、且落伍者を生ぜしは万止むを得ざる所とす」と少年兵の労苦を回顧している。

鹿児島や熊本が焦土と化し、多くの農山村を疲弊させ、膨大な戦費を政府に調達させて経済を混乱させ、両軍あわせて一万三〇〇〇名近い戦死者を発生させた西郷隆盛の責任は重いだろう。しかしながら、西郷隆盛に対する敬意は、軍服姿の西郷像が建てられた地元鹿児島はもちろん、全国的にも低くはない。近代化を一方的に推進する有司専制への反発心は、薩軍びいきと西郷に傾倒する心情へとつながる。城山陥落当時に異常接近した火星を人々は西郷星と呼んで西郷の霊魂を追悼し、錦絵は現実には掲げられなかった「新政厚徳」の旗と髭面で陣頭指揮する西郷大将を描くことを一つのパターンとしている。西郷は「敗者」となったが、未完の革命に殉じた英雄として、あるいは時代に取り残されたサムライの最期を一身に体現した人物として、苦節に満ちた人生と深い道義性への思慕により、幕末維新期の豊富な人傑のなか

31 ── 西郷星を描いた錦絵

においても特別な輝きを放っている。

「勝者」の側にとっても、西南戦争の勝利は苦いものだった。大久保は賊将となった西郷の実像を記した伝記の執筆を重野安繹に依頼するが、明治十一年（一八七八）五月十四日に紀尾井坂で石川県士族島田《しまだ》一良《いちろう》らに襲撃され、四七年の生涯を終える。彼の懐中には、かつて西郷から送られた書翰が残されていた。川路利良は明治十二年、野津鎮雄も明治十三年にそれぞれ四五歳とけっして長命ではない年齢で没している。西郷従道や大山巌、川村純義は郷里に帰ることを遠慮した。なお、日露戦争に際しては、黒木や乃木のように連隊長あるいは大隊長クラスで西南戦争を経験した人物たちが軍司令官や師団長を務めている。近代兵器の火力と白兵が相互にぶつかりあった西南戦争の壮絶な経験は対外戦争に活かされることとなる。そして韓国併合後は、西郷は「大陸雄飛の先覚者」と位置づけられ、征韓論政変および西南戦争における「敗者」としての西郷の立場は正当化されることとなる。

あとがき

私が西郷隆盛に関する著作を著わすのは、『西郷隆盛と士族』に続いて二度目である。本書では、前著刊行以後の研究史の進展を前提に西郷の実像を再編し、さらに西南戦争で西郷が「敗者」となった状況を軍事史的に描いた。西南戦争は軍夫の徴用や戦争報道、後方における各種「慰安」など、のちに外征軍隊が構築される基礎ができあがった戦争で、一方で最後の内戦としてさまざまな災厄や変動を九州に刻んだ戦いであるが、そうした部分は優れた他著にゆだねた。

前著は「士族」というテーマ設定から西南戦争勃発の要因や不平士族の実態を中心に構想しつつ、幕末以来の西郷隆盛の実像から説き起こさなければならなかった。今回も、西南戦争の前提としての征韓論政変や、結集核となった「英雄西郷」の幕末以来の事績にどうしても言及せざるをえず、前著の読者はとくに前半の二章については重複している観があるかもしれない。しかし、西南戦争は明治政府による開明的施策の「敗者」が起こした反動というよりも、明治維新という「革命」に起因する諸矛盾への抵抗ととらえないと実相は理解できない。階級闘争史観全盛期の通説のように、明治維新を封建的武家層から士族出身官僚という旧支配層同士の体制内の変革ととらえるなら、なぜ同族や身内が相争う西南戦争が生じたのかは解明できない。終章でくどいほど政府軍幹部の出身藩と日露戦争にいたる明治後期の肩書きを括弧で注記したのも、この点と関わっている。

本書の執筆を終えるにあたり、鹿児島県伊佐市大口の高熊山や熊本県玉東町の田原坂および吉次峠周辺をいま一度調査した。いずれも西郷の足跡がない激戦地跡である。弾痕だらけの石や塹壕跡、慰霊碑、両軍の墓地をめぐり歩きつつ、名将や豪傑の背後で時代の荒波の前に散っていった多くの若者たちの未完の人生に思いをはせた。

この本を執筆するにあたっては、さまざまな方々の協力を仰いだが、とくに科学研究補助金による「西南戦争に関する記録の実態調査とその分析・活用についての研究」への参加は得がたい経験だった。研究代表者の大谷正教授はじめ関係各位に御礼申し上げたい。また、大分県教育委員会の高橋信武氏からは貴重な知見を得ることができた。軍事史については大江洋代氏・金澤裕之氏から助言を受けている。このほか鹿児島県立歴史資料センター黎明館、西郷南洲顕彰館、宮崎県文書センターなど多くの調査先で様々な協力をいただいた。巻末の参考文献でお名前をあげた方々からも、直接的・間接的に多くの教示を賜った。この場をかりて御礼申し上げたい。最後に、本書刊行にあたり各種の尽力いただいた吉川弘文館編集部に謝意を表したい。

二〇一三年五月二日

落合弘樹

参考文献

書籍・論文

青山忠正『明治維新と国家形成』吉川弘文館、二〇〇〇年
青山忠正『明治維新　日本近世の歴史6』吉川弘文館、二〇一二年
飛鳥井雅道『西郷隆盛』平凡社、一九七八年
荒木肇『小銃と日本人—西南戦争』http://melma.com/backnumber_174026_5093139/
有馬純雄『維新史の片鱗』日本警察新聞社、一九二一年
家近良樹『西郷隆盛と幕末維新の政局』ミネルヴァ書房、二〇一一年
家村助太郎『西南戦争の思い出』鹿児島県立図書館所蔵
猪飼隆明『西南戦争　戦争の大義と動員される民衆』吉川弘文館、二〇〇八年
猪飼隆明「近代化と士族—士族反乱の歴史的位置」（明治維新史学会『講座明治維新第四巻　近代国家の形成』有志舎、二〇一二年）
勇　知之『日録田原坂戦記』熊本出版文化会館、一九八九年
勇　知之『真説　西南戦争』七草社、二〇〇七年
伊藤之雄『明治天皇』ミネルヴァ書房、二〇〇六年
今井昭彦『反政府軍戦没者の慰霊』御茶の水書房、二〇一三年

伊牟田比呂多『城山陥落　西郷死して光芒を増す』海鳥社、二〇一〇年
上田　滋『西郷隆盛の世界』中公文庫、一九九八年
上村希美雄『宮崎兄弟伝　日本篇上』葦書房、一九八四年
宇野東風『硝煙弾雨丁丑感舊録』丁丑感舊会、一九二七年
大谷正編『西南戦争に関する記録の実態調査とその分析・活用についての研究』科学研究補助金研究成果報告書（非売品）、二〇一二年
小川原正道『西南戦争　西郷隆盛と日本最後の内戦』中公新書、二〇〇七年
小原正忠『小原正恒自叙伝』私家版、一九三〇年
落合弘樹『明治国家と士族』吉川弘文館、二〇〇一年
落合弘樹『西郷隆盛と士族』吉川弘文館、二〇〇五年
小原騮馬『西南秘史川上親晴翁伝』加治木町史談会、一九四二年
風間三郎『西南戦争従軍記』南方新社、一九九九年
加治木常樹『薩南血涙史』青潮社復刻、一九八八年
芳　即正『島津斉彬』吉川弘文館（人物叢書）、一九九三年
芳　即正「安政五年西郷への斉彬密命を追う」（『敬天愛人』一一、一九九四年）
芳　即正『島津久光と明治維新』新人物往来社、二〇〇二年
芳　即正『天を敬い人を愛す』高城書房、二〇〇三年
『玉東町史　西南戦争編・資料編』玉東町、一九九四年

桐野作人『さつま人国誌〈幕末・明治編〉』南日本新聞社、二〇〇九年
宮内庁『明治天皇紀　第四』吉川弘文館、一九七〇年
熊本市教育委員会『田原坂　西南戦争遺跡・田原坂第一次調査』二〇一一年
栗原智久『史伝桐野利秋』学研M文庫、二〇〇二年
黒龍会編『西南記伝』全六巻、黒龍会本部、一九〇七年
『五ヶ瀬町史』五ヶ瀬町、一九八一年
香春建一『大西郷突囲戦史』改造社、一九三七年
河野弘善『党薩熊本隊』尾鈴山書房、一九七三年
河野弘善『西南戦争延岡隊戦記』尾鈴山書房、一九七六年
河野弘善『西南戦争探偵秘話』木耳社、一九八九年
五代夏夫編『西郷隆盛のすべて』新人物往来社、一九八五年
西郷南洲顕彰会『敬天愛人』第一号〜第三〇号、一九八三〜二〇一二年
坂田　新『江戸漢詩選　第四巻　志士』岩波書店、一九九五年
佐々木克「西南戦争における西郷隆盛と士族」(『人文学報』第六八号、一九九一年)
佐々木克『大久保利通と明治維新』吉川弘文館、一九九八年
佐々木克『幕末政治と薩摩藩』吉川弘文館、二〇〇四年
佐々木克(監修)『大久保利通』講談社学術文庫、二〇〇四年
佐々木克「明治六年政変と大久保利通」(『奈良史学』二八、二〇一〇年)

薩軍城山帰還路調査会編『薩軍城山帰還路調査』南方新社、二〇一〇年
潮田聡・木原三郎『西郷のアンゴ（島妻）―愛加那―』みずうみ書房、一九九〇年
清水幸義『紀行西南の役』ＰＨＰ研究所、一九七三年
調所一郎『薩摩拵』里文出版、二〇〇三年
西南戦争を記録する会『西南戦争之記録』第一号〜第五号（二〇〇二年〜二〇一一年）
高橋信武「和田越の戦闘から可愛岳の戦闘までの経過」（第四号）
同「簸瀬・屋敷野の西南戦争」（第五号）ほか。
西南戦争六十年会『明治十年熊本籠城回顧』熊本城保存会、一九三七年
曾我祐準『曾我祐準自叙伝』曾我祐準自叙伝刊行会、一九三〇年
高橋秀直「王政復古政府論」（『史林』八六巻一号、二〇〇三年）
高橋秀直『幕末維新の政治と天皇』吉川弘文館、二〇〇七年
『玉名市史　通史編下巻』玉名市、二〇〇五年
鳥取市歴史博物館『鳥取士族の西南戦争』二〇〇八年
中根貞彦『臼杵隊』二豊社、一九三八年
萩原延壽『遠い崖―アーネスト・サトウ日記抄一三　西南戦争』朝日新聞社、二〇〇一年
橋本昌樹『田原坂』中公文庫、一九七六年
坂野潤治『日本近代史』ちくま新書、二〇一二年
『日之影町史　一一　通史編』日之影町、二〇〇一年

藤井尚夫「西南戦争・鹿児島橋頭堡」（『歴史群像』九八、二〇〇九年）
町田明広『幕末文久期の国家政略と薩摩藩』岩田書院、二〇一〇年
松尾正人『廃藩置県の研究』吉川弘文館、二〇〇一年
山口　茂『知られざる西南戦争』鳥影社、二〇〇一年
宮地正人『幕末維新変革史』上・下、岩波書店、二〇一二年
陸上自衛隊北熊本修親会『新編西南戦史』原書房、一九七七年

史料類

喜多平四郎『征西従軍日誌』講談社学術文庫、二〇〇一年
古閑俊雄『戦袍日記』青潮社復刻、一九八六年
佐々友房『戦袍日記』青潮社復刻、一九八六年
佐々木克ほか編『岩倉具視関係史料　上・下』思文閣、二〇一二年
東京大学史料編纂所『保古飛呂比　佐々木高行日記　五』東京大学出版会、一九七四年
参謀本部陸軍部編纂課編『征西戦記稿』全四巻、青潮社復刻、一九七七年
日本大学大学史編纂室編『山田伯爵家文書　一』日本大学、一九九一年
湊川神社編『折田年秀日記　第一』続群書類聚完成会、一九九七年
依田学海『学海日録　三』岩波書店、一九九二年
『大久保利通日記　下巻』日本史籍協会叢書、東京大学出版会、一九六九年

『大久保利通文書　第八』日本史籍協会叢書、東京大学出版会、一九六七年
『大久保利通関係文書』全五巻、吉川弘文館、一九六五～一九六七年
『木戸孝允日記』二・三、日本史籍協会叢書、東京大学出版会、一九八五～一九八六年
『木戸孝允文書　七』日本史籍協会叢書、東京大学出版会、一九八六年
『伊藤博文関係文書』三・四、塙書房、一九七五～一九七六年
『鹿児島県史料　西南戦争』全三巻、鹿児島県、一九七八～一九八〇年
市来四郎『丁丑擾乱記』『磯島津家日記』、河東祐五郎『丁丑弾雨日記』、桑山定芳『丁丑野乗』ほか。
『鹿児島県史料　忠義公史料』全七巻、鹿児島県、一九七四～一九八〇年
『鹿児島県史料　玉里島津家史料補遺南部弥八郎報告書　第二巻』鹿児島県、二〇〇三年
『熊本鎮台戦闘日記』一・二、続日本史籍協会叢書、東京大学出版会、一九七七年
『西南戦闘日注並附録』一・二、続日本史籍協会叢書、東京大学出版会、一九七六年
『西郷隆盛全集』全六巻、大和書房、一九七六～一九八〇年
『谷干城遺稿』一・三、続日本史籍協会叢書、東京大学出版会、一九七五年
国立国会図書館憲政資料室所蔵「三条家文書」
早稲田大学所蔵「大隈文書」

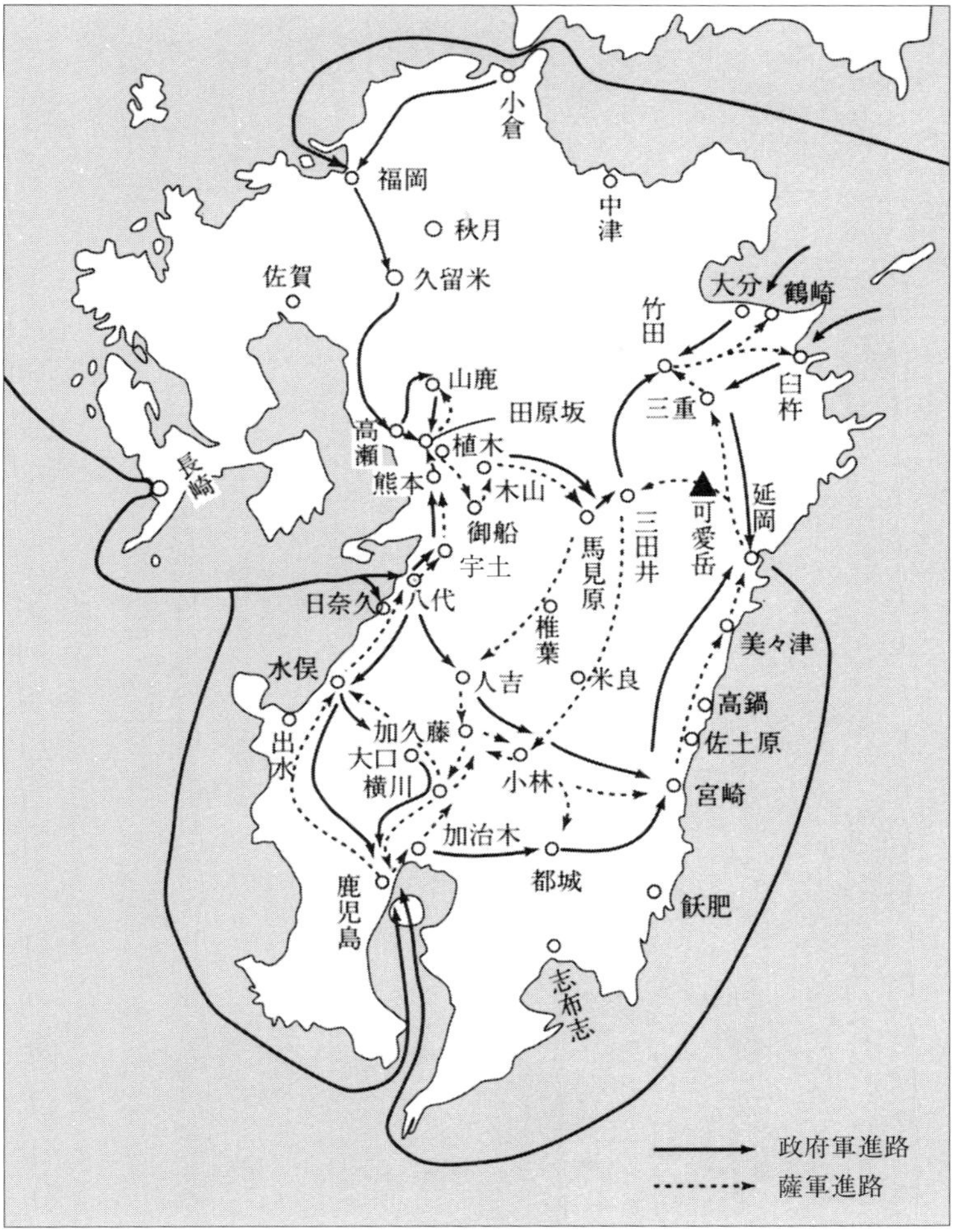
小倉
福岡
秋月
中津
佐賀
久留米
大分
鶴崎
竹田
臼杵
三重
山鹿
田原坂
高瀬
植木
熊本
木山
御船
長崎
延岡
可愛岳
三田井
馬見原
宇土
日奈久
八代
椎葉
美々津
水俣
人吉
米良
高鍋
出水
加久藤
佐土原
大口
横川
小林
宮崎
加治木
都城
鹿児島
飫肥
志布志
政府軍進路
薩軍進路

関係略地図

略　年　表

西暦	和　暦	事　　　　　　　項
1828	文政10	12. 西郷隆盛，鹿児島城下に生まれる.
1844	弘化元	西郷隆盛，群方書役助として藩に出仕.
1848	嘉永 2	お由羅騒動.
1850	5	4. 島津斉彬，藩主となる.
1851	6	西郷隆盛，家督を継ぐ.
1854	安政元	1.21 西郷隆盛，島津斉彬の参勤交代に同道. 4. 西郷隆盛，庭方役を拝命.
1856	3	島津家の養女篤姫が将軍家定に嫁ぐ. 4.12 西郷隆盛，御前召出を受け以後密命を帯びて単独で行動する.
1857	4	10.1 島津斉彬，一橋慶喜の将軍継嗣擁立工作のため西郷隆盛に江戸詰を命じる. 10.21 ハリス公使が幕府に通商条約締結を求める. 12. 堀田正睦老中，条約締結の勅許を得るため上洛.
1858	5	4.5 堀田正睦，勅許を得られず京を離れる. 4.23 井伊直弼，大老に就任. 6.2 井伊直弼，将軍継嗣決定の白紙委任を求める奉書を京都に送る. 6.19 井伊直弼，勅許を得ずに日米修好通商条約調印. 6.25 紀伊藩徳川慶福を将軍継嗣にすることを発表. 7.5 井伊直弼，不時登城を行った徳川慶篤・慶勝・松平慶永を隠居，一橋慶喜を登城停止処分とする. 7.6 将軍家定，死去. 7.15 島津斉彬，死去. 8.7 戊午の密勅が水戸藩に授けられる. 9. 安政の大獄が始まる. 西郷隆盛，安政の大獄が身に迫り僧月照と薩摩に逃れる. 11.15 西郷隆盛，月照とともに錦江湾に入水. 西郷のみ蘇生. 12.24 孝明天皇，条約調印の事情について理解を記した「叡慮氷解」の勅諚を授ける.
1859	6	1.12 西郷隆盛，菊池源吾と名を変え奄美大島龍郷で謫居. 11.5 誠忠組の成立.
1860	7	3.3 桜田門外の変.
1861	文久元	4. 島津久光を「国父」とし藩政補佐を公式化.
1862	2	2.11 西郷隆盛，鹿児島へ召喚. 3.16 島津久光，「公武合体」と幕政刷新を企図し東上. 3.26 西郷隆盛，久光との

西暦	和　暦	事　　　　項
		約を破り先に京坂に出発．4.13 島津久光，伏見に到着．4.23 寺田屋事件．6.7 島津久光，江戸に到着．7.1 久光の介入により松平慶永が政治総裁職に，一橋慶喜が将軍後見職に就任（文久の幕政改革の断行）．8.21 島津久光，江戸を出発．生麦事件．閏8.14 西郷隆盛，沖永良部島に流罪．
1863	文久3	5.11 長州藩，関門海峡で外国船を砲撃し攘夷実行．7.2 薩英戦争勃発．8.18 八月一八日の政変．12.30 慶喜・慶永・松平容保・山内豊信・伊達宗城が朝議参与に就任．
1864	元治元	1.13 島津久光，朝議参与に就任．1.25 久光，西郷を赦免．2.28 西郷隆盛，鹿児島に到着．3.9 久光，慶喜と対立し朝議参与を辞職．3.14 西郷，京都薩摩屋敷に入る．6.5 池田屋事件．7.19 禁門の変．7.23 孝明天皇，長州追討令を出す．9.15 西郷と勝海舟の会見．11.11 禁門の変の謝罪恭順として，長州藩三家老の切腹と四参謀の斬首を執行．12.16 高杉晋作，「俗論党」を破り藩政の実験を握る．12.27 征長軍撤兵．
1865	慶応元	4.19 幕府が長州再征を布告．4末 木戸孝允，長州へ帰国し藩政の主導権を確保する．6.24 西郷，坂本龍馬と会見し長州藩の武器購入助力を約す．9.21 長州再征の勅許．
1866	2	1.21 薩長盟約締結．7.20 将軍家茂，死去．12.5 慶喜が将軍職を継承．12.25 孝明天皇，死去．
1867	3	6.22 薩土盟約締結．9.20 薩長芸三藩出兵盟約締結．10.14「討幕の密勅」が手交される．慶喜，大政奉還の上表を提出．12.9「王政復古の大号令」が発せられる．12.24 薩摩藩邸焼討事件．
1868	4 (明治元)	1.3 鳥羽・伏見の戦い．3.14 五箇条の御誓文公布．4.4 江戸城無血開城．閏4.27 政体書を発布．8.10 西郷，東北出征のため柏崎に到着．9.8 明治に改元．
1869	2	1.20 薩長土肥四藩による版籍奉還．2.20 鹿児島に藩治職制を適用（藩政と島津家政の分離）．2.24 西郷，日当山温泉から鹿児島に戻り藩政改革に従事．5.18 戊辰戦争終わる．8.15 西郷，大参事となり藩庁の最高責任者となる．

西暦	和　暦	事　　　　　項
1870	3	2.10 薩長土三藩から御親兵を編成.
1871	4	7.4 廃藩置県を断行. 7.7 吉井友実, 宮内大丞に就任. 8.1 天皇身辺の女官を罷免. 10.23 東京府に邏卒3000名を配置（指導者として川路利路を抜擢). 11.12 岩倉遣欧使節団出発. 三条実美, 西郷隆盛, 大隈重信, 板垣退助らが留守政府を構成.
1872	5	3.9 御親兵を近衛兵に改編. 5.23 明治天皇, 洋式の正服を着用し中西国巡幸に出発. 6.28 島津久光, 一四ヵ条の建白書を提出. 西郷・大久保の罷免を求める. 7.20 西郷, 近衛都督に就任. 8.3 学制制定. 11.10 西郷, 久光慰撫のため鹿児島に向け出発.
1873	6	1.10 徴兵令制定. 5.10 明治天皇, 島津久光に麝香間祗候として国事諮問に応じるよう命令. 5.8 西郷, 陸軍大将兼参議に就任. 5.26 大久保帰国. 5.27 北条県で血税反対一揆がおこる. 7.28 地租改正法公布. 8.18 西郷の朝鮮派遣を閣議決定. 9.13 岩倉使節団が帰国. 10.8 大久保, 参議に就任. 10.14 西郷の朝鮮派遣を再閣議. 10.23 西郷, 参議を辞職. 10.24 朝鮮遣使の無期延長を裁可し, 板垣退助・後藤象二郎・江藤新平・副島種臣が参議を辞職. 西郷の辞表を受理（征韓論政変). 12.27 禄税・家禄奉還の法を制定.
1874	7	1.17 民撰議院設立建白書を提出. 2.1-3.1 佐賀の乱. 4.27 島津久光, 左大臣に就任. 6. 西郷, 私学校を設立.
1875	8	9.7 家禄支給額の固定化を図る金禄改定. 9.20 江華島事件. 10.27 板垣・久光, 参議・左大臣を辞職.
1876	9	2.26 日朝修好条規調印. 3.28 廃刀令を布告. 8.5 金禄公債証書発行条例公布. 10.24 神風連の乱. 10.27 秋月の乱. 10.28-11.5 萩の乱.
1877	10	1.29 私学校生徒, 草牟田弾薬庫を襲撃. 1.30 私学校生徒, 海軍造船所・磯弾薬庫を襲撃. 2.5 私学校幹部の対策会議. 2.7 西郷,「政府へ尋問の筋これあり」との上京願い出を大山鹿児島県令に提出. 2.9 川村純義, 西郷との面会を試みるも私学校強硬派の反発で拒絶. 2.11 警視隊, 九州に

西暦	和　暦	事　　　　　項
		向け出発．2.15 西郷，兵を率いて鹿児島を出発（西南戦争始まる）．2.16 大久保・木戸，勅使として鹿児島派遣を求めるも明治天皇が京都に留まるよう命じる．2.19 薩軍追討令を発する．山県有朋・川村純義を参軍に任命．熊本城・市街が焼かれる．2.22 薩軍，熊本城攻城戦を開始．東京鎮台第一・第二旅団が博多に到着．2.23-2.27 木葉・高瀬の戦い．2.25 西郷・桐野・篠原の官位剝奪．3.4-3.17 田原坂の戦い．3.11 政府軍，抜刀隊を組織．3.19 衝背軍が二見洲に上陸．3.26 薩軍，新たに九番・十番大隊を組織．4.4 政府の壮兵募集開始．4.14 山川浩が率いる選抜隊によって，薩軍の熊本城包囲が解かれる．4.20 城東会戦．4.21 薩軍幹部の協議により，人吉に本営を移動することを決定．4.27 政府軍，鹿児島に上陸．5.9 九州臨時裁判所を長崎に設置．5.16 立志社の密使と桐野利秋が面会．5.25 政府軍，三田井を占領．5.26 木戸孝允，死去．6.1 政府軍の攻撃で人吉陥落．6.19 政府軍，大口を占領．7.1 政府軍，横川を占領．7.10 政府軍，小林を攻略．7.24 政府軍の攻撃で都城が陥落．7.27 政府軍，飫肥・清武を攻略．8.12 政府軍，延岡を攻略．薩軍延岡隊が降伏．8.16 西郷，長井村で薩軍の行動の自由を認めて全軍を解散．8.18 西郷ら可愛岳を突破する．8.21 西郷，三田井で合流した薩軍に鹿児島帰還の意を伝える．9.1 薩軍，鹿児島に到着．9.24 城山の戦い．西郷，戦死（西南戦争の終結）．
1878	明治11	5.14 大久保利通，紀尾井坂で襲撃され死去．

著者略歴

一九六二年　大阪府に生まれる
一九九一年　中央大学大学院文学研究科博士課程後期課程国史学専攻修了
二〇〇一年　京都大学博士（文学）
現　在　明治大学文学部教授

〔主要著書〕
『秩禄処分—明治維新と武士のリストラ—』中公新書、一九九九年
『明治国家と士族』吉川弘文館、二〇〇一年
『西郷隆盛と士族』吉川弘文館、二〇〇五年

敗者の日本史18

西南戦争と西郷隆盛

二〇一三年（平成二十五）九月一日　第一刷発行

著　者　落《おち》合《あい》弘《ひろ》樹《き》

発行者　前田求恭

発行所　株式会社　吉川弘文館
郵便番号一一三—〇〇三三
東京都文京区本郷七丁目二番八号
電話〇三—三八一三—九一五一〈代表〉
振替口座〇〇一〇〇—五—二四四
http://www.yoshikawa-k.co.jp/

印刷＝株式会社　三秀舎
製本＝誠製本株式会社
装幀＝清水良洋・渡邉雄哉

ISBN978-4-642-06464-4

敗者の日本史

刊行にあたって

現代日本は経済的な格差が大きくなり、勝ち組と負け組がはっきりとした社会になったといわれ、格差是正は政治の喫緊の課題として声高に叫ばれています。

しかし、歴史をみていくと、その尺度は異なるものの、どの時代にも政争や戦乱、個対個などのさまざまな場面で、いずれ勝者と敗者となる者たちがしのぎを削っていました。歴史の結果からは、ややもすると勝者は時代を切り開く力を飛躍的に伸ばし、敗者は旧体制を背負っていたがために必然的に敗れさった、という二項対立的な見方がなされることがあります。はたして歴史の実際は、そのように善悪・明暗・正反というように対置されるのでしょうか。敗者は旧態依然とした体質が問題とされますが、彼らには勝利への展望はなかったのでしょうか。敗者にも時代への適応を図り、質的変換への懸命な努力があったはずです。現在から振り返り導き出された敗因ではなく、多様な選択肢が消去されたための敗北として捉えることはできないでしょうか。最終的には敗者となったにせよ、敗者の教訓からは、歴史の「必然」だけではなく、これまでの歴史の見方とは違う、豊かな歴史像を描き出すことで、歴史の面白さを伝えることができると考えています。

また、敗北を境として勝者の政治や社会に、敗者の果たした意義や価値観などが変化しながらも受け継がれていくことがあったと思われます。それがどのようなものであるのかを明らかにし、勝者の歴史像にはみられない日本史の姿を、本シリーズでは描いていきたいと存じます。

二〇一二年九月

吉川弘文館